Rupert Graf Strachwitz

Achtung vor dem Bürger

Rupert Graf Strachwitz

Achtung vor dem Bürger

Ein Plädoyer für die Stärkung der Zivilgesellschaft

HERDER

FREIBURG · BASEL · WIEN

Originalausgabe

© Rupert Graf Strachwitz 2014

Verlag Herder GmbH, Freiburg im Breisgau 2014
Alle Rechte vorbehalten
www.herder.de

Umschlaggestaltung: Christian Langohr, Freiburg
Umschlagfoto (Rückseite): Ulrich Böhme

Satz: Barbara Herrmann, Freiburg
Herstellung: CPI books GmbH, Leck

Printed in Germany

ISBN 978-3-451-33572-3

Inhalt

I. Einführung

„Die Würde des Menschen ist unantastbar." So beginnt der Text unseres Grundgesetzes.[1] Die Wirklichkeit sieht allzuoft anders aus. Wir brauchen nicht in die Ferne zu schweifen, um Beispiele dafür zu finden, daß die Würde des Menschen angetastet, ja, nicht selten nachhaltig verletzt wird. Der alltägliche Umgang von Behörden und ihren Vertretern, von Unternehmen und von einzelnen Bürgerinnen und Bürgern mit ihren Mitbürgern und -bürgerinnen liefert diese Beispiele zuhauf. Der demokratische Staat ist, so haben wir lernen müssen, keine Garantie dafür, daß jeder Mensch zu allen Zeiten in seiner Würde geachtet wird. Macht und Geschäft stehen im Mittelpunkt des Denkens, nicht der Mensch in seiner unantastbaren Würde.

Deshalb wird immer mehr Menschen bewußt, daß es in jeder Gesellschaft eines dritten Ortes, eines Bürgersektors, bedarf, eines Ortes, an dem weder Macht noch Geschäft Priorität besitzen, sondern allein der Mensch. Was in Parlamenten nicht gelungen ist, muß sich hier unorganisiert und organisiert verwirklichen: die Durchsetzung des Primats der Bürgerinnen und Bürger vor den Institutionen. Dieser Ort, diese freie Arena der Bürgerinnen und Bürger ist im modernen Sprachgebrauch die Zivilgesellschaft. Zivilgesellschaft ist also keine nette Marginalie, sondern eine entscheidende Gelingensbedingung einer offenen, auf Freiheit und gegenseitigem Respekt gegründeten Gesellschaft, die „sich selbst politisch zu steuern sucht".[2] Sie ist eine

---

[1] Art. 1 Abs. 1 GG
[2] Volker Gebhardt, Öffentlichkeit. Die politische Form des Bewußtseins. München 2012, S. 540

Arena, ein lebendiger Ort, an dem gearbeitet, diskutiert und gestritten, an dem aber auch Politik gemacht wird, ebenso wie in den Arenen Staat und Markt. Diese Arena gibt es seit langem. Von dieser Arena gehen entscheidende, vielleicht die entscheidenden Impulse für die Entwicklung unserer Demokratie und für den sozialen Wandel unserer Gesellschaft aus. Umweltbewußtsein, Bürger- und Bürgerinnenrechte und Frieden als politische Priorität hätten sich beispielsweise ohne engagiertes zivilgesellschaftliches Handeln nicht entwickeln können. Neue soziale Bewegungen sind auf dem Boden einer erwachenden Zivilgesellschaft entstanden. Ohne antistaatliche Zivilgesellschaft wäre die Berliner Mauer nicht gefallen, um noch ein besonderes Beispiel zu nennen. Die Vorstellung, staatliche Politik hätte die alleinige Gestaltungshoheit, wie das bis heute von Berufspolitikern und -politikerinnen zu hören ist, ist deshalb geradezu lächerlich. Dennoch ist ‚Zivilgesellschaft‘ hierzulande erstaunlicherweise noch keineswegs zum Regelkanon der politischen Begrifflichkeit zu rechnen; viele können mit ihm wenig anfangen.

Wie nicht selten bei gesellschaftlichen Entwicklungen, ist Deutschland auch hier weit zurück. „Zivilgesellschaft ist ein Koproduzent sozialer Dienstleistungen." So hört man es beispielsweise aus der Bundesregierung. Autoren wir Gerhard Matzig und Dirk Kurbjuweit machen sich im SPIEGEL, in der FAZ und der Süddeutschen Zeitung in langen Texten über die Protestierer von Stuttgart lustig. Wenn sich die Bundeskanzlerin im Ausland (und nur hier ist sie geneigt, das überhaupt zu tun) mit Vertretern der Zivilgesellschaft trifft, so erscheint das Wort in führenden Medien in Anführungsstrichen, so wie manche früher die DDR stets in Anführungsstrichen setzten, um deutlich zu machen, daß diese keine anzuerkennende Realität sei. Daß es in der Handlungslogik der Zivilgesellschaft streng genommen keine Vertreter, sondern nur Akteure gibt, sei am Rande bemerkt. Aber man stelle sich die Leserbriefe vor, wenn da zu lesen wäre: ‚In Moskau (Kiew, Peking, Istanbul, Kairo, Bangkok, Berlin usw.) traf sich die „Bundeskanzlerin" mit Akteuren der Zivilgesellschaft als Vertretern der Bürgerinnen und Bürger.'

Noch immer nimmt unser politisch-administratives System nicht zur Kenntnis, daß Hegels System des alles überwölbenden Staates sich überlebt hat. Der Erosion des Vertrauens in Staat[3] und Markt, dem eklatanten Versagen von Staat und Markt wird mit immer mehr Regulierung und Kontrolle begegnet, anstatt auf die Bürger und Bürgerinnen zu hören. Die lahmen Versuche, mehr Bürgerbeteiligung zu organisieren, sind der Versuch, Veränderungen zu verhindern, nicht sie herbeizuführen. Man spricht von „Bevölkerung", die Regeln, Kontrollen und Aufsicht braucht, gelenkt werden muß, die Obrigkeit furchten soll. Kurz: Unser politisch-administratives System hat keinen Respekt, keine Achtung vor dem Bürger. Dies ist ein Defizit unserer Gesellschaft! Es ist darüber hinaus höchst unvernünftig. Achtung vor dem Bürger hat daher einen doppelten Sinn: Zum einen soll sie einen zentralen Bestandteil unseres Wertekonsenses bilden. Zum anderen aber: Vorsicht! Wird der Bürger zu lange gereizt und mißbraucht, wehrt er sich! Stuttgart 21, der arabische Frühling, die Occupy-Bewegung und vieles mehr sind Indizien dafür. In der angelsächsischen Debatte ist in diesem Zusammenhang von der ‚licence to operate' die Rede, gewissermaßen der Betriebserlaubnis, die drohe, dem Staat entzogen zu werden.

Der Staat des beginnenden 21. Jahrhunderts redet dennoch unverdrossen vom Staatsbürger, weil er diesen ködern will, sei es für Loyalität, Ruhe („… ist die erste Bürgerpflicht!"), widerspruchslose Hinnahme staatlicher Anordnungen oder sogar Engagement für diesen Staat. Staatsbürger im Sinne von Subjekt meint er offenkundig nicht, sondern Objekte seines Han-

---

[3] Mit Staat sind hier und im Folgenden alle Ebenen der Verfaßtheit in öffentlich-rechtlichen Gebietskörperschaften, d. h. Gemeinde, Land, Bund und Europäische Union gemeint.

delns, Untertanen, kollektiv eben die „Bevölkerung", die er glaubt, immer mehr überwachen, reglementieren und unterdrücken zu müssen. Da geht es nicht nur um respektlosen Umgangston, undurchschaubare Regelwerke und neuerdings halbherzige Top-Down-Beteiligungsmodelle nach dem System „Wasch mir den Pelz, aber mach mich nicht naß!". Es geht nicht einmal nur um Korruption und Kompetenzverfall. Es geht um die planmäßige, aber gedankenlose Zerstörung des Gemeinschaftsgefühls der Bürger. Hehlerware kaufen, um Steuern einzutreiben? Mit hoheitlicher Gewalt Daten erheben und diese dann meistbietend verkaufen? Die Besteuerung unabhängiger Organisationen der Entscheidung des Verfassungsschutzes, also der Behörde, aussetzen, die gerade demonstriert, wie willkürlich sie urteilt? Alles offenbar kein Problem mehr in diesem Staat! Von der intransparenten Bespitzelung durch in- und ausländische Geheimdienste, gegen die man sich nicht wehren kann, ganz zu schweigen! In unserer Gesellschaft droht sogar die vielbeschworene „freiheitlich-demokratische Grundordnung" (zur Verschleierung der tatsächlichen Bedeutung im politischen Jargon zur technisch-regulativ klingenden FDGO abgekürzt) zur Chimäre zu werden. Schon wird, wenn auch noch leise, vom postdemokratischen Zeitalter gesprochen. Gebannt blicken unsere Eliten nach China und fragen sich, ob dort nicht eine neue Ordnung entsteht, die leichtes Regieren und allgemeinen Wohlstand ermöglicht und die tatsächlichen oder vermeintlichen Schwächen der repräsentativen Demokratie elegant überwindet. Um Menschen- und Bürgerrechte braucht man sich dann nicht mehr zu kümmern. Respekt vor dem Bürger als dem Subjekt jeder Kollektivität kann dann endgültig entfallen.

Es ist schon ein Witz! Gäbe es nicht das gerade nicht dem Willen der Mehrheit, gemeinhin als Demokratie bezeichnet, sondern der Herrschaft des Rechts verpflichtete Bundesverfassungsgericht, unsere Volksvertretung hätte sich längst von der

Kontrolle der Regierung gänzlich verabschiedet. Daß sie in Sachen Europa, dem wichtigsten ordnungspolitischen Projekt unserer Zeit, noch mitzureden hat, verdankt sie nicht eigener Kraft, sondern dem Urteil des Gerichts. Und selbst, wenn man es nicht so dramatisch sehen will: Eine Ordnung gleichzeitig auf den Grundsätzen aufzubauen, die Wirtschaft müsse global agieren, Deutschland müsse sich in Europa positionieren, ein wie auch immer definiertes deutsches Unternehmen müsse aber in Deutschland Steuern zahlen und jeder müsse in dem Land, in dem er mehr oder weniger zufällig lebt, in allererster Linie Staatsbürger sein – das kann nicht funktionieren. Das erzeugt nicht Loyalität, sondern Konfusion. Von Zuwanderern zu verlangen, sie sollten sich gefälligst in erster Linie als Deutsche empfinden, ist insofern, je nachdem, wie man es sehen will, zynisch oder dumm – jedenfalls nicht erfolgversprechend. Und der Respekt vor dem Bürger bleibt auf der Strecke. Wenn es denn je einen Anspruch des Staates gegeben hat, vom Bürger auch nur ein bevorzugtes Kollektivitätsempfinden einzufordern, hat er diesen Anspruch heute verwirkt. Durch noch so perfekte Kontrollsysteme läßt er sich nicht wiederherstellen. Dem Bürger bleibt schon deswegen gar nichts anderes übrig, als selbst zu entscheiden, wie er sich und in welche Kollektivität er sich einfügt. Staatsbürger zu sein, kann nur eine Option unter vielen sein. Und niemandem kann der Respekt versagt bleiben, nur weil er kein Staatsbürger sein will. In der Form, wie ihn vergangene Jahrhunderte entwickelt und zur Perfektion gebracht haben, hat der Staat ausgedient!

Die Weltgesellschaft, in der wir heute leben, läßt jedes Kollektivitätsmonopol im 21. Jahrhundert als überholt, ja geradezu als absurd erscheinen. Jeder mischt sich heute schon im staatlichen Bereich seinen eigenen Loyalitätsmix. Ist der eine vor allem Münchner, so mag sich der nächste vor allem als Bayer, der dritte als Deutscher, Europäer oder Weltbürger sehen. Zu verlangen ist Respekt vor jedem, der eine andere Priorität setzt, und selbst dieses Verlangen kann nur auf einem Bewußtwerdungsprozeß, nicht auf Zwang und Kontrollen aufgesetzt werden. Kollektivität ist aber auch nicht auf die staatliche reduzierbar. Parallele Kollektivitäten sind heute noch wichtiger als in der Vergangenheit, nicht nur, weil die staatliche desavouiert ist, sondern auch, weil traditionelle Milieus sich weitgehend aufgelöst haben. Kollektivität wird heute keineswegs abgelehnt, aber eben auch nicht ererbt oder vorgegeben, sondern bewußt und freiwillig gesucht. Daß gemeinsames Handeln mehr bringt als das Handeln gegen alle, daß auch der *homo oeconomicus* eine Chimäre ist, die durch den *homo civilis*, *homo publicus* und *homo philanthropicus* zu ersetzen ist, ist längst keine exotische Meinung einzelner Idealisten mehr, sondern Gegenstand zahlreicher interessanter politischer und soziologischer Analysen. Die Individualisierung der Gesellschaft hat gerade nicht dazu geführt, daß es nur noch Ichlinge gibt, sondern im Gegenteil: Der Mensch des 21. Jahrhunderts denkt und handelt mit Empathie wie selten zuvor, sucht nach Kollektiven, denen er sich anschließen kann – nur eben nicht primär nach Staat oder Nation – oder gestaltet selbst neue Kollektive mit.

Daß religiöse Überzeugungen Kollektivitäten erzeugen, hat eine lange Tradition. Manche religiöse Gemeinden pflegen aber bis heute eine ab- und ausgrenzende Gemeinsamkeit; die gemeinsame und je individuelle Gottessuche der Gläubigen tritt hinter dem Konformitätsdruck bis in die Einzelheiten des Alltagslebens Gleichgesinnter zurück. Angesichts der Ausdifferenzierung sind Versuche, eine solche Konformität aufrecht zu halten, zwar verständlich; doch sind sie Produkte der Angst. Schon die vielen Verdrängungen und Ausblendungen, die notwendig sind, um diese Konformität zu konstruieren, lassen sie als langfristig nicht erfolgreiche Fiktion erscheinen. Vor diesem Hintergrund verwundert es nicht, daß die Kirchen nicht nur dort mit schwindender Attraktivität zu kämpfen haben, wo die Grundüberzeugungen nicht geteilt werden. Auch wer Gott intensiv sucht, tut dies heute oft außerhalb solcher Kollektive. Dagegen wäre eine auf Grundüberzeugungen aufbauende und vom Respekt vor Andersdenkenden getragene Kollektivität eine wertvolle Orientierung. Den ihnen abverlangten Respekt können die Mitglieder eines solchen Kollektivs gewiß auch für sich einfordern. Je stärker der Druck von außen, desto mehr entwickeln Menschen muslimischen Glaubens oder auch nur muslimischer Kulturtradition eine Kollektivität, die ihnen traditionell eigentlich abgeht. Das umstrittene Tragen eines Kopftuchs ist insofern nicht notwendigerweise Ausdruck eines kampferischen Islamismus und kann auch nicht nur als Zeichen verinnerlichter Glaubensvorschriften akzeptiert werden; es ist sichtbares Zeichen einer Kollektivität – und als solches zu respektieren.

Die Welt der Märkte verwendet mit teils mehr, teils weniger Erfolg viel Energie und Ressourcen darauf, ihren Mitarbeitern vor allem eine Konzern-Kollektivität zu vermitteln. Zu Coca-Cola, Siemens, Daimler oder IBM zu gehören, soll viel wichtiger und bindender sein, als welchen Reisepaß man mehr oder weniger zufällig in der Tasche hat. Das Gruppenbewußtsein soll vom Arbeitsplatz, nicht von Sprache, Kultur oder gar Geburtsort bestimmt werden. Ähnliches gilt mehr oder weniger stringent für Menschen, die irgend etwas gemeinsam haben: Frauen, Jugendliche, Künstler, Bergsteiger. Im Deutschen findet dies im habituellen ‚Du‘ seinen hörbaren Ausdruck. Solche Kollektivitäten mögen fragil oder volatil sein. Im Augenblick bestehen sie. Nüchtern betrachtet, fühlt sich heute der junge Mensch der Weltgesellschaft seiner Altersgruppe meist mehr verbunden als seiner Nation. Das rabiate Verhalten derer, die sich hiergegen sträuben, beweist dies eklatant.

Für all die, die Kollektive suchen, rücken auf Freiwilligkeit aufbauende Organisationen in den Mittelpunkt des Interesses.

Weltweit operierende NGO und örtliche Geselligkeitsvereine, traditionelle Wohlfahrtsverbände und neue soziale Bewegungen, aktuelle Bürgerinitiativen und 200 Jahre alte Kunstvereine: sie alle tragen entscheidend dazu bei, daß der Bürger Gemeinschaft erlebt und gestaltet. Gemeinschaft als *Bottom-Up*-Modell, Beteiligung durch Selbstermächtigung und Selbstorganisation, freiwillig und darauf gerichtet, was der einzelne Bürger als wichtig empfindet; das hält über alle politischen Grenzen hinweg die Gesellschaft zusammen. In diesen Bindungen erlebt der Bürger mehr Kollektivität als im diffusen, entfremdeten Staatsverband. Bildung und Selbstbewußtsein tragen dazu bei. Wer glaubt, dies sei nur eine Modeerscheinung, die bald wieder vergeht, der irrt.

Am Ende des 18. Jahrhunderts, als der moderne Verfassungsstaat in das Bewußtsein der Menschen trat, entstand das Volkslied „Die Gedanken sind frei". Diese Freiheit der Gedanken auszuleben, fällt den Menschen heute leichter als damals – und sie tun es. Die modernen Kommunikationstechnologien haben den Wächtern über die öffentliche Meinung, seien diese nun Politiker, Geheimdienste, Intellektuelle, Medien, Prediger oder wer auch immer, viel von ihrer Macht genommen. Daß sich damit auch Orientierung und die Sammlung von Argumenten für die eigene Positionsbestimmung komplexer gestalten, liegt auf der Hand. Daß eine solche je besondere Positionsbestimmung eine Gelingensbedingung dafür ist, daß der Bürger Subjekt bleibt, ist ebenso evident. In der Fülle der Angebote auszuwählen, für sich zu entscheiden, was richtig ist, stellt zweifellos eine Herausforderung dar, der niemand mehr entrinnen kann. Wenn wir wider bessere Einsicht an der Fiktion des treuen Staatsbürgers festhalten, bleibt der Bürger Objekt und trägt nichts bei. Und wenn wir zulassen, daß wir vom Weg zum Bürger als Subjekt abkommen, den wir die letzten 250 Jahre unter vielen Mühen und Schmerzen und mit manchen Rückschlägen gegangen, aber an dessen Ziel wir noch nicht angekommen sind, brauchen wir uns über Freiheit gar nicht mehr zu unterhalten.

In dieser Situation können plurale ideelle und praktische Kollektivitäten jedweder Art durch dialogische Kommunikation Wesentliches leisten. Sie verdienen schon deswegen unseren hohen Respekt. Wird ihnen dieser versagt, bricht die Gesellschaft auseinander oder resigniert oder revoltiert. Nirgendwo steht geschrieben, daß es nicht auch in Europa, z. B. in Deutschland, einen Tahir-Platz geben kann. Paris und London sahen dazu schon die Vorboten. Wenn wir nur auf Kontrolle, Einschüchterung und Reglementierung bauen, werden Bewegungen zur Gefahr. Wenn wir sie aufgreifen, wird unsere Gesellschaft ein lebendiger Organismus, der sich ohne Angst den Herausforderungen des 21. Jahrhunderts stellen kann.

Neben eher negativen Abgrenzungen verdankt sich der Aufstieg der Zivilgesellschaft als politisches Konzept höchst positiven Erkenntnissen. Herausragend ist nach wie vor der politische, ja historische Erfolg bürgerschaftlichen Engagements in den Umwälzungen von 1989/1990, in Ostdeutschland ebenso wie in Mittel- und Osteuropa. Wenn in der Kritik an ostdeutschen Mitbürgern der Mangel an Engagement und Gemeinsinn beklagt wird, so muß dem das gefährliche und erfolgreiche Engagement zahlloser Bürger und Bürgerinnen entgegengehalten werden, das für die Veränderung des Systems eine herausragende Bedeutung gehabt hat. Spätestens seit der Finanzkrise von 2008 haben wir aber erkannt, daß auch eine Aufteilung der Welt in Staat und Markt nicht funktioniert. Schon gar nicht wollen wir alles dem Markt überlassen. Zu unserer, durch die kommunikative Revolution der letzten 20 Jahre nicht wenig beförderten, Lebenswirklichkeit gehört, daß wir in drei Arenen kollektiven Handelns agieren, jeder von uns – gleichzeitig, nach- und miteinander. DOT.GOV, DOT.COM und DOT.ORG sind gleichermaßen legitimiert, über öffentliche Angelegenheiten zu debattieren und Entwicklungsprozesse voranzutreiben.[4] Gemeint sind Staat, Markt und Zivilgesellschaft, die alle am Öffentlichen teilnehmen und teilhaben. Die Entstaatlichung von Politik und die Zurückdrängung des Marktes sind in der internationalen Debatte akzeptierte Grundsätze. Zivilgesellschaft ist als Gelingensbedingung von Freiheit und Ordnung erkannt, ein neuer Gesellschaftsvertrag ist angesagt.

Wir brauchen dringend eine öffentliche Debatte darüber. In diese einzugreifen und für die Idee der dritten Arena, die Arena der Zivilgesellschaft, zu kämpfen, ist ein Ziel dieses Buches. Es soll eine Streitschrift sein. Sie soll für eine starke Zivilgesellschaft werben und stellt Positionen zur Diskussion. Sie soll aber keineswegs das uneingeschränkte Loblied von Zivilgesellschaft und bürgerschaftlichem Engagement singen, sondern auch Grenzen markieren und Schwachstellen aufzeigen. Unserer Debatte fehlt es aber an Orientierung. Es fehlen oft schon die einfachsten Informationen. Entwicklungen und Ereignisse können nicht eingeordnet werden. Es geht in diesem Buch deshalb auch darum, vorhandenes Wissen so aufzuarbeiten, daß verstanden werden kann, wie sich in einer modernen Gesellschaft, die sich vom Bürger her definiert, heute drei Arenen kollektiven Gestaltens und Handelns im öffentlichen Raum erkennen lassen. Unter diesen ist die Arena der Zivilgesellschaft die unbekannteste. Sie bekannt und greifbar zu machen, ist die Absicht, die sich damit verbindet.

Die Zeit drängt. Die Medien sind nicht informiert, schon gar nicht sensibilisiert. Die Ewig-Gestrigen haben eine gute Presse. Deshalb müssen wir jetzt gegen die Vorurteile, Abwiegelungsmanöver und Kampfansagen vorgehen, die von denen kommen, die das bisherige System retten wollen. Unsere Gesellschaft ist voller engagierter Bürger und Bürgerinnen, mit stei-

---

[4] Parag Khanna, Wie man die Welt regiert. Berlin 2011, S. 41, 293

gender Tendenz und noch höherem Wachstumspotenzial. Sie nehmen an unserem Gemeinwesen lebhaften Anteil und bringen sich dort, wo sie das nach Zeit und Fähigkeiten können, ein – freilich an den Orten und in den Zusammenhängen, zu denen sie Vertrauen haben, die ihnen das Gefühl der Inklusion geben, wo sie an den Entscheidungen tatsächlich partizipieren können.

Über allem aber steht der Respekt als unabdingbare Voraussetzung des Zusammenlebens in einer offenen Gesellschaft: Respekt vor anderen Lebensentwürfen, Respekt vor anderen Ideen, Respekt vor anderen Formen des Wirkens für die Gemeinschaft, Respekt vor dem Menschen als Menschen, Achtung vor dem Bürger.

Unter dieser Prämisse unternehme ich den Versuch, Begriff, Zustand und Perspektiven der Zivilgesellschaft zu verorten und einige ihrer wesentlichen Attribute näher zu beschreiben. Dies geschieht mit einem wissenschaftlichen Anspruch, aber bewußt nur in Teilen in einer strengen wissenschaftlichen Methodologie, um die Darstellung nicht zu überfrachten und sie einem größeren Kreis von Lesern zugänglich zu machen. Es ist unvermeidlich, daß manche Argumente und Beweisstücke mehrfach auftauchen, da sie unter mehreren der hier ohne Anspruch auf Vollständigkeit beleuchteten Gesichtspunkte relevant erscheinen. Insofern bitte ich um Nachsicht bei den Lesern, die diese schon bei der ersten Erwähnung wiedererkennen oder in allen ihren Facetten erfassen.

Letztlich verfolge ich mit diesen Darlegungen das Ziel, die öffentliche, oft von Vorurteilen und völliger Unkenntnis geprägte öffentliche Debatte durch eine sachliche auf Argumente gestützte Darlegung voranzubringen und zugleich die Zivilgesellschaft über eine solche Versachlichung der Debatte zu stärken und zu stabilisieren. Inwieweit diese anspruchsvollen Ziele erreicht worden sind, mögen Leser und Leserin entscheiden. Wenn sie dabei mehr Achtung vor dem Bürger entwickeln, ist mein primäres Ziel in jedem Fall erreicht.

II. Unsere Gesellschaft

Zeitbomben

Unsere Gesellschaft sitzt auf einer ganzen Reihe von Zeitbomben. Jede von ihnen kann jederzeit hochgehen und einen gesellschaftlichen Super-Gau hervorrufen, für den wir in keiner Weise gerüstet sind. Eine Zeitbombe ist bereits hochgegangen: die internationale Finanzkrise. Und doch gaukeln wir uns permanent vor, unsere Regierungen und unsere Wirtschaft hätten alles im Griff. Wir können aber nicht darüber hinwegsehen, daß wir unsere natürlichen Ressourcen zu stark ausbeuten und damit den kommenden Generationen zu wenig davon hinterlassen. Wie die kommenden Generationen ihren Energiebedarf decken werden, ist völlig offen. Wir haben keine Ahnung, welche Folgen der Klimawandel für uns und unsere Kinder haben wird. Wir wissen, daß sich die Alterspyramide im letzten Jahrhundert fast völlig auf den Kopf gestellt hat. Die Erde wird heute von mehr als doppelt so vielen Menschen bevölkert wie noch vor einer Generation. Aber wir wissen nicht, ob sich diese Entwicklung linear fortsetzen wird und schon gar nicht, wo die Grenze der Erträglichkeit liegt und wann und ob diese, möglicherweise schon in diesem Jahrhundert, erreicht wird. Damit geht der Zusammenbruch des Wohlfahrtsstaates einher. Die große soziale Errungenschaft des 20. Jahrhunderts, die auf der Solidarität aller Bürger und Bürgerinnen aufgebaute nationale Gesellschaft, kann das, was sie leisten soll, nicht mehr leisten und wird es auch in Zukunft nicht wieder können. Über all dies nachzudenken, könnte uns zur Verzweiflung treiben. Aber mit Verzweiflung ist uns ebenso wenig geholfen wie mit dem pfadabhängigen Weiterwursteln und schon gar nicht mit der Verdrängung der Zeitbomben, vor denen wir Angst haben.

Worum geht es?

1. Die Undurchschaubarkeit der globalen Finanzströme hat jeden Rest von Solidarität aus den Angeln gehoben. Thomas Hobbes schien mit seinem Diktum Recht zu behalten, der Mensch sei des Menschen Wolf (*homo hominis lupus*), jeder sei als *homo oeconomicus* nur auf seinen Gewinn, auf die Durchsetzung seiner Interessen bedacht. Und der Staat, den Hobbes als Ordnungsinstanz sah, war dieser Aufgabe offenkundig nicht gewachsen. Damit nicht genug: Auch das Grundgefüge der Gemeinschaft, in der wir leben, ist aus den Fugen geraten. Wir ahnen, daß das überkommene Modell eines Staates mit nationaler Regierung und Verwaltung, repräsentativer Demokratie und unabhängiger Gerichtsbarkeit immer weniger in der Lage ist, seine Aufgaben zu erfüllen. Wir befürchten, eine postdemokratische Zeit sei angebrochen. Nicht nur exotische, von uns oft als unterentwickelt bezeichnete Staaten, sondern auch unser eigener ist längst an die Grenze seines Leistungsvermögens gelangt. Aber auch der Markt selbst versagt. Die letzten Wirtschaftskrisen, insbesondere die von 2008, haben uns dies überdeutlich vor Augen geführt. Zwar stellt er uns hierzulande noch geradezu im Überfluß Güter und Dienstleistungen zur Verfügung, doch wissen wir nicht, wie lange das noch gut geht. Staatliche Hilfen in Größenordnungen, die wir uns gar nicht vorstellen können, sind gewiß kein langfristiges Heilmittel.

2. Das politisch-administrative System des im 18. Jahrhundert entwickelten modernen Verfassungsstaats ist an Grenzen gestoßen, die es ihm nicht erlauben, die Herausforderungen des 21. Jahrhunderts kreativ oder auch nur angemessen zu meistern. Regierungen und Verwaltungen werden als Gene-

ralbevollmächtigte der Bürger und Bürgerinnen nicht mehr akzeptiert. Was Politiker gern als Staatsverdrossenheit beklagen, ist in Wirklichkeit eine Verdrossenheit mit den konventionellen staatlichen Akteuren, die mit steigendem Interesse an Politik in neuer Form und mit alternativen Akteuren einhergeht. Das Legitimitätsmonopol der repräsentativen Demokratie ist allenfalls ein nicht mehr einlösbarer Anspruch; die Wirklichkeit spiegelt er nicht wider. An dieser Entwicklung sind die staatlichen Akteure nicht unschuldig. Sie haben vielfach das Vertrauen ihrer Auftraggeber mißbraucht, Eigen- und Machterhaltungsinteressen vor Gemeinwohlinteressen gestellt. In den letzten Jahrzehnten hat ein dramatischer Kompetenzverfall dafür gesorgt, daß Aufgaben nicht mehr sachgerecht oder nur zu weit überhöhten Kosten erledigt werden konnten. In den letzten Jahren ist ein maßlos übersteigertes Sicherheitsdenken hinzugekommen. In den USA ist bereits ein Fünftel aller Arbeitnehmer in sicherheitsbezogenen Berufen beschäftigt – in der Armee, der Polizei, privaten Sicherheitsdiensten, Überwachungseinrichtungen usw. Auch bei uns ist das Mißtrauen gegen jeden und von jedem inzwischen zu einer der unangenehmsten Begleiterscheinungen des täglichen Lebens geworden. Der Wohlfahrtsstaat des 20. scheint durch den Sicherheitsstaat des 21. abgelöst zu werden.

3. Der Markt hat einen Grad an Unabhängigkeit erreicht, der ihn zu einem gleichrangigen Akteur im öffentlichen Raum entwickelt hat. Global agierende Unternehmen können ein *regime shopping* betreiben, d. h. sich den Staat heraussuchen, der ihnen die angenehmsten Bedingungen bietet. Der Einfluß nationaler Regierungen ist in einer global aufgestellten Wirtschaft gering.[1] Diese Wirtschaft ist system-

---

[1] Colin Crouch, Das befremdliche Überleben des Neoliberalismus. Berlin 2011, S. 180

immanent (wegen der für die Leistungskraft des Marktes notwendigen Konzentration auf die Optimierung der unternehmerischen Gewinne) nur im Zusammenwirken mit anderen zu einer bedingten Gemeinwohlorientierung in der Lage. Ob und inwieweit ihre Akteure hierzu bereit sind, mag dahingestellt sein. In den letzten 20 Jahren hat jedenfalls der Staat massiv Macht an den Markt verloren.

4. Trotz großer Schwächen, von denen noch die Rede sein wird, gibt der ehemals allzuständige Staat zunehmend auch an eine dritte Arena Macht ab, die sich immer stärker in das Bewußtsein der Menschen und in das Gefüge der politischen Ordnung hineinschiebt: die Zivilgesellschaft. Noch ist es so, daß Zivilgesellschaft von unserem politischen System gepriesen wird, wenn sie in fernen Ländern unliebsame Regime zu beseitigen hilft, im eigenen Land aber gern marginalisiert und instrumentalisiert wird. Gegen starke zivilgesellschaftliche Bewegungen läßt sich aber nichts mehr ausrichten. Die Entscheidungskompetenz der repräsentativen Demokratie ist durch die Deliberationskompetenz einer nur vage organisierten Öffentlichkeit zunehmend beschränkt.[2] Während aber die Wirtschaft erkannt hat, daß hierin sozialer Sprengstoff liegt, der nicht zu vernachlässigen ist und daran arbeitet, ihn zu entschärfen,[3] glauben nicht wenige Vertreter des Staates immer noch, dem Selbstbewußtsein der Bürger mit Marginalisierung, Kontrollen und anderen repressiven Maßnahmen entgegentreten zu können und zu sollen. Zivilgesellschaft wird politisch auf eine reine Dienstleistungsfunktion reduziert, das politische Mandat wird bestritten oder verdrängt.

---

[2] Volker Gerhardt, loc. cit., S. 362 ff.
[3] S. bspw.: RWE, Akzeptanz für Großprojekte – Studie zur Bürgerbeteiligung 2012; Franz Walter, Die Macht der Bürger – die BP Gesellschaftsstudie 2013

In diesem Geschehen sind wir alle mehr als Zeugen! Die neue Zeit prägt unser Leben. Mehr denn je müssen wir dieses Leben mitgestalten. Mehr denn je ist unser Gemeinschaftssinn gefragt. Engagement und Kommunikation bestimmen unser Handeln wie nie zuvor. Dies erfordert, belohnt aber auch Flexibilität, soziale Kompetenz und kooperatives Verhalten. Die Zeit der lebensumspannenden, ausschließlich auf den eigenen wirtschaftlichen Vorteil abzielenden Karrieren ist vorbei. In einer Hierarchie über Jahrzehnte aufzusteigen oder sein Leben lang ein Unternehmen zu führen, ja überhaupt über Jahrzehnte hinweg dasselbe zu tun – all das sind Auslaufmodelle. Es gibt Unternehmer, die als Mittdreißiger ihr Unternehmen verkaufen. Natürlich ist für sie das Leben nicht abgeschlossen. Es gibt Menschen, denen erst spät im Leben ein Durchbruch gelingt. Natürlich ist alles frühere nicht verloren. Frauen erobern die Männerwelt. Die Zeit der männlichen Dominanz über ökonomische Gestaltungsprozesse und Lebensentwürfe ist vorbei. Und doch ,ticken' Frauen anders, suchen anderen Rat und finden nicht selten andere Lösungen. Auch ein anderes Prinzip, das bald 1000 Jahre gegolten hat, gilt heute im Grunde nicht mehr. Der älteste Sohn als vorbestimmter Erbe gehört der Vergangenheit an. Eignung, Verantwortungsbewußtsein und nicht zuletzt der freie Wille wiegen heute als Auswahlkriterium schwerer als ein Erstgeburtsrecht. Wir denken und handeln immer weniger in nationalen oder milieu-spezifischen Kategorien. Wir leben in einer Welt. Das läßt Zukunftspläne heute um ein vielfaches komplexer erscheinen als noch vor einer Generation.

Die junge Generation ist eine Generation von Weltbürgern. Zugleich sehnen wir uns nach der Geborgenheit in der Gruppe. Wir wollen Gemeinschaft, doch Volk oder Nation sind abstrakte Begriffe geworden, mit denen wir immer weniger anfangen können. Gäbe es nicht den nationalistisch aufgeladenen Leistungssport mit seinen antiquierten Fahnen- und Hymnenritualen, würden wir den Staat emotional kaum noch wahrnehmen – und dies wäre nicht unbedingt zu bedauern! Die Hüter des überkommenen Staatsverständnisses wissen jedenfalls, warum sie sich so gern mit Weltmeisterschaften und olympischen Spielen assoziieren.

Wir leben in einer neuen Zeit, haben neue, nie gekannte Herausforderungen zu meistern und wollen auch anders leben! Was sollen wir dafür lernen, wie leben, was weitergeben? Sollen wir resignieren? Oder sollen wir uns der neuen Zeit stellen, den neuen Wein in neue Schläuche gießen? Traditionelle Muster taugen dazu wenig, das Vertrauen in sie ist geschwunden. Wie also strukturieren wir unser Leben, Lernen und Weitergeben?

Wir müssen etwas unternehmen, um sozialen Wandel herbeizuführen. Wir müssen Zeitbomben entschärfen. Staat und Markt sind Teil des Problems und daher dazu nicht oder jedenfalls nicht allein in der Lage.

Wohlgemerkt: Wir Bürger und Bürgerinnen brauchen eine demokratisch legitimierte öffentliche Gewalt. Wir brauchen einen Markt der Güter und Dienstleistungen. Aber die Erfahrung lehrt uns, daß wir aus diesen Arenen allein nicht oder nicht mehr die Beiträge erwarten können, die notwendig sind, um im 21. Jahrhundert zu bestehen. Wir brauchen eine neue Aufgabenverteilung, wir bedürfen dringend des koordinierten Handelns aller Akteure, die bereit sind, sich daran zu beteiligen.

Das seit 40 Jahren zu beobachtende Erstarken der Zivilgesellschaft als dritte Arena des kollektiven Handelns im öffentlichen Raum ist dafür ein Lösungsansatz. Ihre eigenverantwortlich und selbstermächtigt erbrachten, aus freiwillig übernommener Verantwortung konzipierten und angebotenen Beiträge sind nicht nur zu begrüßen, sondern unabdingbar notwendig, gleich, ob sie nun im Einzelnen die bestmögliche Lösung beinhalten oder nicht. Wir können uns nicht erlauben, auf ernstgemeinte Vorschläge zu verzichten. Diese dritte Arena besitzt schon deshalb eine originäre Handlungslegitimation im öffentlichen Raum. Sie vollumfänglich einzubeziehen, ist eine gesellschaftspolitische Forderung und ein Gebot der praktischen Vernunft.

Zivilgesellschaft ist kein Allheilmittel, ja nicht einmal der Rettungsanker, nachdem wir suchen. Aber ohne aktive, engagierte Zivilgesellschaft werden wir den Rettungsanker nicht finden. Achtung vor dem Bürger ist also nicht nur ein schöner Traum, sondern eine dringende Notwendigkeit.

Der institutionelle Burn-Out

Noch immer heißt das Volk, heißen die Menschen, die Bürger und Bürgerinnen im allgemeinen Sprachgebrauch oft „Bevölkerung" – wie wenn wir über Bienen oder Ameisen sprechen. Die Menschen des 21. Jahrhunderts wollen aber, nicht zuletzt auf Grund vieler negativer Erfahrungen, nicht mehr als Masse, als „Bevölkerung" behandelt werden, nicht mehr Objekte des Handelns sein, sondern sehen sich in ihrer Individualität als Subjekte der Gesellschaft. Daß der Rang von Menschen- und Bürgerrechten im Bewußtsein der Bürger und Bürgerinnen stark gestiegen ist, ist Ausdruck dieses Paradigmenwechsels. Staat, Markt und Zivilgesellschaft sind für den modernen Menschen nicht Gesamtheiten, in denen er aufgeht, sondern Funktionen seiner Lebensgestaltung, die ihm zu Diensten sein sollen. Jede dieser Funktionen wird in einer Arena gelebt. In allen Arenen bewegen sich zahlreiche Akteure, jeder von uns bewegt sich in allen Arenen. In diesem Modell – und mehr kann es nicht sein – ist die Arena der Zivilgesellschaft allerdings vergleichsweise schwach. Zu ihrer Handlungslogik gehören nun einmal unorganisierte und prinzipiell unorganisierbare Prozesse. Und doch muß kollektives Handeln organisiert werden.

Daß die in Westdeutschland nach 1945 begründete Gesellschaftsordnung zwar in ihren Grundsätzen – Vorrang der Men-
schen- und Bürgerrechte, Demokratie, Rechtsstaatsprinzip und
Aufbau auf kulturellen Traditionen[4] – langfristig wünschenswert erschien und in ihrer normativen Rahmensetzung fast universell akzeptiert wurde, war in den folgenden Jahrzehnten
deutlich und konstant. Ebenso wurde die ostdeutsche Gesellschaftsordnung in dieser Grundsätzlichkeit sowohl von der
Mehrheit der ihr unterworfenen Bürger als auch in der Betrachtung von außen als grundlegend defizitär gesehen. Aber
spätestens in den 1960er Jahren kam in Westdeutschland der
übergreifende Konsens über alle Ausformungen dieser Ordnung abhanden, während er von Ostdeutschland aus in vielen
Einzelheiten kritisch beurteilt wurde. Das Festhalten an Mechanismen und Einstellungen, die nur scheinbar notwendige
Bestandteile der regelmäßig beschworenen freiheitlich-demo-
kratischen Grundordnung darstellten, in Wirklichkeit aber Re-
likte früherer Ordnungen oder durch andere Entwicklungen
überholt waren, führte zu erheblichen Konflikten, die nur teilweise zum Anlaß für grundsätzliche Neuordnungen genommen
wurden, insbesondere dort nicht, wo das Verwaltungshandeln
gegenüber dem Bürger betroffen war. Otto Mayers Diktum
„Verfassungsrecht vergeht, Verwaltungsrecht besteht", von
Ralf Dahrendorf schon 1968 als „nicht nur zynisch, sondern
auch unheimlich richtig" bezeichnet, scheint weithin und wei-
terhin auszustrahlen.[5] Der Obrigkeitsstaat, der, gewiß nicht immer in böser Absicht, die alleinige Definitions-, Planungs- und
Vollzugskompetenz in allen Angelegenheiten des öffentlichen
Wohls für sich in Anspruch nahm, hat sich als hartnäckiger er-

---

[4] So die verschiedenen Erklärungen des Europarats und anderer internationaler Organisationen
[5] Ralf Dahrendorf, Gesellschaft und Demokratie in Deutschland. München 1968, S. 234

wiesen, als es die politische Theorie und die Entwicklung der Lebenswelt der Bürger hätten vermuten lassen. Was Kinder in der Schule zu lernen haben, wie Forschung zu organisieren, eine Stiftung zu verwalten, ein Theater oder Kindergarten zu betreiben ist – all dies und vieles mehr ist von einem System reguliert, dessen Versagen offenkundig ist. Nur ein Beispiel: Staatliche Bauvorhaben kosten mehr und werden später fertig als ursprünglich gedacht; und doch maßt sich die Verwaltung an, das Bauen bis ins Kleinste zu kontrollieren.

Ein politisches System kann nicht auf die Dauer ungestraft ignorieren, daß seine Autorität grundsätzlich in Frage gestellt wird. Ein System, das für sich in Anspruch nimmt, vom Bürger her bestimmt zu sein[6], sollte nicht repressiv, sondern kommunikativ reagieren. Genau dies aber geschieht nicht. Wilhelm Heitmeyer hat in einem hierfür nicht ganz unwichtigen Zusammenhang darauf hingewiesen, daß der Staat zunehmend mit einem Kontrollparadigma reagiert, auf welches die Diskurse und agierenden Institutionen zunehmend ausgerichtet sind, obwohl sich dieses als letztlich wirkungslos erwiesen hat.[7] Der staatliche Kontrollanspruch hat inzwischen pathologische Züge angenommen. Kein noch so persönliches Fehlverhalten, keine noch so tragische Verkettung unglücklicher Umstände wird ohne den Ruf nach mehr Kontrollen kommentiert. Sich ständig „legitimieren" zu müssen, das heißt nicht als Mensch intrinsische Legitimität zu besitzen[8], sondern nur noch dann „legitim" zu sein, wenn durch ein fälschungssicheres amtliches Dokument die eigene Identität nachgewiesen ist, ist mehr als nur lä-

---

[6] Art. 20 Abs. 2 GG

[7] Wilhelm Heitmeyer, Rechtsextremismus und gesellschaftliche Selbstentlastung; in: Aus Politik und Zeitgeschichte (ApuZ) 62. Jg., 18–19/2012, S. 22, 25

[8] Vgl. Heiner Bielefeldt, Auslaufmodell Menschenwürde. Warum sie in Frage steht und warum wir sie verteidigen müssen. Freiburg 2011

stig. Jede Leistung im vorhinein bezahlen zu müssen, stellt das Wesen eines Tauschgeschäfts auf den Kopf. Der Bürger ist den Unternehmen ebenso ausgeliefert wie den Behörden – mit allen Möglichkeiten des Mißbrauchs, gegen die er sich nicht wehren kann. Max Webers Warnung vor der ‚totalitären Demokratie‘ bleibt daher aktuell. Versuchen, daran etwas zu ändern, war regelmäßig kein hinreichender Erfolg beschieden. „Aus der Perspektive unserer bürokratisierten und nahezu total verwalteten Welt mit ihren tiefgreifenden Konsequenzen für jeden einzelnen Bürger wirken die kräftige Intensivierung der Staatstätigkeit und der Ausbau der Verwaltungsorganisation im Innern der monarchisch-absolutistischen Staaten geringfügig. Der Abstand der Möglichkeiten damaliger Administration gegenüber den im „Computerstaat" zu unheimlicher Perfektion gediehenen Methoden der Erfassung und Reglementierung jedes einzelnen erscheint gewaltig. Die absolutistische Verwaltung beanspruchte und kontrollierte den einzelnen weder bis in alle Details der privaten Lebensführung hinein, wie es heutzutage wenigstens versucht wird, noch auch besaß sie den brutalen Willen, geschweige denn die technischen Hilfsmittel dazu."[9]

Staat und Markt haben, so muß man daraus folgern, im Grunde Angst vor dem Bürger. Die Kontrollsucht weist alle Merkmale einer sozialen Pathologie auf, die wie ein Krebsgeschwür unser Zusammenleben untergräbt. Unsere Demokratie und unsere Marktwirtschaft erleiden dadurch schweren, vielleicht irreparablen Schaden. Das geflügelte Wort von der Staats- oder Politikverdrossenheit kommt insofern nicht von ungefähr. Schon seit einigen Jahrzehnten ist der Wohlfahrtsstaat, der ohne Zweifel den Bürger und Bürgerinnen zahlreiche

---

[9] Peter Baumgart, Wie absolut war der preußische Absolutismus?, in: Manfred Schlenke (Hrsg.), Preußen – Beiträge zu einer politischen Kultur (Preußen – Versuch einer Bilanz, Bd. 2). Reinbek: 1981 (!), S. 91 f.

positive Errungenschaften beschert hat, angreifbar geworden. Nicht nur sah und sieht er sich immer weniger in der Lage, die zugesagten oder gar in Aussicht gestellten Leistungen zu erbringen, weil die Kosten die selbst mit hoheitlichem Zwang erwirtschafteten Mittel immer weiter übersteigen. Die hohen Transaktionskosten erscheinen auch immer weniger plausibel, zumal die Qualität der Leistungen mit den Ansprüchen, aber auch den Möglichkeiten und dem Wettbewerb immer weniger Schritt halten konnte. In den letzten Jahren ist schon deshalb die Frage, was „der Staat" leisten kann, um die Frage ergänzt worden, was er leisten soll. Das heißt, Bürger und Bürgerinnen stellen in zunehmendem Maße nicht nur die Leistung selbst, sondern auch den Anspruch des Wohlfahrtsstaates, sie zu erbringen, in Frage. Sie argumentieren vielfach mit dem Hinweis auf das größere Innovationspotential kleinerer Organismen, auf das schon vor Jahrzehnten Ernst Fritz Schumacher hingewiesen hat.[10]

Besondere Angst beschleicht die Verwaltung naturgemäß vor der Zivilgesellschaft, wenn sie keine Dienstleistungen erbringt und dementsprechend besonders wenig von staatlicher Finanzierung abhängig ist. Zivilgesellschaftliche Themenanwälte und Wächterorganisationen sind erheblichem Argwohn ausgesetzt oder werden schlicht aus der Zivilgesellschaft ausgeblendet. Wenn im zuständigen Bundesministerium – mit einem inzwischen geflügelten Wort, wohlgemerkt abschließend – von der Zivilgesellschaft als „Koproduzenten sozialer Dienstleistungen" gesprochen wird, so ist dies ein deutliches Indiz für die nur partielle Wahrnehmung einer Arena der Bürgermacht oder für den vorsätzlichen Versuch, die Zivilgesellschaft zu spalten. Die im Oktober 2010 vom Bundeskabinett verabschiedete ‚Nationale Engagementstrategie' zeigt dies überdeutlich.

---

[10] Ernst Fritz Schumacher, Small is Beautiful, 1973

Auf der anderen Seite hat ,Stuttgart 21' unser politisch-administratives System in einen seltsamen Schockzustand versetzt. Wir kann es sein, so fragt man sich, daß ältere, eher konservative Bürger und Bürgerinnen in Formen, die man eher mit Studentenprotesten in Verbindung bringt, gegen Entscheidungen, die formal korrekt abgelaufen sind, aufbegehren? Das Bild des älteren Herrn, der von Wasserwerfern der Polizei übel zugerichtet wurde und dauerhafte Augenschäden davontrug, ging und geht noch immer durch die Presse. Plötzlich wird landauf, landab von Bürgerbeteiligung gesprochen, meist in der Hoffnung, durch das Öffnen kleiner Ventile die Tradition aufrechterhalten zu können. Bürgerbeteiligung soll, vielleicht etwas intensiver als früher, dann und dort stattfinden, wo und wie der Staat es gestattet. Es ist dies das typische reaktive Verhalten aller historischen Regierungen im Vorfeld von Revolutionen. Kleine Zugeständnisse sollen beschwichtigen. Gelungen ist dies fast nie. Ob 1789 in Frankreich, 1917 in Rußland, 1918 in Deutschland, 1989 in ganz Mittel- und Osteuropa, 2011 in Ägypten usw. usf.: Es kommt der Punkt, an dem ein System nicht mehr zu halten ist. Achtung vor dem Bürger bekommt dann einen bedrohlichen Klang!

Diese Argumentation wird durch zahlreiche Negativerfahrungen mit öffentlichen Verwaltungen ebenso wie mit großen Industriekonzernen angereichert. Selbst mittlere Gemeinden, von den Ländern, dem Bund oder der Europäischen Kommission ganz zu schweigen, werden heute von vielen Bürgern als fremde, ihnen regulierend, kontrollierend, einengend gegenübertretende, ihren Herrschaftsanspruch mit allen Mitteln durchsetzende Mächte empfunden. Ob diese Einschätzung der unvoreingenommenen Analyse standhält, ist dabei von nachgeordneter Bedeutung. Im Vordergrund steht das weitverbreitete Gefühl, schon die Stadt sei kein „Wir", sondern ein „Die da". Die Tatsache, daß schon seit rund vier Jahrzehnten in Westdeutschland Bürgerinitiativen, Aktionsgruppen, sich selbstermächtigt bildende und selbstorganisiert handelnde Vereinigungen in politische Prozesse eingreifen und besonders in Phasen der Entscheidungsvorbereitung und Vollzugskontrolle Aufgaben übernehmen, die vordem in den gewählten Volksvertretungen angesiedelt waren, spricht eine beredte Sprache. Die Geschichte der sozialen Bewegungen belegt dies eindrucksvoll.[11] Daß auch gegen ein totalitäres System eine politische Zivilgesellschaft unter bestimmten Bedingungen erfolgreich sein kann, beweisen die Ereignisse des Jahres 1989 in Ostdeutschland.[12] In jüngster Zeit haben die Geschehnisse um ‚Stuttgart 21‘ eindrucksvoll dokumentiert, daß nach einem Verlust des Vertrauens auch Menschen an solchen Bewegungen partizipieren, von denen man das nicht von vornherein vermuten würde. Besonders, wenn dies geschieht, wird es für die Mächtigen gefährlich. Niemand weiß, ob dies nicht auch einmal in China geschehen wird. Im Iran, wo es niemand vermutet hätte, ist es bereits versucht worden.

Die Analyse wäre unvollständig, würde nicht ausdrücklich darauf hingewiesen, daß die seit den 1990er Jahren vielfach propagierte Vorstellung, der Staat ließe sich als Leistungserbringer durch den Markt ersetzen, weder im Ansatz vertretbar noch letztlich erfolgreich gewesen ist. Zwar ist nicht zu bestreiten, daß zahlreiche Dienstleistungen effektiver und effizienter über den Markt angeboten werden können. Kostgänger der Bürger wie Post und Bahn sind zu Unternehmen geworden, die an ihren Eigentümer, den Staat, Gewinne abführen. Ob dies in unverantwortlicher Weise zu Lasten der Qualität der Dienstleistung geht, steht auf einem anderen Blatt und soll hier nicht weiter untersucht werden. Sicher ist, daß

---

[11] Dieter Rucht/Roland Roth, Die sozialen Bewegungen in Deutschland seit 1945. Frankfurt 2008
[12] S. hierzu u.v.a. Ehrhart Neubert, Unsere Revolution. München 2008. Gabriele Muschter/Rupert Graf Strachwitz (Hrsg.), Keine besonderen Vorkommnisse? Berlin 2009

zum einen der Versuch, den Staat selbst als Paramarkt zu etablieren, demokratietheoretisch mehr als bedenklich ist. Der Bürger ist eben nicht „Kunde" des Staates, eher schon, will man in dieser Terminologie bleiben, dessen Eigentümer. Zum anderen aber wird eine auf Leistungsaustausch reduzierte Kommunikation und Interaktion menschlichen Grundbedürfnissen nicht gerecht und kann schon deshalb in der den Bürger als Ausgangspunkt nehmenden und in den Mittelpunkt stellenden Gesellschaft keinen Bestand haben. Schließlich besteht bei vielen Bürgern auch der Verdacht einer *Hand-in-glove*-Beziehung zwischen Markt und Staat, eines beide verbindenden „Systems". Die seit 2008 unternommenen Bemühungen der Regierungen, mit Summen, die jede Vorstellungskraft übersteigen, den Finanzmarkt überkommener Prägung zu erhalten, sind nicht geeignet, das erschütterte Vertrauen der Bürger in eine Aufsichtsfunktion des Staates gegenüber dem Markt neu zu beleben. Angela Merkels Wort von der marktgerechten Demokratie sollte als Warnung angenommen werden!

Im Ergebnis sind wir mit der Situation konfrontiert, daß Staat und Markt in schwere Krisen geraten sind, aus der sie allein keinen Ausweg finden. Von dem Aufwand, die Ordnung des Gemeinwesens durch Überwachungsmechanismen aufrecht zu erhalten und davon, daß die Mechanismen des Marktes anscheinend zunehmend unkontrollierbar werden, war schon die Rede. Hinzu kommt der ständig steigende Aufwand für Werbung und Propaganda, das heißt dafür, Produkte, Dienstleistungen, politische Entscheidungen, Verwaltungshandeln usw. manipulativ den Bürgern und Bürgerinnen zu vermitteln. Im post-demokratischen Zeitalter regieren neue Eliten. Die Themen sind, so wird konstatiert, so komplex geworden, daß sie das Urteilsvermögen des Bürgers sprengen und daher nur von professionellen Systemen gelöst werden können. Unser politisch-administratives System benimmt sich bereits ganz so. Zwischen Staat und Markt hat sich eine Gemengelage von Interessengemeinschaft, Interessengegensatz, Machtbewußtsein, Regulierungsdrang und Umgehungzwang entwickelt, die in der Tat hochkomplex ist. Das Problem ist: dieses System hat sich für die Lösung der Probleme disqualifiziert. All dies sind Indizien dafür, daß Staat und Markt nicht mehr in der Lage sind, ihre Aufgaben in der und für die Gesellschaft wahrzunehmen. Und in der Tat: Aus der Politik vernehmen wir den Ruf nach dem Bürger, der sich engagieren soll, um das Wohl der Allgemeinheit zu befördern. Gefragt ist allerdings nicht der kreative, empathische, erfahrene Bürger, sondern der, der voller Vertrauen zu den üppigen Steuern und Abgaben noch freiwillig dem Staat zu Diensten ist, der mitnichten arm ist, sondern über unvorstellbare große Mengen von Geld verfügen kann. Ein erstaunlicher Realitätsverlust: ein Burn-Out-Syndrom!

Wir können nicht auf Dauer in einer Gesellschaft leben, in der dieses Syndrom manipulativ verdrängt wird und die eine gesellschaftliche Pathologie zum Ausgangspunkt des Kontakts unter Menschen erhebt. Schon gar nicht reizt uns das, freiwillig noch mehr zu tun. Dies bedeutet, von selbst-referentiellen Systemen Abschied zu nehmen, sich aus der Pfadabhängigkeit zu lösen und Wagnisse einzugehen. Risikobereitschaft und gesellschaftliches Unternehmertum sind gefragt. Das Scheitern in Teilbereichen muß in Kauf genommen werden. So paradox es klingt: nicht mehr, sondern in gewisser Weise weniger Professionalisierung und Perfektionierung sind angesagt. Das Zusammenleben in der Gesellschaft ausschließlich in den Kontexten von Staat und Markt hat sich als fundamental unbefriedigend erwiesen. Eine alternative Interaktion ist nicht nur für den sozialen Frieden, der seinerseits ein politisches Ziel von hoher Priorität darstellt, unerläßlich. Auch auf die Kreativität, die sich nur in unorganisierten Prozessen entwickelt, sind wir angewiesen. Nicht zuletzt daraus erwächst die Vorstellung, eine weitere Aktionsarena zu definieren, die anderweitig nicht befriedigte Interaktionsformen aufgreift. Die „Figur des Dritten"[13] gewinnt in dieser Situation an Attraktivität: eine dritte Arena, in der sich pluralistisch Kreativität und prosoziales Verhalten entfalten können, in der sich Gemeinsinn und politischer Wille artikulieren, kollektives Bewußtsein bilden, aber auch bürgerschaftliches Engagement eingeübt und ausgelebt wird. Auch in dieser dritten Arena werden Fehler gemacht, auch hier agieren Menschen mit guten und weniger guten Absichten, auch sie hat nicht auf alles eine Antwort. Aber der Mehrwert, den diese Arena produziert, ist unabdingbar notwendig und die Chance von *checks and balances* zwischen drei ähnlich starken Akteursgruppen ließe hoffen, daß keine allzu dominant erscheint und sich Macht zumißt, die ihr nicht gebührt. Das Kennzeichen dieser Arena ist bürgerschaftliches Engagement. Es findet nachweislich zu 80 % in dieser dritten Arena statt, läßt sich also nur marginal mobilisieren, um dem politisch-administrativen System zu helfen.

In der Koalitionsvereinbarung der Bundesregierung von 2009 standen ein paar Sätze über die Förderung des bürgerschaftlichen Engagements. Im Oktober 2010 hat das Kabinett eine „Nationale Engagementstrategie" beschlossen, die diesen Namen wirklich nicht verdient. Auch die seit 2013 im Amt befindliche Bundesregierung macht keinerlei Anstalten, daran etwas zu ändern. Die Strategie der Bundesregierung und zumal der Bundesverwaltung scheint darin zu bestehen, Engagement und Ehrenamt wo immer möglich zu verhindern und wo das nicht geht, unter Kontrolle zu bekommen. Zahlreiche Maßnahmen, die diesem Ziel dienen sollen, fügen sich zu einem fatalen Gesamtbild! Hierzu gehören beispielsweise:

■ die Streichung von Zuwendungen, zum Teil sogar der Widerruf von gültigen Zuwendungsbescheiden für das Bun-

---

[13] Vgl. Eva Esslinger, Tobias Schlechtriemen, Dieter Schweitzer, Alexander Zonz (Hrsg.), Die Figur des Dritten – Ein kulturwissenschaftliches Paradigma. Berlin 2010

desnetzwerk Bürgerschaftliches Engagement und andere Organisationen durch das Bundesfamilienministerium,

■ die – überflüssige – Zuweisung neuer Aufgaben an das bisherige Bundesamt für den Zivildienst, das in Bundesamt für zivilgesellschaftliche Aufgaben (!) umbenannt wurde, zu Lasten unabhängiger Träger,

■ die Einrichtung des Bundesfreiwilligendienstes als behördliche Unternehmung im Wettbewerb mit bewährten Modellen des Jugendfreiwilligendienstes bei Ländern und zivilgesellschaftlichen Organisationen,

■ die drastische Kürzung des Programms Soziale Stadt durch das Bundesbauministerium, von der vor allem Maßnahmen zur Stärkung des Engagements betroffen sind,

■ die fortlaufenden neuen Erschwerungen der steuerlichen Situation gemeinwohlorientierter Organisationen durch das Bundesfinanzministerium,

■ die Weigerung, das Zuwendungsrecht so zu gestalten, daß es ehrenamtliche Funktionsträger anwenden können und daß es der Stärkung der Zivilgesellschaft dient (bspw. durch die Abschaffung der Fehlbedarfsfinanzierung), verbunden mit einer ständig wachsenden Bürokratisierung in der Anwendung,

■ die Anrechnung von Vergütungen für ehrenamtliche Bürgermeister auf deren Hartz-IV-Leistungen (ein in Ostdeutschland häufiges Problem),

■ der Gesetzentwurf des Bundesinnenministeriums, der auf eine drastische Beschneidung der Bürgerbeteiligung bei Planungsvorhaben hinausläuft,

■ die Eröffnung einer Diskussion um den Charakter eines ,Idealvereins'[14] durch die Registergerichte, ohne daß die Exekutive durch irgendeinen Lösungsansatz hervorträte,

■ die immer restriktivere Handhabung der Aufsicht über die rechtsfähigen Stiftungen in einigen Ländern

---

[14] § 21 BGB

Die Setzungen erfolgen durch die Parlamente, im wesentlichen den Bundestag, zum Teil auch den Bundesrat, weil es sich um zustimmungspflichtige Gesetze handelt. Vor allem geht es aber um unkontrolliertes Verwaltungshandeln der Bundes- und Landesbehörden, das weit über den Tag hinaus Auswirkungen hat. Diese Politik ist demokratietheoretisch eine Katastrophe. Sie unterläuft alle guten Trends der Entwicklung einer echten Bürgergesellschaft und fügt dem bürgerschaftlichen Engagement schweren Schaden zu.

Diese Politik ist aber auch unvernünftig. Die Herausforderungen unserer Gesellschaft sind ohne Engagement der Bürger und Bürgerinnen nicht zu meistern. Dies gilt für alle Funktionen des bürgerschaftlichen Engagements, nicht, wie vielleicht auch die Verwaltung in den Bundesministerien zugeben würde, nur für ihre Dienstleistungen. Nur im Zusammenwirken aller Funktionen kann das bürgerschaftliche Engagement, kann die Arena der Zivilgesellschaft insgesamt, ihre wichtige Aufgabe erfüllen.

Ein Staat, der sich nur auf Vorschriften und deren Vollzug verläßt, ist zum Scheitern verurteilt. Der Satz des damaligen Bundesinnenministers de Maizière „Es muß regiert werden" ist in dieser Form eine Selbsttäuschung. Das Wichtigste ist Akzeptanz. Wenn es nicht gelingt, einen Grundkonsens über die Gestaltung unserer Welt zu erreichen und alle Bürger und Bürgerinnen dazu zu motivieren, daran mitzuarbeiten und ihre Kreativität, ihre Ideen, ihre Reputation, ihre Zeit und ihre wirtschaftlichen Ressourcen dafür einzusetzen, brauchen wir uns über das Regieren gar nicht mehr zu unterhalten. Zur Aktivierung dieses Grundkonsenses trägt heute das bürgerschaftliche Engagement das Entscheidende bei, ob dies den bürokratischen Kontroll-Freaks nun paßt oder nicht. Es ist höchste Zeit, dieses Engagement zu ermöglichen – und gerade nicht, es zu beschränken. Es ist höchste Zeit, dem Bürger zu vertrauen.

Das Grundgesetz von 1949 verleiht bekanntlich nicht nur den Grundrechten, darunter so entscheidenden wie dem Recht auf freie Entfaltung der Persönlichkeit, dem Recht auf freie Meinungsäußerung, der Vereinigungs- und der Versammlungsfreiheit, durch ihren Platz am Beginn des Verfassungsdokuments einen besonderen Rang, sondern stellt diesen in Art. 1 Abs. 1 Satz 1 die noch axiomatischere Formel voran: „Die Würde des Menschen ist unantastbar".[15] Zu Recht ist dies stets als Spezifikum dieser Verfassung, zumal in einem deutschen verfassungsgeschichtlichen Kontext gerühmt worden. Der Mensch in seiner ihm eigenen und je besonderen Würde steht, so möchte man meinen, am Beginn der Entfaltung der Grundgedanken über eine staatliche Ordnung. Diese ordnet sich schon dadurch auf den ersten Blick der Gestalt von Staat zu, die auf dem genossenschaftlichen Zusammenwirken von Souveränen beruht und setzt sich von der ab, die durch Herrschaft und Unterwerfung bestimmt ist. Die Erfahrung der Diktatur, vor allem aber der vielfach bewußt hergestellten Würdelosigkeit von Menschen läßt die Überlegungen der Väter des Grundgesetzes unmittelbar plausibel erscheinen. Der Mensch als Subjekt, nicht als Objekt der staatlichen Ordnung bildet den Ausgangspunkt.

Allerdings ist dieser Beginn noch nicht unbedingt ein Indiz dafür, daß der Mensch als Subjekt das Thema der ganzen Verfassung ist. Und in der Tat: bei näherem Hinsehen zeigen sich Mängel in der Durchgestaltung. Schon der nächste Satz heißt nämlich: „Sie zu achten und zu schützen, ist Verpflichtung aller staatlichen Gewalt." Wird denn, so kann man fragen, der Subjektcharakter der Souveräne weiter ausgeführt, indem der

---

[15] Christoph Goos, Innere Freiheit; Eine Rekonstruktion des grundgesetzlichen Würdebegriffs. Göttingen 2011

staatlichen Gewalt eine klar umrissene Aufgabe zugewiesen wird, oder werden sie schon hier eben doch zu Objekten, indem dem Subjekt ‚Staatliche Gewalt' eine protektionistische Aufgabe erwächst? Setzt man diese Formulierung mit zwei anderen Kernsätzen in Beziehung, offenbart sich vollends das Dilemma: Heißt es schon in der Präambel „… hat sich das deutsche Volk kraft seiner verfassungsgebenden Gewalt dieses Grundgesetz gegeben.", so stellt Art. 20 fest: „Alle Staatsgewalt geht vom Volke aus." Im Grundrechtskatalog ist von den Menschen (z. B. in Art 1 und 3), vom deutschen Volk (z. B. in Art. 1), von „den Deutschen" (z. B. in Art. 8, 9, 11 und 12) und von „jedem" bzw. „niemand" (z. B. in Art. 2, 3, 4, 5 und 17) die Rede. Der für den vorliegenden Zusammenhang besonders wichtige Art. 9, der die Vereinigungsfreiheit normiert, spricht von „alle Deutschen". Daß alle Deutschen das „gesamte" deutsche Volk bilden, wird inhärent unterstellt. Beruht also die Voraussetzung für die Grundrechte tatsächlich auf einem protektionistischen Verständnis vom durch das Grundgesetz begründeten Staatsverband für den einzelnen Menschen, erlauben die Hinweise auf das „Volk" möglicherweise Rückschlüsse auf eine Vor- oder Parallelverfasstheit der Verfassungssubjekte, zu der, sieht man davon ab, daß „die Deutschen" in den 16 Ländern als das „gesamte deutsche Volk" bezeichnet werden, keine weitere Erläuterung erfolgt. Vom Bürger spricht das Grundgesetz eben gerade nicht. Der oft kritisierte Mangel in der In-Kraft-Setzung des Grundgesetzes – durch die Landtage und nicht durch die Bürger – ist insofern nicht zufällig zustande gekommen.

Die Frage, wie aus „Menschen" („Deutschen", „jemand" usw.) ein „Volk" wird, bleibt unbeantwortet, ebensowenig, ob nur die Menschen in ihrer Gesamtheit als souveränes Subjekt, der einzelne Mensch hingegen als schutzbefohlenes Objekt aufgefaßt werden. So betrachtet, haben die Schöpfer des Grundgesetzes eben nicht den einzelnen Menschen als Souverän gesehen, sondern eine Vorverfaßtheit der Menschen als souveränes „Volk" impliziert. Der Mensch in seiner Zuordnung zur Gemeinschaft bleibt unerwähnt. Die Erklärung dafür ist zunächst eine historische, denn eine staatliche Verfaßtheit hat ja in vielfältigen Formen vor dem Inkrafttreten des Grundgesetzes für ebendiese Bürger bestanden. Doch erhebt sich auch die Frage, inwieweit ein etatistisches Vorverständnis dem demokratischen Anspruch Grenzen gesetzt hat.

Hier offenbart sich ein fundamentaler Unterschied zu dem republikanischen Modell der infolge der französischen Revolution 1791 entstandenen ersten französischen Republik. Diese bezog ihre selbst zugemessene theoretische Legitimation in der Tat daraus, daß sich souveräne Subjekte – *citoyens*– theoretisch je einzeln zu einem Zusammenschluß entschlossen. Betrachtet man diese Legitimation im Licht der französischen Staatsrechtstradition, die seit den Erfahrungen mit konfessionellen Konflikten im 16. Jahrhundert, spätestens aber seit Bodin darauf hingearbeitet hatte, Macht legitimerweise nur beim Staat anzusiedeln, wird deutlich, daß dieser Zusammenschluß dementsprechend so angelegt werden mußte, daß er alle Sphären des über das unmittelbar private hinausgehenden Lebens umfaßt und Macht ausschließlich in die Hände des staatlichen Gemeinwesens legt. Für andere Organisationen, d. h. wie immer geartete Machtzentren, war in diesem Konstrukt kein Raum. Sie wurden folgerichtig beseitigt. Der Mensch in seiner nominellen Souveränität wurde tatsächlich als totales *zoon politikon* gesehen. Eine Vor- oder Parallelverfaßtheit sollte es nicht geben.

Im Grundgesetz hingegen wird durch die auf den ersten Blick vielleicht als defizitär anzusehende Lücke ein Handlungsraum sichtbar, der von der Verfassung nicht erfaßt, in ihr nicht beschrieben ist. Nicht das Leben der Verfassungssubjekte insgesamt, sondern nur ein, wenngleich wichtiger Ausschnitt daraus, ist Inhalt des Verfassungsvertrages: das Leben der Menschen in Bezug auf die staatliche Gewalt. Dieser Vertrag wird, überspitzt gesagt, nicht mit den einzelnen Menschen, sondern mit dem bereits bestehenden Volk geschlossen; besser: dieses Volk beschließt eine Konvention zur gemeinsamen Regelung festumrissener Aufgaben. Daraus ergibt sich die Frage, ob es weitere gemeinschaftliche Handlungsräume gibt, welcher Art diese sind und welche Bedeutung diese im Verhältnis zu dem der Verfassung, und, sollten es mehrere sein, zueinander sowie für das Leben der Menschen haben. Die Interaktion von Bürgern, so ist zu unterstellen, kann unterschiedliche, voneinander zu unterscheidende und wohl auch gleichrangige Formen annehmen. Daß die schon im Grundgesetz angelegte, aber in der 65-jährigen Praxis der Bundesrepublik über alle Maßen ausgeweitete Stellung der politischen Parteien auch unter diesem Gesichtspunkt fragwürdig ist, sei am Rande erwähnt. Jedenfalls ist das tatsächliche Sozialgefüge der Bundesrepublik, oft als Korporatismus bezeichnet, nicht die einzige Option, die „das deutsche Volk" diesbezüglich hat. Alternativen zum oder Änderungen am bestehenden Modell sind vorstellbar. Der Verzicht des Grundgesetzes auf eine abschließende und vollständige Normierung des Verhältnisses der Bürger zum Staat läßt, wenngleich wohl ungewollt, Handlungsräume offen.

Da es, abgeleitet von der vermuteten Existenz außerstaatlicher Verfaßtheit, zunächst nicht um den auf den einzelnen Menschen bezogenen Lebensentwurf und naturrechtliche Zusammenhänge geht, kann der Privat- und Familienbereich erst einmal außer Betracht bleiben. Dagegen läßt sich das Marktgeschehen, also die Summe der Prozesse der Produktion von Gütern und Dienstleistungen, der Existenzsicherung und Vermögensbildung als Handlungsraum beschreiben, der in der Verfassung unmittelbar nicht oder nur rudimentär beschrieben und von ihr nur insoweit erfaßt ist, als das Recht auf Eigentum ausdrücklich festgestellt wird (Art. 14 Abs. 1) oder der hoheitlichen Gewalt Regelungsbefugnisse übertragen sind (Art. 14 und 15), und zwar nicht etwa deswegen, weil diese Gewalt auf weitergehendes verzichtet hätte – dafür findet sich kein Hinweis – , sondern weil ihr dieser Bereich von vornherein nicht übertragen wurde. Dies wird zusätzlich dadurch unterstrichen, daß Eigentum verpflichtet. Sein Gebrauch soll zugleich dem Wohl der Allgemeinheit dienen (Art. 14, 2). Ob diese „Allgemeinheit" dem entspricht, was an anderer Stelle mit „Volk" ausgedrückt ist, erscheint in einer Zeit exponentiell zunehmender transnationaler Verflechtungen zunehmend zweifelhaft. Dies untermauert das Argument von der Existenz von Parallelverfaßtheiten, denn an der Verfaßtheit des Marktgeschehens kann kein Zweifel bestehen und läßt zugleich diese Bindung an den bereits skizzierten, noch diffusen Handlungsraum anknüpfen, der nicht notwendigerweise dem Staat übertragen ist.

Nun gilt dies auch für die Französische Republik. Wie wir wissen, beinhaltete sie keinen Sozialismus. Insofern war der Entwurf inkonsequent, jedenfalls aus dem Blickwinkel derer, die ab 1917 neue Staatsmodelle schufen, die sich einerseits ganz ausdrücklich auf das von 1791 als Vorläufer beriefen, andererseits aber in der Tat auch jede Form von Marktgeschehen in eine gesamthafte Regelung aller Prozesse des Lebens einbeziehen wollten. Das Grundgesetz hat zwar die Frage der Wirtschaftsordnung offenlassen wollen, aber jedenfalls den Weg in die Marktwirtschaft geebnet. Es hat zugleich damit explizit unterstellt, daß eine gesamthafte Regelung aller Prozesse nicht angestrebt wird und nicht Inhalt der Verfassung ist.

Dies führt zu der Frage, ob damit die Parallelverfaßtheiten des „Volkes" erschöpft sind. Die Antwort ist klar, aber diffiziler. Denn die Brücke zwischen Mensch, Bürger und Volk, die zur Konstitution der Verfassungskonzepte unabdingbar ist, fehlt ja nicht nur im Kontext des Grundgesetzes. Es genügt bereits der flüchtige Blick auf die Lebenswirklichkeit der Menschen, um zu sehen, daß diese sich vielfach in Formen verfassen, die primär weder mit der Fundierung hoheitlicher Gewalt noch mit Existenzsicherung etwas zu tun haben. Dennoch ist viel weniger deutlich, ob diese Beobachtungen einen zu einer einheitlichen Parallelverfaßtheit aggregierbaren Befund ermöglichen, wie dies etwa beim Markt möglich erscheint.

Während also die Antwort auf die Frage nach der Realität und Legitimität einer parallelen oder gar Vorverfaßtheit zum Staatsverband im Sinne einer zugegebenermaßen Ex-post-Interpretation des Grundgesetzes ohne weiteres mit Ja beantworten läßt,[16] ist die Frage, ob sich der verbleibende Raum neben Staat und Markt, wie zumal im internationalen Diskurs inzwischen gang und gäbe, zulässigerweise mit einem verbindenden Terminus, etwa als Zivilgesellschaft bezeichnen läßt, damit noch nicht beantwortet. Es ist noch nicht so lange her, daß dies ausdrücklich bestritten wurde. Zwischen den Wohlfahrtsverbänden, die überwiegend mit öffentlichen Mitteln Dienstleistungen erbringen, den mit eigenem Kapital ausgestatteten Stiftungen, den Geselligkeitsvereinen, Sportvereinen, Bürgerinitiativen, Menschenrechtsgruppen, Selbsthilfeorganisationen, Kultur- und Bildungsvereinigungen usw. sah kaum jemand wesentliche Gemeinsamkeiten. Die genannten Organisationen wurden je nachdem, ob sie öffentliche Güter produzieren oder nicht, dem Staats- oder dem reinen Privatbereich zugeordnet und zumindest, was den letzteren Teil betrifft, nur sehr lückenhaft erfaßt. Erst die Rezeption US-amerikanischer Forschung einerseits und die Erfahrung der historischen Wirksamkeit von Bürgerbewegungen in Mittel- und Osteuropa einschließlich der DDR andererseits haben einen Umdenkungsprozeß eingeleitet. Auch in Deutschland wurden, wenngleich unter großen Schwierigkeiten, empirische Untersuchungen auf den Weg gebracht und wurde, zunächst in ökonomischer Betrach-

---

[16] Vgl. hierzu: Gerhardt, loc. cit., S. 312

tung, allmählich ein Bewußtsein für das Vorhandensein eines ‚Dritten Sektors zwischen Staat und Markt' (so der mit Fragezeichen versehene Titel der ersten Forschungstagung hierzu in Kassel 1990) geschaffen. Dabei wurde deutlich, daß es in der Tat Gemeinsamkeiten zwischen all den genannten Ausdrucksformen und Instrumentarien gibt, die sie kumulativ von anderen unterscheidbar machen – und seien es nur die Anforderungen und Behandlungsgrundsätze, die ihnen das Steuerrecht seit Jahrzehnten zubilligt. Ob dies freilich genügt, um eine Parallelverfaßtheit zu konstatieren, ist damit noch nicht beantwortet, zumal die Unterschiede nach wie vor oft größer erscheinen als die Gemeinsamkeiten, insbesondere im Selbstverständnis der Protagonisten. Doch kann unterstellt werden, daß überwiegend heute von Zivilgesellschaft gesprochen wird, wenn diese Parallelverfaßtheit gemeint ist.

Die Existenz von Zivilgesellschaft ist insgesamt keineswegs ein neues Phänomen. Historisch gesehen, war der Anspruch von Machthabern, so er denn bestand, alle Bereiche des Daseins zu durchdringen, letztlich nie mehr als ein Anspruch. Manche politischen Systeme haben dies gewußt und den Anspruch nicht erhoben; andere sind gerade an diesem Anspruch gescheitert. Ein eklatantes Beispiel für letzteres ist die Entwicklung der Bürgerrechtsbewegungen in Mittel-und Osteuropa, beginnend bald nach der Unterzeichnung der Schlußakte von Helsinki 1975 und kulminierend in der Übernahme der Staatsmacht durch Protagonisten dieser Bewegungen 1989/90. Eine Interdependenz zwischen Staat und Zivilgesellschaft gehört insofern zu den Konstanten der politischen Geschichte. Neu und, wie mir scheint, ohne die Erfahrung dieser Bürgerbewegungen nicht denkbar ist freilich der Gedanke, daß nur mit Staat, oder auch nur mit Staat und Markt, also ohne Zivilgesellschaft, keine Gesellschaft zu organisieren ist, daß sie, ebenso wie jene zu den Arenen gehört, in denen die Prozesse in der Gesellschaft entwickelt werden. Insofern sind normative Wertungen notwendig, denn eine Ordnung der Gesellschaft ist in unserer Vorstellung ja nicht Ordnung an sich, sondern eine durch Attribute gekennzeichnete Ordnung. Sie allein vermag über den Verlust an Freiheit, der jeder Ordnung innewohnt, hinwegzutrösten. Nur eine gute Ordnung erscheint erstrebenswert, und insofern muß auch Zivilgesellschaft, wenn sie denn einen eigenständigen Teil dieser Ordnung bildet, eine gute Zivilgesellschaft sein.

Zivilgesellschaft und Staat bleiben stets aufeinander bezogen. Soll der Staat die Zivilgesellschaft darin unterstützen, daß er nicht tolerierbare Ausformungen unterdrückt, kann er dies nur auf der Grundlage seiner eigenen Fundierung tun. Der Rekurs auf ebenjenen Vertrag bleibt insofern notwendig, der gerade die Dinge regelt, die die Zivilgesellschaft nicht berühren, d. h. im deutschen Kontext das Grundgesetz. Daß eine Tätigkeit, die sich bewußt außerhalb des Rahmens des Grundgesetzes stellt, etwa Fremden- oder Rassenhaß (Art. 3,3), auch als zivilgesellschaftliche Tätigkeit nicht toleriert werden kann, ist gewiß weithin öffentlicher Konsens. Allerdings wird dadurch der oft überaus wichtige Unterschied zwischen Legalität und Legitimität verwischt. Nicht nur in einem Unrechtsstaat sind Gesetzes-, ja auch Verfassungsverstöße nicht in jedem Fall illegitim, im übergeordneten Interesse sogar als notwendig denkbar. Dies kann freilich als *ultima ratio* gesehen werden und einen Notstand voraussetzen.

Im Lichte aktueller Entwicklungen kann sich die Frage nach dem Eintreten eines solchen Notstandes neu stellen. Gewiß leben wir in einem Gemeinwesen, das wesentlich von der Herrschaft des Rechts bestimmt wird. Wer aber als Bürger, schon gar als ausländischer Mitbürger mit Schul-, Sozial-, Finanz-, Ordnungs- oder eben Ausländerämtern zu tun hat, kann schon ins Grübeln kommen, ob er dort sein Recht bekommt. Zumindest nährt jeder Besuch die Zweifel daran, ob ihm dort der Respekt entgegengebracht wird, der ihm als Souverän gebührt. Zwischen der politikbestimmten, demokratisch verfaßten Aufbauorganisation des Staates und ihrer verwaltungsbestimmten, obrigkeitsstaatlichen Ablauforganisation klafft eine Lücke, die sich nach über 60 Jahren Demokratie in Deutschland nicht zu schließen, sondern ständig zu erweitern scheint. Gilt der in der amerikanischen Unabhängigkeitsbewegung des 18. Jahrhunderts geprägte Grundsatz ‚*no taxation without representation*', der für das Wesen und die Grenzen der hoheitlichen Gewalt in der Demokratie fundamental ist, tatsächlich? Es geht dabei im Kern nicht um die Besteuerung. Es geht darum, daß Akte der hoheitlichen Gewalt, die den Bürger zwingen können, der konkreten Ermächtigung durch die Vertreter ebendieser Bürger bedürfen. Haben die Bürger tatsächlich den Staat zu alldem ermächtigt, was er ihnen aufzwingt?

Zur guten Zivilgesellschaft gehört insofern zumindest die Furchtlosigkeit der Bürger vor der hoheitlichen Gewalt, der Mut zur Unbequemlichkeit, wenngleich immer in der Beschränkung auf originär zivilgesellschaftliche Tätigkeiten. Was die Abgrenzung zum Staat betrifft, so kann Zivilgesellschaft weder Repräsentativität beanspruchen, noch an Entscheidungen teilhaben, die der demokratischen Legitimation bedürfen. Einfach gesagt, findet zivilgesellschaftliche Tätigkeit dort ihre Grenzen, wo durch diese Tätigkeit hoheitliche Gewalt ausgeübt wird. Der Platz der Zivilgesellschaft liegt in der politischen Deliberation, wo sie allerdings stets nur sich, nicht etwa eine wie immer geartete Allgemeinheit vertritt, im Vollzug und in Bereichen, die den Staat ohnehin nichts angehen. Andersherum darf freilich die Meßlatte der allgemeinen, d. h. demokratischen Repräsentativität auch nicht an eine zivilgesellschaftliche Organisation angelegt werden. Hier offenbart sich in der öffentlichen Diskussion oft ein Mißverständnis hinsichtlich der Unterschiede zwischen Zivilgesellschaft und Staat. Diese Unterschiede werden tendenziell zunehmen, zugleich allerdings auch die Bedeutung der deliberativen Demokratie. Schon heute ist es so, daß der soziale Druck, der von Bürgern ausgeübt wird (allerdings auch der, der von Interessengruppen und Medien befördert wird), politische Entscheidungen stärker prägt als parlamentarische Debatten es tun. Angesichts der Erstarrung und Formalisierung originär politischer Prozesse wird diese Tendenz zunehmen. „Wir stehen am Anfang einer neuen Ära, in der jedes Individuum und jedes Kollektiv in der Lage sein wird, seine eigenen Ziele zu verfolgen. Die Revolution in der Informationstechnologie befähigt Menschen zu eigenmächtigem Handeln, und dies wird uns in eine Welt wechselseitiger Beziehungen zwischen zahllosen Gemeinschaften unterschiedlicher Größe führen. Die kommende Epoche wird uns gewissermaßen dazu zwingen, den Zweiten Hauptsatz der Thermodynamik anzuerkennen: die Unvermeidlichkeit universeller Entropie. Unordnung beziehungsweise Komplexität ist das, was dauerhaft unseren Alltag bestimmt. In der Zukunft wird es keine exklusiven, sondern multiple Souveränitäten geben."[17] Die Erfahrung mindestens der letzten 30 Jahre zeigt, daß aus der Zivilgesellschaft heraus entscheidende Errungenschaften für gesellschaftlichen Wandel und politische Innovation angestoßen und bewirkt worden sind. Beispiele sind das Bewußtsein für die Fragilität der Umwelt, die Überwindung des Kommunismus in Mittel-/Osteuropa, die Fixierung der Menschen- und Bürgerrechte als politische Kategorie und die Relativierung des Nationalismus.

Um in dieser Welt der entstaatlichen Politik zu bestehen, müssen alle Akteure einerseits politischer werden, andererseits der eigenen Handlungslogik entsprechende, aber auch universell akzeptable Regeln des Handelns entwickeln. Auf den Staat bezogen, stehen Respekt vor dem Bürger, die Priorität der Freiheit des Bürgers und die Achtung vor dem Recht auch in der Be-

---

[17] Parag Khanna, loc. cit.

kämpfung von Unrecht obenan. Die Zivilgesellschaft als Arena der Bürger muß sich unzweideutig zu Gewaltfreiheit, Transparenz und Verantwortlichkeit bekennen. Für alle gilt, daß der Anspruch, in einer offenen und pluralistischen Gesellschaft als Akteur des Gemeinwohls aufzutreten, damit verbunden ist, Herkunft und Verwendung der Ressourcen sowie die Entscheidungsfindung darüber offenzulegen. Daß dieser Grundsatz in Deutschland bislang nicht durchgehend eingesehen und befolgt wird, ist sicherlich für die zurückgebliebene Akzeptanz der Zivilgesellschaft als solcher mit ausschlaggebend.

Herfried Münkler hat die Frage gestellt, ob ein Erstarken der Zivilgesellschaft nicht (im antiken Sinne) zu einer Aristokratisierung oder gar Oligarchisierung der Demokratie führt, indem Bürger, die sich engagieren, allein durch ihr Engagement einen überproportionalen Einfluß auf staatliche Entscheidungen gewinnen.[18] Er knüpft daran die weitere Frage, ob die Abhängigkeit dieser Organisationen von Spenden, die nicht nur die materiellen Ressourcen sichern, sondern darüber hinaus, gerade im internationalen Bereich, als Handlungslegitimation herangezogen werden, dazu führt, daß die Akquisenotwendigkeiten einen übergroßen Einfluß auf die Entscheidungen in den Sachfragen gewinnen. Diese Abhängigkeitsbehauptung ist empirisch widerlegbar, während jene sehr wohl ein theoretisches Problem beinhaltet.

Für unseren Zusammenhang ist die demokratietheoretische Frage von Bedeutung, ob eine Beimischung so definierter aristokratischer oder sogar oligarchischer Elemente der Demokratie Schaden zufügt oder einen Ausweg aus der Krise der Demokratie weist, dies auch im Licht einer Entwicklung zu einer Dominanz von Märkten und Medien, die man wohl als Feudalisierung bezeichnen kann. Münklers Frage geht daher, wie ich

---

[18] Herfried Münkler, Konzepte der Zivilgesellschaft; in: Rainer Sprengel (Hrsg.), Philanthropie und Zivilgesellschaft. Frankfurt a.M. 2007, S. 42 ff.

meine, von falschen Voraussetzungen aus, indem sie mit zweierlei Maß mißt. Sie ist darin nicht allein; im Gegenteil, die öffentliche Debatte ist vielfach von dem zugrundeliegenden Mißverständnis geprägt, daß der demokratische Staat berufen und legitimiert ist, parallele Verfaßtheiten der Gesellschaften zu beurteilen. In einem gewissem Maß ist dies gewiß richtig. Der archimedische Hebel der Zivilgesellschaft ist der demokratisch legitimierte Staat. Gesetzliche Regelungen, die Schlichtung von Streit, der Schutz kleiner vor größeren Organisationen und einiges mehr sind nur von staatlichen Akteuren zu organisieren. Aber schon die Definition des Gemeinwohls zeigt, wie subjektiv-politisch staatliche Entscheidungen fallen können. Je näher man dem Grenzbereich kommt, wo das illegale legitim ist, desto größer ist das Dilemma. Die Zeit wachsender Restriktionen, ständig zunehmender Regulierungen, überbordender und oft unzulässiger Eingriffe der Staatsmacht in die Privatsphäre der Bürger, die wir durchleben, zeigt sehr deutlich, wo Zivilgesellschaft außerhalb staatlicher Beurteilung und Ermächtigung selbstermächtigt tätig werden muß. Auch der dramatische allgemeine Kompetenzverfall des Staates bedingt oft selbstermächtigtes Handeln und läßt zugleich an dessen spezifischer Autorität und Kompetenz zweifeln. Darüber hinaus ist gewiß die Oligarchisierung der Demokratie im Wesentlichen durch die politischen Parteien und sehr viel weniger durch zivilgesellschaftliche Organisationen befördert worden. Und schließlich ist nicht zu übersehen, daß die Zivilgesellschaft offenkundig besser in der Lage ist, der Globalisierung der Märkte alternative transnationale Netzwerke gegenüberzustellen.

Insbesondere aber bietet sie gerade in den modernen, flexiblen, zugegebenermaßen oft chaotischen Ausformungen die Schule der Demokratie schlechthin. Inklusion, Partizipation, zwei für das Überleben unseres Gemeinwesens unabdingbare Voraussetzungen, dazu Kreativität und die Einübung von Diskurs und demokratischer Entscheidungsfindung finden hier statt. Insofern täte der Staat gut daran zu akzeptieren, daß die Entwicklung der Demokratie davon abhängt, daß sich der Akteur Zivilgesellschaft neben Staat und Markt entfaltet. Unsere Wirklichkeit ist zu komplex, um von hierarchisch organisierten Strukturen beherrscht zu werden. Sie bedarf der unterschiedlichen und flexiblen Zugänge.

Und was die angebliche Gefahr der Oligarchisierung betrifft: Zu den Rechten jedes Bürgers und jeder Bürgerin gehört es, sich für die Gemeinschaft zu engagieren oder es zu lassen, dies auch in Teilbereichen. So ist die Teilnahme an Wahlen und Abstimmungen zu Recht keine Pflicht. Daß aber aus diesem Engagement ein mehr an Einfluß und damit letztlich die Zugehörigkeit zu einer Elite erwächst, scheint mir weniger Gefahren zu beinhalten, als wenn dies die Folge von selbstbezogenem wirtschaftlichem Erfolg oder geduldiger Parteiarbeit bildet.

Insofern eröffnet die Option der Bürger, sich parallel in sehr unterschiedlicher Weise zu verfassen und zu engagieren, Auswege aus der Krise des Gemeinwesens. Weder empirisch noch systemtheoretisch gibt es einen Zweifel an der im Zeitablauf zunehmenden Unmöglichkeit größerer und älterer Organismen, flexibel und kreativ Lösungen zu entwickeln. Die Beharrungskräfte und Traditionalismen wirken dagegen. Die neu entdeckte *creative class*[19] lebt vom und im Chaos. Die alleinige Dominanz des Staates, auf den jene Attribute zutreffen, ist daher nicht nur ungeeignet, sie ist gefährlich. Nur im gleichrangigen Diskurs mit anderen Kräften kann dieser Staat bestehen. Der im Sinne des späten 18. Jahrhunderts moderne Verfassungsstaat muß daher theoretisch als überwunden gelten.

Diese Überwindung praktisch zu vollziehen, ist heute die interaktive Aufgabe der Bürger. Denn von der Bürgergesellschaft, d. h. der Gesellschaft, die in allem von ihren Bürgern her lebt, sind wir noch weit entfernt. Die tägliche Verwaltungs-

---

[19] Richard Florida, The Rise of the Creative Class. New York 2002

praxis und das Handeln staatlicher Funktionsträger sind dafür Indizien, die Tatsache, daß Bürgersinn fast durchweg als durchaus positiv, fast nie dagegen als wichtig eingestuft wird, ein anderes.

Vertrauen

„Vertrauen scheint sich am besten in kleinräumigen, überschaubaren Ordnungen zu entfalten, im Privaten, im Zwischenmenschlichen: also in einer Sphäre, wo es möglich ist, Personen kennenzulernen, ihr Verhalten zu beobachten, Erfahrungen mit ihnen zu sammeln und stabile Beziehungen aufzubauen."[20] So versuchte der Politikwissenschaftler und Politiker Hans Maier, dem schwer zu definierenden Begriff des Vertrauens eine politische Konnotation zu geben. „Eine Verfassung", so fuhr er fort, „in deren Mitte das Wort Vertrauen stünde, käme uns gefährlich und leichtfertig vor." Und weiter: „Auf der einen Seite Vertrauen als bereitwillig eingeräumter Kredit, sogar als Überziehungskredit im persönlichen, privaten Bereich – auf der anderen Seite das Mißtrauen als entschlossen installiertes Frühwarnsystem im öffentlichen Leben." Vertrauen ist die Basis, „das Gleitmittel des gesellschaftlichen Lebens."[21] Eine auf Mißtrauen aufgebaute Ordnung hat keine Überlebenschance.

Die Hypothese der Notwendigkeit von Vertrauen für das Funktionieren gesellschaftlicher Arrangements wird eindrucksvoll durch eine Analyse der Zustände im 16. und 17. Jahrhundert, und hier besonders im 30-jährigen Krieg gestützt, in der

---

[20] Hans Maier, Vertrauen als politische Kategorie. Augsburger Universitätsreden 12, Augsburg 1988, S. 35 f.
[21] Robert Putnam u. Kristin A. Goss, Einleitung; in: Robert Putnam (Hrsg.), Gesellschaft und Gemeinsinn. Gütersloh 2001, S. 21

unkontrollierbare Gewalt und die Notwendigkeit, jedem zu mißtrauen, das Sozialgefüge gänzlich zum Erliegen gebracht haben.[22] Insofern war das ganz und gar auf Mißtrauen aufgebaute Ordnungskonzept von Hobbes zwar aus der Analyse der zeitgenössischen Zustände plausibel, aber letztlich doch höchst defizitär, was schon von dem schottischen Aufklärer und Theoretiker der *Civil Society* Adam Ferguson in seiner Diskussion der Modelle von Hobbes und Rousseau heftig kritisiert wurde[23]. Beschränkung der Gewalt geht mit Strategien des Vertrauenserhalts einher, nachdem sich gezeigt hat, daß das berühmte Verdikt König Friedrich Wilhelms I. von Preußen, der auf seine Untertanen einprügelte und dabei schrie „Ihr sollt mich lieben!", keine Aussicht hatte, die Basis eines erfolgreichen gesellschaftlichen Arrangements zu sein. Der massive Vertrauensverlust, den beispielsweise die Regierung der USA nicht zuletzt durch die übermäßige Gewaltausübung gegenüber Gefangenen und das im Kern pathologische Ausspionieren von Institutionen und Menschen weltweit erlitten hat, scheint darauf hinzudeuten, daß das dem modernen Staat eingeräumte Gewaltmonopol das Risiko des Vertrauensverlustes in sich birgt. Erweist sich diese Sicht als richtig, untermauert dies die These von der Notwendigkeit einer weiteren Arena, in der sich Vertrauen und damit auch Sozialkapital bilden können.

Mit vielen anderen Themen schienen in der 2. Hälfte des 20. Jahrhunderts die Prämissen für ein gelingendes Sozialarrangement auf die Kräfte des Marktes überzugehen. Die damit ver-

---

[22] Jan Philipp Reemtsma, Vertrauen und Gewalt. Hamburg 2009, S. 215 ff.
[23] Adam Ferguson, An Essay on the History of Civil Society, Dublin 1767. Dt. sehr mißverständlich übersetzt als ‚Versuch über die Geschichte der bürgerlichen Gesellschaft' (Leipzig 1768 / Frankfurt am Main 1986) bzw. ‚Abhandlung über die Geschichte der bürgerlichen Gesellschaft' Jena 1904, weil dadurch eine gedankliche Verbindung zu Hegels Konzept der bürgerlichen Gesellschaft hergestellt wird, der das Gedankengut von Ferguson gerade nicht entspricht.

bundenen Hoffnungen haben sich jedoch, wie spätestens die Ereignisse des Jahres 2008 gezeigt haben, als trügerisch erwiesen.

Niklas Luhmann hat das „Problem des Vertrauens" als „Problem der riskanten Vorleistung" beschrieben.[24] „Die Welt", fährt er fort, „ist zu unkontrollierbarer Komplexität auseinandergezogen, so daß andere Menschen zu jedem beliebigen Zeitpunkt sehr verschiedene Handlungen frei wählen können. Ich aber muß hier und jetzt handeln. Der Augenblick, in dem ich sehen kann, was andere tun und mich sehend darauf einlassen kann, ist kurz. In ihm allein ist wenig Komplexität zu erfassen und abzuarbeiten, also wenig Rationalität zu gewinnen." Luhmann sieht, so wird deutlich, Vertrauen wesentlich als eine risikobehaftete, aber notwendige Grundlage für eine Fülle von Entscheidungen. Die zeitliche Asymmetrie, der notwendige ‚Vertrauensvorschuß', ist prägnanter Ausdruck dieses Risikos.[25] Ob das Risiko zu Recht eingegangen wurde, wird für Luhmann erst in der Rückschau erkennbar. „Ob vertrauensvolles Handeln in der rückblickenden Endbewertung richtig war, hängt […] davon ab, ob das Vertrauen honoriert oder gebrochen wird."[26] Vertrauen ist demnach für ihn eine potentiell ausschlaggebende Komponente von Entscheidungsprozessen, weil die inhärente Komplexität der Zusammenhänge eine rein rational herbeigeführte Entscheidung prinzipiell ausschließt. „Trotz aller Bemühungen um Organisation und rationale Planung kann nicht alles Handeln durch sichere Voraussicht seiner Wirkungen geleitet sein. […] Erfolg aber stellt sich erst nach dem Handeln ein oder nicht ein. Man muß sich jedoch vorher engagieren. Dieses Zeitproblem überbrückt das Vertrauen […]."[27]

---

[24] Niklas Luhmann, Vertrauen – ein Mechanismus der Reduktion sozialer Komplexität. Stuttgart 1968, S. 27
[25] Martin Endress, Vertrauen. Bielefeld 2002, S. 36
[26] Ibid., S. 29
[27] Ibid., S. 30

Anthony Giddens hat versucht, das Vertrauensphänomen in den Kontext seiner Untersuchungen der modernen Gesellschaft zu stellen. Er führt die Überlegungen von Simmel, Luhmann und Parsons fort, wenn er herausstellt: „Das Wesen moderner Institutionen ist zutiefst mit den Mechanismen des Vertrauens in abstrakte Systeme verbunden, vor allem in Vertrauen in Expertensysteme."[28] Das interpersonale Vertrauen scheint hier von einem abstrakteren, institutionengebundenen Vertrauen verdrängt zu werden. Und in der Tat: dieses Vertrauen fordert die sich als demokratisch definierende Gesellschaftsordnung einerseits explizit ein, bietet dafür andererseits die Herrschaft des Rechts[29] als rationale Basis an. Auf dieses Vertrauen gründet, in radikaler Abkehr von der Unterwerfung unter die Gewalt und Willkür eines Herrschers, die moderne politische Ordnung. Das Problem der zeitlichen Asymmetrie stellt sich in hohem Maße auch hier: Ohne permanenten Vertrauensvorschuß des Bürgers und der Bürgerin kommt das Arrangement nicht in Gang.

Angesichts dieses Befundes ist es unausweichlich, sich der Frage zu stellen, was geschieht, wenn der Vertrauensvorschuß nicht gewährt wird, wenn das Risiko zu vertrauen von den Bürgern und Bürgerinnen als zu hoch eingeschätzt wird, wenn also eine Vertrauenskrise eintritt. Ulrich Beck spricht davon, daß „von der Mehrheit der Menschen als verheerend erlebte Konsequenzen mit dem gesellschaftlichen Industrialisierungs- und Modernisierungsprozeß verbunden" sind[30], also gerade mit dem Prozeß, der doch durch zunehmende Rationalisierung vertrauens- und gesellschaftsbildend hätte wirken sollen. „Die

---

[28] Anthony Giddens, Konsequenzen der Moderne. Frankfurt 1995, S. 83; s. hierzu: Endress 2002, S. 40

[29] Engl. *Rule of Law*, auf deutsch meist zu eng mit „Rechtsstaat" übersetzt

[30] Ulrich Beck, Risikogesellschaft – Auf dem Weg in eine andere Moderne. Frankfurt 1986, S. 67 f.

Modernisierungsagenten – in Wirtschaft, Wissenschaft und Politik – sehen sich in den unbequemen Zustand eines leugnenden Angeklagten versetzt, den die Indizienkette ganz schön ins Schwitzen bringt."

Diese Analyse wird durch eine Vielzahl von Beobachtungen gestützt, die wohl jeder Bürger auch in Deutschland selbst hat machen können. Mangelhafte Pflichterfüllung, Kompetenzverfall, politisch motivierte Entscheidungen bis hin zur Rechtsbeugung haben das Vertrauen nachhaltig zerstört. Für viele Bürger und Bürgerinnen, gerade die, die sich hilfesuchend an den nach eigenem Anspruch umfassend gewährleistenden, sorgenden Wohlfahrtsstaat gewandt haben, von Zuwanderern ganz zu schweigen, hat das Gefühl des „Die da", die unkontrollierbar Gewalt ausüben, nie durch ein Gefühl des Gemeinsinns, des „Wir", in dem Vertrauen gedeihen kann, überwunden werden können.

Dieses Gefühl ist nicht auf unterprivilegierte Minderheiten, auf die „loser" in der Gesellschaft beschränkt. Jedem Bürger tritt die öffentliche Verwaltung wesentlich als eine fremde Gewalt gegenüber, vor der man sich in acht zu nehmen und der man möglichst auszuweichen hat. Die Erfahrungen mit den Diktatoren des 20. Jahrhunderts, denen tatsächlich weithin und mit schrecklichen Konsequenzen vertraut worden war, haben gewiß dazu beigetragen, mit politischen Vertrauensvorschüssen vorsichtiger zu sein. Doch haben auch krasse Pflichtversäumnisse und Korruption den Vertrauensvorschuß weithin aufgezehrt. Selbst das angeblich – nach Meinungsumfragen – große Vertrauen in die Polizei scheint eher durch einschlägige Fernsehsendungen, sehr viel weniger durch persönliche Erfahrungen bedingt zu sein. Politiker genießen das Vertrauen ihrer Bürger schon lange nicht mehr. Dies äußert sich beispielsweise in allen sogenannten Industrieländern in abnehmender Neigung, einer Partei anzugehören, abnehmender Beteiligung an Wahlen, aber auch rückläufiger Mitgliedschaft in Gewerkschaften. In diesem

Zusammenhang kommt es gar nicht darauf an, ob die von den Bürgern angestellten Analysen zutreffend sind, wenn auch sehr viel dafür spricht; vielmehr ist die wie auch immer zustande gekommene Überlegung, das Gefühl ausschlaggebend, dem Staat mißtrauen zu sollen oder jedenfalls das Risiko des Vertrauensvorschusses bei Inkaufnahme zeitlicher Asymmetrie kritisch zu überprüfen.[31] Anders als bei Hobbes, für den das Mißtrauen von den Einrichtern einer politischen Ordnung ausgeht, geht es nach den Erfahrungen mit dem modernen Staat von den Bürgern aus. Ohne daß es dazu präzise Untersuchungen gibt, scheint sich dies auch dadurch bemerkbar zu machen, daß in Volksabstimmungen zu einzelnen Themen ganz überwiegend die Mehrheit gegen die Vorschläge oder Positionen der Regierung stimmt, besonders dann, wenn Regierung und Opposition die gleiche Position vertreten.

Besonders bedenklich ist in diesem Zusammenhang, daß das Mißtrauen gegen den Staat weit über den Eindruck des Versagens in einzelnen Bereichen hinausreicht und sich gegen die hoheitliche Gewalt mit allen ihren Teilen richtet. Es ist nicht von der Hand zu weisen, daß diese Vertrauenskrise mit wenigen Ausnahmen, die sich beispiels- aber auch interessanterweise vor allem in kleinen Gemeinden finden, alle Ebenen und Einrichtungen von Politik und Verwaltung erfaßt hat. Nach einer international komparativen Studie haben in Deutschland nur 38 % der Bürger und Bürgerinnen das Vertrauen, daß die Regierung das Richtige tut, verglichen mit 43 % in den USA, aber mit 77 % in China.[32] Die Krise wäre noch größer, wenn der Bürger nicht mit dem Dilemma konfrontiert wäre, keine systematische Alternative zu dem modernen Verfassungsstaat erkennen zu können – und wohl auch,

---

[31] Martin Endress, loc. cit., S. 36
[32] Edelman Trust Barometer 2010, *Annual Global Opinion Leaders Survey* www.edelman.com/trust, S. 8

wenn nicht die Regierung und das sie insgesamt stützende Staatssystem mit hohem Aufwand versuchen würden, den Eindruck zu korrigieren. Es gibt beispielsweise – bislang unbewiesene – Vermutungen, daß die Vertrauen schaffenden Polizeiserien im Fernsehen über die Mehrheit der öffentlichen Mandatsträger in den Aufsichtsgremien der Sender durchgesetzt oder sogar teilweise aus Budgets der Polizeibehörden mitfinanziert werden – eine dem Katalog der Möglichkeiten eines im Wettbewerb stehenden Wirtschaftsunternehmens entnommene, hier wie dort tatsächliche Qualität nicht notwendigerweise widerspiegelnde Marketingmaßnahme. Ob sie langfristig erfolgreich sein kann, mag bezweifelt werden.

Die Wirtschaft selbst kämpft aus einer sehr viel schlechteren Ausgangsposition heraus um das Vertrauen ihrer Kunden. Jeder weiß schon von jeher, daß Anpreisungen von Verkäufern, Klagen über Kosten und alle Werbung auf dem Markt Übertreibungen enthalten, die versuchsweise durchschaut werden müssen. Jedes Tauschgeschäft, das Wesensmerkmal des Marktes, lebt ein Stück weit vom Mißtrauen gegenüber dem Tauschpartner, das regelmäßig nur durch lange Kundenbeziehungen abgebaut wird. Dennoch ist unstreitig ein erheblicher Vertrauensvorschuß notwendig, um eine Kaufentscheidung zu bewirken. Kaum ein Käufer kann tatsächlich den Wahrheitsgehalt des Angebots nachprüfen. Die vertrauensgestützte professionelle Interaktion (nach Luhmann) gilt gerade auf dem Markt und gerade, weil ein Stück Mißtrauen jedes Geschäft begleitet.

Bedenklich sind von daher mehrere Entwicklungen: Zum einen hat die zunehmende Kommerzialisierung ehedem nicht einmal als Teil des Marktes gesehener Branchen dazu geführt, daß die Vertrauenskrise auch diese erfaßt hat. Zu den betroffenen Branchen gehören beispielsweise die sogenannten freien Berufe, neben Rechtsanwälten vor allem die Ärzte. Ein Zahnarzt, der ein bestimmtes Pflegemittel empfiehlt und, wie zunehmend üblich, hinzufügt, der Patient könne es bei ihm erwerben, untergräbt damit das ihm entgegengebrachte Vertrauen. Parsons Paradebeispiel des Arztes, dessen „nicht vorrangige Gewinn-orientierung sowie nicht zuletzt seine affektive Neutralität elementare Bedingungen des Aufbaus einer Vertrauensbeziehung seitens des Patienten sind", wird dadurch zum Beweis des Gegenteils.[33]

Zum zweiten bezieht sich der Vertrauensschwund offenbar zunehmend auf das System der sozialen Marktwirtschaft als solches. Weniger als 50 % der Bürger vertrauen, so eine vom Institut für Demoskopie Allensbach 2009 publizierte Zahl, diesem Wirtschaftssystem. Das Vertrauen in die Wirtschaft, daß sie das richtige tut, hatten 2010 51 % der Deutschen.[34] Nur 17 % der Deutschen hatten 2010 Vertrauen in die Banken, ein Rückgang auf die Hälfte seit 2007.[35] Zu Recht hat der Vorstandsvorsitzende eines großen Beratungsunternehmens[36] diesen fortschreitenden Vertrauensverlust als „gesellschaftliches Desaster" bezeichnet. Schließlich ist nicht zu übersehen, daß viele Unternehmen diesen Verlust des Vertrauens in die hergestellten Güter und Dienstleistungen durch Maßnahmen zu kompensieren suchen, die zur Verbesserung von deren Qualität und damit intrinsisch zur Wiederherstellung des Vertrauens wenig oder nichts beitragen können. Dies wird von den Konsumenten tatsächlich honoriert. So stehen in den USA Ratgeber hoch im Kurs, die den Verbraucher darüber aufklären, welches Unternehmen in Bezug auf Arbeitsbedingun-

---

[33] Endress loc. cit., S. 21; vgl. Talcott Parsons, *Research with Human Subjects and the ,Professional Complex'*; in: ders., *Sociological Theory and the Human Condition.* New York/London 1965
[34] Edelman 2010, S. 8
[35] Ibid. S 4
[36] Bernd Wieczorek, Chairman, Egon Zehnder International GmbH, auf einer Veranstaltung des Bundesministeriums für Wirtschaft und Technologie und des Beauftragten der Bundesregierung für Kultur und Medien zum Kultursponsoring am 24. August 2010 in Berlin

gen, ethnische Parität, Umweltmaßnahmen usw. welchen Rangplatz einnehmen kann. Daß Unternehmen auch hinsichtlich ihrer sozialen Verantwortung und Grundsätze beurteilt werden, ist gewiß nicht zu kritisieren; doch kann vorbildliches prosoziales Verhalten überhöhte Preise, Qualitätsmängel der Produkte und dergl. ebenso verschleiern wie aggressive Werbung. Das Vertrauen in den Partner am Markt wird dadurch letztlich ebensowenig wiederhergestellt wie das in den staatlichen Amtsträger durch Broschüren einer Zentrale für politische Bildung oder eines Presseamtes. Ebenso wie dem Staat muß auch dem Markt schließlich ein offenkundiges Versagen bei der Erfüllung seiner originären Aufgaben, der Bewältigung benennbarer Herausforderungen, der Bereitstellung adäquater Leistungen und dergl. attestiert werden. Nicht nur Verhaltensmuster, Unregelmäßigkeiten und sich häufendes Versagen von Protagonisten, sondern auch systemimmanentes Versagen haben Staat und Markt in die gegenwärtige Vertrauenskrise gestürzt. Wem, so fragt sich der Bürger, kann denn überhaupt noch vertraut werden?

Diese Ratlosigkeit wirkt sich verheerend auf die Kohäsion der Gesellschaft aus. Nimmt man andere Faktoren, beispielsweise die transnationalen Kommunikationsmöglichkeiten, hinzu, erscheinen die seit dem 18. Jahrhundert entwickelten Modelle einer modernen Gesellschaft, in hohem Maße bereits obsolet geworden zu sein. So taugt etwa der Begriff der Nation, zumindest in Europa kaum noch als identitätsstiftendes, soziales Kapital generierendes Modell. „Die Marktwirtschaft und die territorialen Nationalstaaten waren nicht dafür gedacht, sich einer Kommunikationsrevolution anzupassen, die den gesamten Globus umfaßt und alles und jeden auf dem Planeten simultan verknüpft. Die Folge ist, daß wir Zeugen der Geburt eines neuen Wirtschaftssystems und neuer Regierungsinstitutionen werden, die sich vom Marktkapitalismus und vom modernen Territorialstaat so sehr unterscheiden werden wie die Feudalwirtschaft und die Monarchien von ihren Vorgängern."[37] Mit vielen anderen bietet Rifkin eine Option an: „In der globalisierten Wirtschaft mit ihren entpersonalisierten Marktkräften ist die Zivilgesellschaft zu einem wichtigen sozialen Rückzugsgebiet geworden. Hier können Menschen Intimität und Vertrauen herstellen, gemeinsame Ziele und eine kollektive Identität entwickeln."[38]

Es ist nicht zu übersehen, daß der Vertrauensverlust in die Arenen Staat und Markt den Blick auf die Zivilgesellschaft gelenkt hat. Die von Luhmann beschriebene Entwicklung vom interpersonalen zum Systemvertrauen scheint eine Gegenbewegung ausgelöst zu haben, indem das Scheitern des Systemvertrauens die Attraktivität einer Systematik des interpersonalen Vertrauens neuerlich heraufbeschworen hat. Putnams Langzeituntersuchungen in Italien[39] und seine daraus entwickelte Theorie des sozialen Kapitals haben in herausragender Weise dieses Phänomen analysiert und theoretisch untermauert.[40] Sozialkapital erweist sich für Putnam als der für den Erfolg eines gesellschaftlichen Arrangements entscheidende Faktor. Seine These, daß Sozialkapital vornehmlich in freiwillig zustande gekommenen Netzwerken und assoziativen Organisationen formeller wie informeller Art gebildet wird und den anderen Arenen erfolgreich zur Verfügung gestellt werden kann, ist heute weithin akzeptiert. „Dieselben globalen Bedingungen, die neue kooperative, auf Netzwerk-Architekturen basierende Wirtschaftsmodelle befördern, wirken sich auch auf die politische Arena aus."[41]

---

[37] Jeremy Rifkin, Der europäische Traum. Frankfurt 2004, S. 201
[38] Ibid., S. 257
[39] Robert Putnam, *Making Democracy Work*. Princeton 1993
[40] Putnam selbst führt die Begrifflichkeit und die Grundlinien der Theorie des sozialen Kapitals auf eine 1916 veröffentlichte Schrift des amerikanischen Pädagogen und Gesellschaftsreformers Lyda Judson Hanifan zurück (s. Putnam und Goss 2001, 16).
[41] Rifkin 2004, S. 215

Doch warum ist dies so? „Soziale Netzwerke und die damit zusammenhängenden Normen der Gegenseitigkeit lassen sich als soziales ‚Kapital' bezeichnen, weil sie – wie physisches und Humankapital[42] (auch Ausrüstung und Ausbildung) – sowohl individuellen als auch kollektiven Wert schöpfen und weil man in Netzwerke investieren kann. Tatsächlich legt die umfangreiche internationale Literatur über die Korrelate von Glück [...] die Vermutung nahe, Sozialkapital könne für das menschliche Wohlbefinden sogar noch wichtiger sein als materielle Güter."[43] Den schon vermuteten engen Zusammenhang zum Vertrauen einerseits und zur Handlungslogik der Zivilgesellschaft andererseits stellen unter anderen Claus Offe und Susanne Fuchs her, wenn sie feststellen: „Wie können wir das Niveau oder den Bestand an Sozialkapital messen? Benötigt dafür werden aussagefähige Indikatoren, zumindest jedoch ‚feinkörnige' konzeptionelle Komponenten des Sozialkapitals [...] Wir schlagen drei solche Komponenten vor: ‚Aufmerksamkeit', ‚Vertrauen' und ‚Engagement in assoziativen Aktivitäten'."[44] „Der Schlüssel zu einem erfolgreichen Netzwerk liegt in der Reziprozität und dem Vertrauen. [...] Vertrauen ist der Kern der Netzbeziehungen."[45] Insofern, als die Arena der Zivilgesellschaft die Arena der assoziativen Aktivitäten und Netzwerke unter Hintanstellung wirtschaftlichen Gewinnstrebens und der Ausübung von Gewalt darstellt, ist sie denn auch diejenige, die sich als Produzentin von Sozialkapital vornehmlich eignet. Hier kann sich, nicht zuletzt auch bedingt durch die extreme Ausdifferenzierung in kleine und kleinste Organisatio-

---

[42] Der hier weil gängig benutzte Ausdruck Humankapital (human resources) ist im Grunde mehr als unglücklich, weil er die Respektlosigkeit gegenüber dem Menschen widerspiegelt.
[43] Putnam/Goss 2001, S. 22
[44] Claus Offe/Susanne Fuchs, Schwund des Sozialkapitals? Der Fall Deutschland; in Robert Putnam, 2001, S. 418
[45] Rifkin loc. cit., S. 205 f.

nen, das interpersonale Vertrauen bilden, das anscheinend das Systemvertrauen ablöst. Hans Maiers eingangs zitierte Vermutung erweist sich als zutreffend.

Freilich ist die Zivilgesellschaft auch in der Not der Vertrauenslosigkeit gewiß kein *Deus ex machina*. Weder ist Zivilgesellschaft inhärent gut – Organisationen wie Al Qaida oder Ku Klux Klan sind eklatante Beweise des Gegenteils – noch haben alle personalen oder kollektiven Akteure in dieser Arena gerade die Vertrauensbildung als Ziel. Auch sind diese Akteure prinzipiell zugleich auch in den anderen Arenen unterwegs und es gibt zwischen den Arenen relativ große Überschneidungszonen, sodaß sich eine systematische Abgrenzung verbietet. Schließlich sagen Untersuchungen, daß beispielsweise in Deutschland nur 55 % der Bürger und Bürgerinnen das Vertrauen haben, daß Nichtregierungsorganisationen das Richtige tun. Andererseits ist nicht zu übersehen, daß dies deutlich mehr sind als die, die in Staat und Markt vertrauen.[46] Im übrigen sind hier eher die großen, für die Zivilgesellschaft untypischen Organisationen im Blick. Handlungslogik der Selbstermächtigung und Selbstorganisation, die Ausbildung immer wieder neuer kollektiver Akteure und die vergleichsweise hierarchiearme, netzwerkbezogene Arbeitsweise auf der Mesoebene, wie sie für zivilgesellschaftliche Organisationen typisch ist, begünstigen die interpersonale Vertrauensbildung. Auch das vergleichsweise geringe Risiko von Vertrauensvorschüssen arbeitet diesem Prozeß zu. Insofern erscheint es gerechtfertigt, den gesellschaftlichen Mehrwert, der der Existenz einer funktionsfähigen und lebendigen Zivilgesellschaft zugemessen wird, neben anderen Beiträgen wie seinem Integrations- und Inklusionspotential auch an der Chance zu messen, über Vertrauen soziales Kapital zu bilden. Aus dem zivilgesellschaftlichen Mehrwert bezieht diese Arena ihre wesentliche Legitimation.

---

[46] Edelman loc. cit., S. 3, 8

„Die ‚starke' Version von Vertrauen ist dann erfüllt", so Offe und Fuchs, „wenn eine Person nicht nur die optimistische Auffassung vertritt, die meisten Menschen seien umgänglich und ihr meist auch wohlgesonnen. Diese Weltsicht muß komplettiert werden durch die Annahme, aus der Kooperation mit anderen Menschen gegenseitigen intrinsischen wie instrumentellen Nutzen ziehen zu können."[47] In der historischen Situation, in denen die Herstellung von Systemvertrauen in den Arenen Staat und Markt problematisch erscheint und das rein familiäre interpersonale Vertrauen nicht hinreicht, ist es verständlich, wenn sich auf die Arena der Zivilgesellschaft das Vertrauen richtet, über interpersonales Vertrauen auf der Mesoebene soziales Kapital aufzubauen.

---

[47] Offe/Fuchs loc. cit., S. 419

III. Die dritte Arena

Die Arena der Zivilgesellschaft

In einem Bild, das nicht überstrapaziert werden darf, aber der plastischen Illustration dient, lassen sich Gesellschaften mit drei Typen von Schemeln vergleichen. Zum Melken wird – oder wurde jedenfalls traditionell – ein Schemel mit einem Bein verwendet. Dieser hatte zwar den Vorteil, daß das in der Mitte angebrachte Bein nicht im Wege war, es war aber nur dann funktionstüchtig, wenn es an der Person, die ihn nutzen wollte, festgebunden wurde. Allein fällt er sofort um; überdies war er für längeres Sitzen ungeeignet, da man ständig die Balance darauf halten mußte. Einen zweibeinigen Schemel verwendeten früher die Köhler. Dieser war zwar auch für längeres Sitzen geeignet, aber nur dann, wenn man wach blieb, was für die Köhlerei wichtig war. Lehnte man sich, weil man einschlief, zu weit nach einer Seite, fiel man mit dem Schemel um. Kein Wunder also, daß dem dreibeinigen Schemel, wo immer möglich, der Vorzug gegeben wurde. Dieser stand und steht ohne Hilfe allein. Der dreibeinige Schemel ist so zu einem Zeichen einer Gesellschaft geworden, die ebenfalls auf drei Beinen ruht. Nachdem diese aber in sich höchst lebendige Gebilde sind, in denen zahllose sehr unterschiedliche Akteure sich bewegen, die durchlässig sind und jederzeit den Übertritt erlauben, schlage ich schon seit einiger Zeit vor, die Bereiche oder Sektoren gesellschaftlicher Wirklichkeit als Arenen zu bezeichnen. Dieser Ausdruck soll zugleich die Kritik entkräften, eine Einteilung in Aktionsbereiche sei zu statisch oder mechanisch und trage dem permanenten Wechsel jedes Menschen von einem in den anderen Bereich zu wenig Rechnung.

Die drei Arenen sind bildlich so angeordnet, daß sie einen zentralen Bereich umkreisen. Im Zentrum steht der Mensch in seinen unmittelbaren persönlichen und familiären Bezügen. Er bildet, klammert man den komplexen Bereich transzendentaler Bezüge einmal aus, den Mittelpunkt des Bildes; von ihm nimmt die Betrachtung ihren Anfang. Er ist das primäre Subjekt der Gesellschaft, nicht etwa deren Objekt. Das Bild versucht, ein politisches Ordnungskonzept zu beschreiben, welches die traditionelle Unterscheidung zwischen dem Öffentlichen und dem Privaten, bei Hegel zwischen dem Staat und der bürgerlichen Gesellschaft, zugunsten von drei solchen Arenen gesellschaftlich wirksamen kollektiven Handelns überwindet. Zugleich stellt es klar, daß nicht von der Gesellschaft auf den Menschen, sondern vom Menschen auf die Gesellschaft geschlossen wird. „Am 30. Januar ist endgültig die Zeit des Individualismus gestorben. Die neue Zeit nennt sich nicht umsonst Völkisches Zeitalter. Das Einzelindividuum wird ersetzt durch die Gemeinschaft des Volkes", so hatte im März 1933 Joseph Goebbels formuliert. Daß dieses Konzept wirklich überwunden ist, muß sich nicht nur in programmatischen Erklärungen und sonntäglichen Reden, sondern täglich neu im Alltagsleben erweisen. Hier beginnt die Achtung vor dem Bürger.

Mit den in jeder schematischen Darstellung angelegten Unschärfen werden nun die vom Menschen ausgehenden und seinen persönlichen Raum überschreitenden Notwendigkeiten jeweils einer Arena zugeordnet: der der Zivilgesellschaft, der des Staates oder der des Marktes. Dies fällt für manche Konkretisierungen leicht, für manche dagegen nicht. Sie bewegen sich zum Teil in Zwischen- oder Hybridzonen. Solche Unschärfen sind unvermeidlich; dennoch kann eine solche Darstellung dazu beitragen, die zentrale Aussage deutlich zu machen.

Zahlreiche Untersuchungen gehen der Frage nach, was die Bürger und Bürgerinnen antreibt. Allerdings bleiben diese nicht auf die Analyse der Ergebnisse empirischer Sozialforschung beschränkt, sondern können durchaus auf ordnungstheoretische Konzepte verweisen, die in unterschiedlicher Weise die Zweiteilung in Staat und Markt oder Staat und bürgerliche Gesellschaft für defizitär erachten, die Vorstellung von einem alles überwölbenden Staat zurückweisen oder eine Dreiteilung reklamieren. So ist Karl Poppers offene Gesellschaft ausdrücklich dem Hegelschen Modell entgegengesetzt. Auch der Strukturwandel der Öffentlichkeit bei Habermas oder die Weltgesellschaft bei Luhmann sind Konzepte, die ein hierarchisches Gesellschaftsmodell nicht akzeptieren. „Gesellschaft ist das umfassende Sozialsystem aller kommunikativ füreinander erreichbaren Handlungen. In der heutigen Zeit ist die Gesellschaft Weltgesellschaft. Es gibt nur noch ein einziges Gesellschaftssystem."[1] Die Globalisierung der Lebensbedingungen und Kommunikation hat, wenn nichts anderes, die Abgrenzung von Regionen obsolet werden und überdies regionale Bezüge entstehen lassen, die eben nicht mit administrativen Regionaleinheiten kongruent sind.

Zivilgesellschaft ist in diesem Kontext eine der drei Arenen, in denen sich der Mensch jenseits seines unmittelbaren Umfeldes, also der Familie, bewegt, und zwar in aller Regel ebenso gelegentlich wie in den übrigen. Mit dieser Einteilung wird aber ausdrücklich nicht versucht, im Sinne eines Systems die gesamte Lebenswirklichkeit systematisch zu ordnen oder gar zu erklären, sondern lediglich, und das ist schon viel, zu beschreiben, in welche unterschiedlichen Handlungslogiken und organisatorischen Bedingungen der Mensch sich einordnet, wenn er sich in der Gesellschaft bewegt. Daß dieses Modell sich von dem Hegelschen System des alles übergreifenden, überwölbenden Staates grundlegend unterscheidet, liegt auf der Hand. Für die politische Debatte ist in diesem Zusammenhang vor allem die Frage entscheidend, wo und wie das selbst-

---

[1] Niklas Luhmann, Die Moral der Gesellschaft. Frankfurt 2008, S. 212

organisierte Handeln in der Zivilgesellschaft und das demokratisch legitimierte hoheitliche Handeln des Staates ineinandergreifen.

Für die Herausbildung dieser dritten Arena war das Versagen von Staat und Markt keine notwendige Voraussetzung. Sie ist auch das Ergebnis anderer Faktoren wie der von Rifkin konstatierten kommunikativen Revolution oder der politischen Überwindung des Nationalstaates. „Im Nationalstaat kreist die Politik um zwei Pole, den Markt und die Regierung. Im Unterschied dazu operiert die EU-Politik zwischen drei Knoten: Wirtschaft, Regierung und Zivilgesellschaft. Der Übergang von zwei zu drei Sektoren stellt einen radikalen Entwicklungssprung in der Evolution des politischen Lebens dar und trägt entscheidend dazu bei, wie wir unsere Zukunft organisieren."[2] Wenn heute die Zivilgesellschaft als der Oberbegriff für die vielfältigen Organisationen in die Diskussion eingeführt wird, die nicht dem Markt zurechenbar sind und neben diesem und neben den vielfältigen staatlichen und kommunalen Instanzen gesellschaftliche Prozesse maßgeblich bestimmen, so ist dies den unterschiedlichen Traditionslinien ebenso geschuldet wie einem gewandelten und sich weiter wandelnden normativen Verständnis der Bürger und Bürgerinnen von der Gesellschaft, in der sie leben möchten. Eine Gesellschaftsordnung, die für sich in Anspruch nimmt, den Bürger in den Mittelpunkt zu stellen, wird dies in konkrete Strukturen und Prozesse umzusetzen haben.

Der Begriff der *civil society*, im 18. Jahrhundert durch Adam Ferguson (wieder) in die politische Theorie eingeführt, ist zugleich für eine bis heute nachwirkende begriffliche Unschärfe verantwortlich, indem *civil* sowohl bewußt den Bezug zu ,zivilisiert', also eine Art des Umgangs als auch den Gegensatz zu ,militärisch', also ein Ordnungsprinzip bezeichnen und

---

[2] Rifkin loc. cit., S. 253

darüber hinaus durch Hervorhebung des freiwilligen Charakters die Abgrenzung zum Herrschaftsanspruch des Staates unterstreichen sollte. Dem Begriff ist es freilich so ergangen wie vielen anderen auch: Er hat sich in seiner Bedeutung verändert. Mit historischen Ableitungen, die uns bis zur *societas civilis* der Antike oder zumindest doch in das 18. Jahrhundert zurückführen können, ist wenig geholfen, noch weniger mit dem Blick auf Hegels bürgerliche Gesellschaft, wenn der Begriff so zu fassen ist, wie ihn die moderne internationale sozialwissenschaftliche Debatte reklamiert. Es ist jedoch nicht zu übersehen, daß in der öffentlichen Debatte gelegentlich eher auf jene Begrifflichkeit rekurriert wird, obwohl das die Zivilgesellschaft antreibende bürgerschaftliche Engagement eben gerade nicht mit einem in einem historischen Sinne ‚bürgerlichen' Impetus verwechselt werden darf.

Idealtypisch wird die Zivilgesellschaft als herrschafts- und hierarchiefreie Arena aufgefaßt, in der nicht nur die Handlungslogik, sondern auch die Kommunikation unter den Beteiligten von der in den anderen Arenen grundsätzlich verschieden ist. Sie folgt einer eigenen und unterscheidbaren Handlungslogik, die schon vor über 50 Jahren François Perroux, der dem *homo oeconomicus*, also dem Bild des Menschen, der bei allem, was er tut, seinen wirtschaftlichen Vorteil bedenkt, eine deutliche Absage erteilte[3], mit dem Attribut des Geschenks zur Abgrenzung von jenen des Tauschs und der Gewalt belegt hat. Die gewählten Attribute Gewalt, Tausch und Geschenk erscheinen zur Differenzierung der Bereiche hilfreich

---

[3] Francois Perroux, Zwang, Tausch, Geschenk. Stuttgart 1961. S. hierzu auch Claus Offe, Reproduktionsbedingungen des Sozialvermögens; in: Enquete Kommission Zukunft des bürgerschaftlichen Engagements – Deutscher Bundestag (Hrsg.), Bürgerschaftliches Engagement und Zivilgesellschaft. Opladen 2002 (Schriftenreihe der Enquete Kommission Bd. 1), S. 273 ff.

und öffnen zugleich den Blick dafür, daß das Zusammenleben in der Gesellschaft ausschließlich in den Kontexten von Staat und Markt fundamental unbefriedigend wäre, weil es dem Bedürfnis zu schenken nicht hinreichend Rechnung trägt. Eine alternative Interaktion von Bürgern und Bürgerinnen erscheint vielmehr unerläßlich. Zivilgesellschaft kann insoweit als die Summe dieser Interaktionen angesehen werden oder auch als die Gesamtheit von formellen und informellen Institutionen und Aktionen, die ein Mindestmaß an Kohärenz aufweisen, wenngleich nicht notwendigerweise juristische Personen darstellen. Weitere Merkmale sind ein Mindestmaß an Nachhaltigkeit, wiederum aber nicht notwendigerweise eine längerfristige Beständigkeit, sowie neben dem subjektiven Gemeinwohlinteresse die primäre Ausrichtung an ideellen und nicht etwa wirtschaftlichen Zielen. Entscheidend ist ferner das uneingeschränkte Verbot der Ausschüttung von eventuellen Gewinnen an Mitglieder oder Eigentümer, nicht allerdings ein Verbot, Überschüsse überhaupt zu erwirtschaften. Die Handlungslogik der Zivilgesellschaft führt zu einem Wirken außerhalb von Hierarchien, in Netzwerken und informellen Kommunikationszusammenhängen, was keinesfalls als defizitär, sondern im Sinne moderner Wissenschaftstheorie als weiterführend zu deuten ist.[4]

Lange Zeit wurde die Arena der Zivilgesellschaft überall als nette Marginalie behandelt. Das ist vorbei. Soll, wie es dem Wesen einer demokratischen und pluralen Ordnung entspricht, der Mensch und Bürger in seiner Freiheit in den Mittelpunkt gestellt werden, kommt dieser Zivilgesellschaft eine grundlegende Bedeutung zu. Die Reformen der letzten Jahre greifen in diesem Sinne zu kurz und tragen zur Lösung des Problems letztlich fast nichts bei. Sie sind populistisch oder fis-

---

[4] Hans-Peter Dürr, Vernetzung der Zivilgesellschaft als Chance für Zukunftsfähigkeit; in: Maecenata Actuell Nr. 44, 2004, S. 29–37

kalisch bestimmt und blicken aus der Sicht der hoheitlichen Gewalt auf die Gesellschaft und nicht aus der Sicht des Menschen und Bürgers. Dies ist aus der Sicht eines um seinen Machterhalt kämpfenden politisch-administrativen Systems zwar nachvollziehbar, aber deswegen noch lange nicht richtig, angemessen, vernünftig oder weiterführend. Joachim Ernst Böckenförde, ein konservativer Staatsrechtslehrer, vertrat bekanntlich schon 1977 die These, daß der (säkularisierte) Staat von Voraussetzungen lebt, die er selbst nicht schaffen kann.[5] Ihm folgt *impliciter* Robert Putnam mit seiner Theorie des Sozialkapitals, das nur im informellen Bereich gebildet wird, aber für eine effektive Staatsverwaltung ebenso unerläßlich ist wie für einen erfolgreichen Markt.[6] Schließlich hat auch Anthony Giddens mit seiner besonders im sozialdemokratischen Umfeld vielbeachteten Lehre vom Dritten Weg dem traditionellen Etatismus eine Alternative entgegengestellt, die mit Zivilgesellschaftskonzepten weitgehend im Einklang steht.[7] Auch Antonio Gramsci spricht als überzeugter Marxist von zwei Überbauten über den Produktionsverhältnissen, von denen er den einen als *società civile* benennt.[8] Weitere Traditionslinien, die letztlich zu der theoretischen und praktischen Entwicklung einer Zivilgesellschaft als Bereichskonzept geführt haben, seien hier nur angedeutet: Hinzuweisen ist beispielsweise auf die nach 1975 auf der Grundlage der Schlußakte von Helsinki in den Ländern Mittel- und Osteuropas einschließlich der DDR entstehenden Bürgerrechtsbewegungen, aber auch auf das seit

---

[5] Ernst-Wolfgang Böckenförde, Die Bedeutung der Unterscheidung zwischen Staat und Gesellschaft; in: ders. (Hrsg.), Staat, Gesellschaft, Freiheit. Frankfurt/Main 1976

[6] Robert Putnam (1993), loc. cit.

[7] Anthony Giddens, *The Third Way, The Renewal of Social Democracy*, Cambridge 1998. Dt. Der dritte Weg, Frankfurt 1999

[8] Antonio Gramsci, *Lettere dal carcere* [1927–1935, erstmals veröffentlicht ab 1948], dt. Gefängnishefte. Hamburg 1991

den 1970er Jahren zunächst in den USA sprunghafte gestiegene wissenschaftliche Interesse an dem Bereich, der zunächst etwa von Amitai Etzioni nur vage als zwischen Markt und Staat liegend umschrieben wurde.[9] Ein in seiner Bedeutung nicht zu unterschätzender Schritt ist ferner der Hinweis auf die tatsächlich stark gestiegene ökonomische Bedeutung dieses sog. Dritten Sektors.

Wenn heute die Zivilgesellschaft als der Oberbegriff für die vielfältigen Akteure in die Diskussion eingeführt wird, die nicht dem Markt zurechenbar sind und neben diesem und neben den vielfältigen staatlichen und kommunalen Instanzen gesellschaftliche Prozesse maßgeblich bestimmen, so ist dies diesen unterschiedlichen Traditionslinien ebenso geschuldet wie einem gewandelten und sich weiter wandelnden normativen Verständnis der Bürger und Bürgerinnen von der Gesellschaft, in der sie leben möchten. Für den Charakter der Zivilgesellschaft ist es symptomatisch, daß sich die Akteure nur bedingt in nachhaltig stabilen Formen organisieren. Informelle Zusammenschlüsse, relativ kurzlebige Netzwerke, formfreie Initiativen und dergl. treten im Kern gleichberechtigt neben große verbandsmäßig organisierte Strukturen. Die Kommunikation seitens der anderen Bereiche auf die eher traditionell ausgerichteten Partner zu beschränken, heißt, den Charakter, die Handlungslogik und die Perspektive der Zivilgesellschaft zu verkennen und Chancen der Kooperation und der Nutzung von Ideen und Engagement ungenutzt zu lassen.

Einer dieser Wege besteht in der bewußten Ermöglichung von Bürgersinn und bürgerschaftlichem Engagement – nicht im Sinne einer überkommenen Staatsnützigkeit, sondern im

---

[9] S. u.v.a. Amitai Etzioni, *The Spirit of Community. Rights, Responsibilities, and the Communitarian Agenda*, 1993. Dt. Die Entdeckung des Gemeinwesens. Ansprüche, Verantwortlichkeiten und das Programm des Kommunitarismus, Stuttgart 1995

Hinblick auf das soziale Kapital und die Innovationskraft, die aus diesem Engagement erwächst. Sie sind Zukunftsfaktoren. Politik und Verwaltung pflegen freilich nach wie vor viele dieser Organisationen als Wählerklientel und Dienstleister, fördern sie nach oft undurchschaubaren Kriterien, sprechen notgedrungen mit ihnen als Interessenvertreter und beargwöhnen sie zugleich als Störenfriede. Sie behandeln sie traditionell mit einer gewissen Herablassung und behalten erstaunlicherweise diese Haltung zum Teil auch dann bei, wenn sie nicht mehr als Subventionsgeber oder stärkere Vertragspartner auftreten können, sondern in die Rolle des Antragstellers wechseln müssen. Mit ihnen auf gleicher Augenhöhe als Akteure des Gemeinwohls zu reden, fällt Politikern ebenso schwer wie Beamten.

Dies ist gewiß auch schwierig, stehen doch Traditionen, etwa Hegels Theorie des alles überwölbenden Staates, ebenso dagegen wie rechtliche Hindernisse. Unser Vereins-, Stiftungs- und Steuerrecht folgt dementsprechend nicht einem zivilgesellschaftlichen Leitbild oder dem des ermöglichenden Staates, sondern dem der Aufsicht, der Kontrolle und des Mißtrauens. Nicht zuletzt leben auch kulturelle Traditionen in uns fort, die Hierarchien eine höhere Konsistenz zubilligen als Netzwerken, geordnete Verhältnisse chaotischen vorziehen.

Zivilgesellschaft und Bürgergesellschaft

Das Konzept der Zivilgesellschaft speist sich heute aus einer ganzen Palette von Befunden:
1. dem empirischen, seit etwa 1990 verstärkt vorgetragenen Befund, daß es ein solches drittes Aktionsfeld – man sprach, spricht heute noch organisationstheoretisch gern vom Dritten Sektor – tatsächlich und in großer Stärke gibt und schon immer gab. Die stärker organisationsbezo-

gene Dritte-Sektor-Forschung sagt uns, daß dieser Sektor immerhin rd. 5 % des BIP erwirtschaftet (doppelt so viel wie die Landwirtschaft) und rd. 1,7 Mio. Arbeitsplätze vorhält – neben seiner originär zivilgesellschaftlichen Komponente (Salamon 1999[10]).

2. dem Befund, daß Staat und Markt die Lebenswirklichkeit unserer Gesellschaft nicht vollständig abbilden.

3. dem Befund, daß sich dieses dritte Aktionsfeld auch und gerade unter schwierigsten Bedingungen bildet und entwickelt und nicht verdrängt werden kann, sondern im Gegenteil gerade dann einen zivilgesellschaftlichen Mehrwert von sehr großer Bedeutung erbringt.

4. dem Befund, daß sich dieses Aktionsfeld primär aus dem Schenken von Zeit, Empathie, Ideen, Kreativität und materiellen Ressourcen speist, allesamt Qualitäten, an denen Staat und Markt zunehmend Bedarf haben, aber abnehmend geeignete Hersteller sind.

Diese Konzepte lassen sich eher mit der Vorstellung einer Zivilgesellschaft als eines Bereichs gesellschaftlichen Handelns verbinden, der insgesamt nicht oder jedenfalls nicht notwendigerweise normativen Ansprüchen genügt. Der Ansatzpunkt des Konzepts der Bürgergesellschaft ist dagegen sehr viel stärker normativ bestimmt. Eigenverantwortliches Handeln, das von Bürger und Bürgerin ausgeht, als Maxime jeder Kollektivität steht an seinem Beginn. Diese sind die Souveräne, sie erteilen Vollmachten zu kollektivem Handeln. So steht jedem Bürger das Initiativrecht in allen öffentlichen Angelegenheiten zu. Er kann sich nicht nur dann an deren Gestaltung beteiligen, wenn er dazu aufgefordert wird ("Bürgerbeteiligung"), son-

---

[10] Lester M. Salamon / Helmut K. Anheier / Regina List / Stefan Toepler / S. Wojciech Sokolowski et al., *Global Civil Society, Dimensions of the Nonprofit Sector*. Baltimore 1999.

dern ist dazu jederzeit ermächtigt. Dieses unveräußerliche Recht des Bürgers ist im Hinblick auf kollektives Handeln in alle Arenen gleichermaßen delegiert. Somit besitzt auch die Zivilgesellschaft das Recht des selbstermächtigten Handelns, so wie es Staat und Markt für sich in Anspruch nehmen. Mit diesem Recht ist auch der Anspruch auf Gehör in einem organisierten Prozeß verbunden.

Sehr viel stärker als das Konzept der Zivilgesellschaft ist Bürgergesellschaft ein Begriff, für den die uneingeschränkte Wahrung der Menschen- und Bürgerrechte, der Respekt vor dem Menschen, die Beschränkung von verpflichtenden Entscheidungen auf Ergebnisse demokratischer Prozesse, die Bindung aller Entscheidungen an die Legalität, die Achtung vor kulturellen Traditionen, die umfassende Subsidiarität, der Respekt vor der Pluralität moderner Gemeinschaften und die Solidarität der Mitglieder geborener und freiwilliger Gemeinschaften und in der Weltgesellschaft als Grundsätze angeführt werden können.

Vom Begriff der Bürgergesellschaft (*civic society*) unterscheidet sich der der Zivilgesellschaft (*civil society*) demgemäß dadurch, daß jener eine Gesellschaft insgesamt charakterisiert, die genossenschaftlich aufgebaut ist (und theoretisch die zivilgesellschaftliche Komponente ablehnen kann), während letzterer einen Teilaspekt beschreibt, der auch in einer allein von Herrschaft bestimmten Gesellschaftsform möglich erscheint und auch tatsächlich vorkommt. Zu den Realitäten des öffentlichen Diskurses in Deutschland gehört, daß Deutschland eines der letzten Länder dieser Erde ist, in denen Zivilgesellschaft, deutsche Übersetzung von *civil society*, als exotisches Fremdwort behandelt wird. Zwei Beispiele seien genannt:

Beim Abschlußplenum einer deutschen Weltbankkonferenz in Bonn am 20. Mai 2003 sprachen sowohl Weltbankpräsident Wolfenson als auch etwa der frühere bolivianische Präsident Jorge Quiroga mit großer Selbstverständlichkeit von

Zivilgesellschaft als eigenständigem Akteur in der Gesellschaft. Auf die Frage, warum sie davon nicht gesprochen habe, antwortete die deutsche Ministerin Wieczorek-Zeul, nach ihrer Auffassung tauge Zivilgesellschaft zur Aufarbeitung von Defiziten lateinamerikanischer Militärdiktaturen, mehr aber nicht. Für sie war offensichtlich ‚zivil‘ nur das Gegenteil von ‚militärisch‘. Sie steht damit nicht ganz allein. Die Reaktion der übrigen Podiumsteilnehmer drückte sich vornehmlich in der Körpersprache aus.

Ein Jahr zuvor hatte in Berlin der damalige Vorstandsvorsitzende der Siemens AG, von Pierer, ebenfalls im Zusammenhang einer Weltbankkonferenz die diesbezüglichen Bemerkungen von Weltbank-Präsident Wolfenson zum Anlaß genommen, eine Polemik gegen die Zivilgesellschaft vorzutragen, die in dem Satz gipfelte, diese sei nicht mehr als eine Störung von Abläufen, unter der er stets zu leiden habe, wenn er bei internationalen Konferenzen nur mit Mühen an Demonstranten vorbeikäme, um sein Hotelzimmer zu erreichen. Die fraglos gegebene und in den Medien dargestellte Zugehörigkeit von störenden Gruppen – er bezog sich wohl im wesentlichen auf ATTAC – zur *Civil Society* bestimmte offenkundig sein Bild.

Weitere Beispiele dieser Art ließen sich anfügen. Und wenn auch zuzugeben ist, daß in jüngster Zeit Thema und Begriff häufiger als früher in der Debatte auftauchen, so muß doch Gerhard Schröders Prägung des Begriffs der zivilen Bürgergesellschaft im Jahr 2000 nach wie vor als Episode gelten. Die Komplexität des Problems wird dadurch erhöht, daß die Begrifflichkeit selbst nicht eindeutig ist. Historisch sind geradezu vielfach andere Begriffsbedeutungen gewachsen, die zum Teil durchaus, zum Teil aber nur bedingt oder gar nicht in die hier skizzierte einmünden. Hegels Begriff der bürgerlichen Gesellschaft mag als markantes Beispiel dienen. Zu der anhaltenden Schwäche des Beobachtungsgegenstandes treten also Probleme der Begrifflichkeit, die die Analyse ebenso erschweren wie jeden Optimierungsversuch. Daher müssen Begrifflichkeit und Gegenstand näher untersucht werden.

An der internationalen Einigkeit orientiert sich weitgehend die nachfolgend versuchte Eingrenzung des Begriffs:

1. Zivilgesellschaft wird als deutsche Übersetzung des englischen *civil society* verstanden. Sie stellt die Summe einer Gruppe von Akteuren im öffentlichen Raum dar, die zwar untereinander große Unterschiede, zugleich aber auch charakteristische Gemeinsamkeiten aufweisen. Sie umfaßt sowohl die relativ fest konstituierten Organisationen, die organisationstheoretisch seit einiger Zeit oft als ,der Dritte Sektor' bezeichnet werden und die man mit der gelegentlich so genannten organisierten Zivilgesellschaft gleichsetzen könnte, als auch eine Fülle von weniger fest konstituierten Organisationen, soweit diesen ein als gemeinschaftlich bestimmt erkennbares Handeln und einen außerhalb des rein persönlich-familiären Bereichs liegenden Wirkungskreis zugeordnet werden kann.

2. Zivilgesellschaft setzt sich durch diese Einengung zunächst vom Begriff der Bürgergesellschaft ab, der anders als jener ganz und gar normativ bestimmt ist und eine Gesellschaft insgesamt charakterisiert, in der tatsächlich die Souveränität der Bürger im Verhältnis zu allen kollektiven Akteuren verwirklicht ist. Diesem Begriff entspricht am ehesten der in der amerikanischen Literatur auftauchende Begriff der *effective democracy.*

3. Zivilgesellschaft setzt sich durch seine Organisationsprinzipien von den anderen Prinzipalakteuren im öffentlichen Raum, nämlich dem Staat und dem Markt, ab. Hilfreich ist in diesem Zusammenhang Claus Offes, von Francois Perroux entlehnte knappe Charakterisierung, wonach der Staat wesentlich durch Gewalt, der Markt durch Tausch, die Zivilgesellschaft hingegen durch das Geschenk gekennzeichnet ist. Hilfreich, aber auch einengend

ist ferner die Definition des Dritten Sektors, die für das *Johns Hopkins Comparative Nonprofit Sector Project* erarbeitet wurde.

4. Moralisch oder ethisch definierte Leitbilder, etwa der Verzicht auf jede Gewalt oder die Verwirklichung demokratischer Grundsätze im inneren der Organisation, sind keine definitorischen Merkmale von Zivilgesellschaft an sich, sondern Unterscheidungsmerkmale einer gesellschaftlich akzeptablen Zivilgesellschaft. In den USA ist gerade dieses Problem ausgiebig am Beispiel des Ku Klux Klan debattiert worden. Al Qaida könnte eine moderne Variante für diese Diskussion liefern. Die eher deskriptive Definition entbindet also nicht von der Frage, ob eine Gesellschaft, konkret eine Bürgergesellschaft, jede denkbare Ausformung von Zivilgesellschaft wünschen kann oder auch nur tolerieren muß oder nicht vielmehr Maßstäbe für eine tolerierbare Zivilgesellschaft entwickeln und zur Vermeidung einer totalen Desintegration auch durchsetzen muß. Während aber die Entwicklung gewiß eine kulturelle gesamtgesellschaftliche Aufgabe darstellt, ist die Durchsetzung mit eben der Gewalt verbunden, mit der die Bürger den Staat beauftragen, um sie mit Hilfe des ihm übertragenen Gewaltmonopols von bestimmten zivilgesellschaftlichen Formen zu befreien. Es kommt hier aber zunächst darauf an, den Unterschied zwischen Definition und Bewertung deutlich zu machen.

5. Im Einzelnen unterscheiden sich im Grundsatz Staat und Zivilgesellschaft, übrigens auch Familie und Zivilgesellschaft, dadurch voneinander, daß die Mitgliedschaft in der letzteren notwendigerweise auf einem bewußt und freiwillig vollzogenen Akt beruht und ebenso auch beendet werden kann. Schon dadurch gehört Volatilität zu den definitorischen Merkmalen, die einerseits akzeptiert, andererseits auch nicht hinweggewünscht werden können.

6. Vom Markt bleibt Zivilgesellschaft im Grundsatz dadurch abgegrenzt, daß sie nicht primär der materiellen Daseinsvorsorge dient, sondern nicht-materielle Ziele verfolgt. Gerade hierzu entsteht in jüngster Zeit eine sehr intensive und kontroverse Diskussion, die sich u. a. auf die Mischformen, z. B. die französische *économie sociale*, erstreckt.

7. Zivilgesellschaft setzt selbstermächtigtes Handeln voraus, welches subjektiv als zugunsten der Gemeinschaft der Bürger gewertet wird. In diesem Zusammenhang erscheint es wichtig, darauf hinzuweisen, daß ein Konsens über den Begriff der Gemeinschaft der Bürger heute nicht besteht. Zumindest in Deutschland ist der klassische Nationenbegriff im subjektiven Bewußtsein der Bürger obsolet. Sein Fehlen wird nicht als defizitär empfunden. Selbst die staatsbezogene Gemeinschaftsloyalität verteilt sich höchst individuell auf alle Ebenen der Staatlichkeit: Gemeinde, Land, Bund, Europa. Außerhalb der Staatlichkeit weisen gemeinschaftsbildende Zugehörigkeitswahrnehmungen nur noch in Teilen einen Zusammenhang zum klassischen Staatsgebiet auf, wobei ethnische Gesichtspunkte in der Regel mitschwingen. Gemeinschaften im Sinne der Zivilgesellschaft, d. h. integrative, partizipative Vertrauensnetzwerke, bilden sich heute überwiegend entlang der Grenzen von Religion, Überzeugungen, Fähigkeiten, Bildung, Interessen, Berufen, aber auch inhärenten Gemeinsamkeiten (z. B. Frauen) und losgelöst von geographischen Begrenzungen, die ohne zu zögern überschritten werden – ein markantes Indiz für die sich weitende Kluft zwischen Staat und Zivilgesellschaft, und übrigens nichts neues: Man denke an die schon im 19. Jahrhundert postulierte internationale Solidarität der Arbeiterklasse, der die europäische Verbundenheit der gesellschaftlichen Eliten gegenüberstand. Die Betonung nationaler Symbolik im internationalen Wettbewerbssport ist in diesem Zusammenhang ein Anachronismus.

In der internationalen Debatte hat sich diese Definition von Zivilgesellschaft als der Summe der nicht-staatlichen, nicht gewinnorientierten Akteure in der Gesellschaft durchgesetzt. In Deutschland ist dies nicht so. So vertreten beispielsweise einige Sozialwissenschaftler eher einen von einer Handlungslogik her bestimmten Zivilgesellschaftsbegriff. Das Handlungskonzept stellt ein bestimmtes Verhalten der Menschen, den zivilen Umgang mit der Mitwelt in den Vordergrund und ermöglicht so einen eher normativen Zugang, während das Bereichskonzept eher im analytischen Bereich verbleibt. Dementsprechend sind in einem Bereichskonzept gute ebenso wie schlechte Akteure vorstellbar, während das Handlungskonzept *per se* mit normativen Wertungen verknüpft ist. *The dark side of civil society*, die etwa Organisationen wie den Ku Klux Clan umfaßt, ist ein ständiger Gegenstand amerikanischer Zivilgesellschaftsdebatten. Während in einem Handlungskonzept Zivilgesellschaft und Bürgergesellschaft als Synonyme gelten können, empfiehlt sich in einem Bereichskonzept eine begriffliche Trennung.

Ich plädiere dafür, Zivilgesellschaft als Bereichskonzept zu verstehen und Zivilgesellschaft und Bürgergesellschaft nicht als Synonyme zu verwenden. Während Bürgergesellschaft diejenige ganze Gesellschaft definiert, die nach eigenem Selbstverständnis und tatsächlich vom Menschen her konzipiert ist, beschreibt Zivilgesellschaft den Teil davon, der sich durch unterscheidbare, im Folgenden näher zu erläuternde Kriterien von anderen Teilen, namentlich Staat und Markt, abhebt. Nur dadurch läßt sich Kritik an zivilgesellschaftlichem Handeln in einer Weise diskutieren, die nicht zugleich das gesamtgesellschaftliche Konzept der drei Arenen gesellschaftlich relevanten Wirkens in Frage stellt, so etwa, wenn rechtspopulistische Gruppen in Ostdeutschland fallweise in ein zivilgesellschaftliches Vakuum vorstoßen. Dies ist normativ zu kritisieren, darf aber offenkundig nicht dazu führen, daß alle zivilgesellschaftlichen Akteure mit diesem Vorwurf konfrontiert werden, daß ihnen mißtraut wird oder daß sie gar aus kommunikativen Arrangements ausgeschlossen werden. Dem Handlungskonzept ist darüber hinaus entgegenzuhalten, daß dieses einer Definitionsinstanz bedarf, der die Zugehörigkeit einzelner Ausformungen festzustellen hat. Wem sollte diese übertragen werden?

Funktionen der Zivilgesellschaft

Hat man sich auf ein Bereichskonzept verständigt, liegt die Frage nahe, welchen Beitrag dieser Bereich – diese Arena – für die Gesellschaft erbringt. Hier klaffen Ansichten und Beurteilungen weit auseinander. Während manche vor allem die in der Zivilgesellschaft erbrachten Dienstleistungen im Sozialwesen, der Bildung usw. anerkennen und Zivilgesellschaft am liebsten auf das – dank bürgerschaftlichem Engagement kostengünstige und die staatlichen Kassen entlastende – Erbringen solcher Dienstleistungen reduzieren wollen, klammern andere gerade diesen Bereich aus der „wahren" Zivilgesellschaft aus, die sie eher oder ausschließlich in der Vertretung von Anliegen des allgemeinen Wohls verorten sehen. Beides erscheint mir weder wünschenswert noch eigentlich vernünftig. Vor allem unter dem Gesichtspunkt des bürgerschaftlichen Engagements lassen sich selbst die beiden Extrempositionen kaum voneinander abgrenzen. Wenn es stimmt, daß Innovation und Kreativität in der Freiheit, nicht in der Regulierung gedeihen und wenn die Zivilgesellschaft als die am stärksten freiheitsorientierte Arena der Gesellschaft bezeichnet werden kann, kann von ihr ein Höchstmaß an Innovation und Kreativität eingefordert werden. Zugleich ist mit dem bürgerschaftlichen Engagement, das zu 80 % in der Zivilgesellschaft verwirklicht wird, fast immer ein sehr konkreter Impuls verbunden. „Nur" kreativ zu sein, „nur" für ein Ziel zu kämpfen, ist den meisten Engagierten zu wenig. Sie wollen etwas konkretes, oft sehr praktisches dafür leisten. In der Verbindung zwischen Abstraktem und Konkretem erbringt die Zivilgesellschaft den Mehrwert, auf den die anderen Arenen angewiesen sind. Dieser beinhaltet bspw. Inklusion, Integration, Partizipation und die Schöpfung von sozialem Kapital. Und nur wenn er diesen erbringt, können die drei Arenen auf gleicher Augenhöhe miteinander kommunizieren, die Legitimität der Aufgabenerfüllung in den jeweils anderen Arenen anerkennen und sich gegenseitig befruchten und unterstützen.

Idealtypisch werden, jeweils auf Grund von Delegation seitens der Bürger, in jeder Arena spezifische Aufgaben wahrgenommen, im Staat die Gewährleistung von Sicherheit, die Regelung der Angelegenheiten, die zwingend für alle verbindlich zu regeln sind und die Gewährleistung – nicht notwendigerweise die Bereitstellung – der Leistungen, die allen Bürgern und Bürgerinnen zugänglich sein müssen. Bildung sei als herausragendes Beispiel genannt. Staat assoziiert sich insoweit mit Repräsentation, Konstitution, Recht, Gewalt und Ordnung. Der Markt hingegen produziert Güter und Dienstleistungen und bietet sie denen an, die daran Bedarf haben und sie bezahlen können. Er assoziiert sich mit Vertrag, Tausch, Gewinn, aber auch Lebensunterhalt und Sicherstellung der Versorgung mit Gütern und Dienstleistungen. Der Konzentration der Produktionsverhältnisse in der Hand des Staates scheint durch die nach 1990 gewonnenen Einblicke in sozialistische Systeme jedenfalls die stichhaltige Begründung abhanden gekommen zu sein. Aus dieser Aufgabenteilung ergeben sich unterschiedliche Handlungslogiken.

Zivilgesellschaft kann als die Summe von Interaktionen angesehen werden, die dem Bedürfnis zu schenken Rechnung tragen. Entscheidendes Merkmal ist, da für das Geschenk unerläßliche Voraussetzung, daher das Gebot der Freiwilligkeit der Zugehörigkeit. Nur aus eigenem Antrieb, selbstermächtigt, kann der Bürger in diesen Bereich eintreten. Weder durch Geburt, noch durch Beruf oder Wohnort ist eine Mitgliedschaft vorgegeben. Diese Selbstermächtigung hat weitreichende Konsequenzen für das Selbstverständnis und die Handlungslogik der Zivilgesellschaft, die es zu respektieren gilt, wenn der Dialog mit der Zivilgesellschaft erfolgreich sein soll. Diese Selbstermächtigung ist pädagogisch exogen, im übrigen aber intrinsisch endogen bestimmt. Aus der Selbstermächtigung folgt im übrigen die autonome Selbstorganisation bzw. Selbstverwaltung. Ebenso folgt daraus ein plurales Verständnis des Handelns, da ja aus welchen Gründen auch immer andere eine andere Organisation freiwillig bilden können. Diese Pluralität ist wesentliche Vorbedingung für die Kreativität der Zivilgesellschaft. Sie durch ein Verlangen nach klaren Strukturen, wenigen Ansprechpartnern, legitimen Repräsentanten oder leistungsfähigen Organisationen zu verdrängen, heißt die Natur der Zivilgesellschaft zu verkennen, was notwendigerweise zu Beeinträchtigungen des Ergebnisses führen muß. Zivilgesellschaft assoziiert sich insoweit mit Begriffen wie Freiheit, Deliberation, Öffentlichkeit, Kooperation und Geschenk. Und auch daraus ergibt sich eine unterscheidbare Handlungslogik.

Um den potentiellen Beitrag zu ermessen, muß geklärt werden, wer zu dieser Zivilgesellschaft gehört. Dies erscheint um so notwendiger, als die Auftritte weniger, durchaus legitimer Akteure den Blick auf diese konzentrieren, den auf die übrigen aber vernebeln. Ohne jeden Anspruch auf Vollständigkeit sind jedenfalls radikale und weniger radikale Bürgerinitiativen ebenso dazuzuzählen wie Sportvereine, Kirchenchöre, Selbsthilfegruppen, klassische Hilfsorganisationen wie die Malteser, Museumsvereine, Service Clubs wie Rotary, Umwelt- und Naturschutzorganisationen, Bürgerrechtsgruppen, operative und fördernde Stiftungen, bürgerliche Geselligkeitsvereine, Trachten- oder Schrebergartenvereine und staatsbürgerliche Vereinigungen. Sie sind konservativ, liberal oder „links“, alt oder neu, groß oder klein, mehr oder weniger formell strukturiert und nur zum Teil als juristische Personen konstituiert. Sie sind traditionalistisch oder progressiv, staatsnah oder staatsfern, empfinden sich als Hüter der Ordnung oder als Agenten des Wandels. Sie pflegen wenig Zusammenhalt untereinander und sehen traditionell große andere Organisationen als nicht zugehörig oder minder legitimiert an. Eine gemeinsame Zivilgesellschaftsidentität geht ihnen großenteils ab; manche teilen ihr Selbstverständnis eher mit Markt- und Staatsorganisationen ähnlicher Zielrichtung als mit andern Teilen der Zivilgesellschaft. Manche sind wichtige Teilnehmer am Marktgeschehen, überwiegend aber sind sie im wirtschaftlichen Sinne unbedeutend. Kurz: sie sind höchst heterogen und finden – jedenfalls bis heute – schon deshalb nur selten zu einer gemeinsamen Interessenvertretung. Und doch ist offensichtlich, daß es zwischen der sich aufopfernden Caritasschwester und dem „Wutbürger" in Stuttgart, dem „ehrenamtlichen" Jugendsportleiter und dem aktiven Mitglied in einem Laienchor mehr Gemeinsamkeiten zu entdecken gibt, als traditionell angenommen wurde. Sie alle werden in mehreren Funktionen aktiv. In Weiterführung der Einteilung in vier Funktionen, die vor Jahren von der Europäischen Komission entwickelt wurde,[11] habe ich bis heute sieben unterscheidbare Fuktionen entwickelt:

- Themenanwaltschaftsfunktion,
- Wächterfunktion,
- politische Deliberationsfunktion,
- Selbsthilfefunktion,
- intermediäre Funktion,
- Dienstleistungsfunktion
- Solidaritätsstiftungs- oder Geselligkeitsfunktion.

---

[11] Europäische Kommission, Mitteilung der Kommission über die Förderung der Rolle der Vereine und Stiftungen in Europa. Luxemburg 1997

Unübersehbar ist, daß zivilgesellschaftliche Organisationen regelmäßig mehr als eine dieser Funktionen erfüllen. Andererseits wird deutlich, daß diese Betrachtungsweise eine gesamthafte Betrachtung der Zivilgesellschaft ermöglicht und zugleich über die getroffene Einteilung eine sinnvolle Zuordnung einzelner Akteure erleichtert.

Die Themenanwaltschaft besteht darin, bestimmte selbst gewählte Themen, etwa Umweltschutz oder Menschenrechte, in der Öffentlichkeit und gerade auch gegenüber Machthabern zu vertreten. Diese sind typischerweise Themen von allgemeinem Belang; es ist jedoch nicht zu übersehen, daß häufig Themen von sehr begrenztem Belang mit einem hohen Anteil von Eigeninteresse die Aktivität von Themenanwälten bestimmen. Die Engländer haben diese Gruppe mit dem Ausdruck NIMBY(*not in my back yard*) belegt.

Die Wächterfunktion bezieht sich auf ein ebenso informelles wie oft überaus wirksames Wachen über die Belange, die in einer aufgeladenen öffentlichen Diskussion oder in machtvollen, z. B. ökonomisch bestimmten Prozessen nicht beachtet zu werden drohen. Ob dem Entscheidungsträger tatsächlich dadurch abgewogenere Entscheidungen ermöglicht werden, steht auf einem anderen Blatt. Verbraucherschutzorganisationen sind dafür ein typisches Beispiel. Doch auch ganz anders konstituierte zivilgesellschaftliche Akteure nehmen bisweilen wichtige Wächteraufgaben wahr, etwa die Kirchen, wenn sie bspw. unter Berufung auf das Naturrecht vor totalitären Diktaturen warnen.

Die Funktion der Deliberation besteht darin, daß in der Zivilgesellschaft Entwicklungen und Lösungsansätze für allgemeine Themen diskutiert werden. Es ist grundlegend irrig zu glauben, daß diese Debatte an Entscheidungshoheit gekoppelt sei. Vielmehr kann anhand zahlloser historischer und aktueller Beispiele gezeigt werden, daß notwendige politische Entscheidungen, die nach unserem Verständnis ein demokratisch bestimmtes Verfahren voraussetzen, überwiegend erst dann gefällt werden, wenn eine öffentliche Debatte einen Lösungsansatz erbracht hat. Oft genug wird diese Debatte von einem einzelnen Bürger, einer einzelnen Bürgerin oder einer sehr kleinen Gruppe angestoßen und argumentativ bestimmt. Der Reifungsprozeß kann sehr unterschiedlich lang sein. Außerdem bedürfen viele wichtige Entwicklungen ohnehin keiner politischen Entscheidung, sondern eines Bewußtseinswandels und entfalten ihre Wirksamkeit unmittelbar durch die Debatte. Insofern ist die Anerkennung der Zivilgesellschaft als „vorpolitischer" oder „vorparlamentarischer" Raum eine unzulässige Verkürzung und dient oft genug als Totschlagsargument gegen den Rang der deliberativen Demokratie.[12]

Die Selbsthilfefunktion, klassischerweise etwa in Selbsthilfeorganisationen von Benachteiligten realisiert, ermöglicht den so Organisierten den Erfahrungsaustausch, die solidarische Hilfeleistung und die Erarbeitung von Positionen zu Fragestellungen, von denen die Mitglieder betroffen sind. Es läßt sich aber zeigen, daß auch der vereinsmäßig organisierte Sport, dem heute die Unterstützung von Staatszielen, etwa der Wehrertüchtigung, wohl kaum noch als Legitimationsbasis dienen könnte, im Kern eine Selbsthilfeorganisation darstellt, eben einen Zusammenschluß all derer, die gern Sport treiben. An diese Frage schließen sich naturgemäß weitergehende Fragen an, etwa die, ob eine Charakterisierung als Gemeinwohlakteur allein damit gerechtfertigt erscheint, daß eine zunächst allein zum persönlichen Nutzen ausgeübte Tätigkeit dadurch gemeinwohlrelevant wird, daß sie gemeinschaftlich ausgeübt wird.

---

[12] S. hierzu u. a. Jürgen Habermas, Strukturwandel der Öffentlichkeit, Untersuchungen zu einer Kategorie der bürgerlichen Gesellschaft [1962]. Frankfurt/Main: 1990.

Die intermediäre Funktion, klassischerweise von Förderstiftungen und -vereinen, Dachverbänden und ähnlichen Organisationen wahrgenommen, wird auch als Ausdruck der Grundfunktion jedes zivilgesellschaftlichen Zusammenschlusses gesehen, indem sie den sich dort freiwillig zusammenschließenden Bürgern ein Identifikations-, Kommunikations- und Aktionsfeld, in gewisser Weise ein Stück Heimat bietet. Auf diese Funktion stellt etwa Robert Putnam besonders ab, wenn er von dem in informellen Netzwerken erzeugten sozialen Kapital spricht, auf das die Gesellschaft insgesamt angewiesen ist und das Staat und Markt verbrauchen, aber nicht erzeugen. Gerade diese, übrigens vom republikanischen Staatsmodell Frankreichs über lange Zeit besonders bekämpfte Funktion kann, wie Putnam und andere gezeigt haben, über Vertrauensbildung, Integration und Partizipation den sozialen Kitt einer Gesellschaft schlechthin bilden. Allerdings leistet sie potentiell auch einer Fragmentierung der Gesellschaft Vorschub, indem die einzelnen Gruppen nur noch untereinander kommunizieren, aber nicht miteinander.

Die Dienstleistungsfunktion, traditionell vom Wohlfahrtsstaat als besonders, vielleicht sogar als allein nützlich angesehen, erstreckt sich auf solche Dienstleistungen, die, wie man glaubt, vom Markt nicht angeboten werden. In Zeiten eines stark expandierenden Marktgeschehens treten hier zivilgesellschaftliche Organisationen zunehmend in einen Wettbewerb mit gewinnorientierten Unternehmen. Dies führt zu dem Dilemma, daß der Fiskalstaat einerseits eine insbesondere steuerliche Gleichstellung fordert, um die Freistellung von der Besteuerung abschaffen und höhere Steuereinnahmen erzielen zu können, während der Gewährleistungsstaat befürchten muß, im Zuge einer solchen Entwicklung Dienstleistungen, die bisher von diesen Organisationen erbracht wurden, zum Teil dann selbst zu weit höheren Kosten erbringen zu müssen, da ein Ausstieg der Zivilgesellschaft aus der Dienstleistung nicht auf Wettbewerbssituationen begrenzbar sein würde. Der ermöglichende Staat, wie ihn die Enquete-Kommission ‚Zukunft des bürgerschaftlichen Engagements‘ des Deutschen Bundestags[13] beschrieben und herausgearbeitet hat, müßte befürchten, daß Umsetzungsmöglichkeiten für bürgerschaftliches Engagement in großem Umfang verlorengehen könnten, was nicht nur das politische Ziel unterlaufen würde, gerade dieses Engagement zu fördern, sondern möglicherweise Engagierte aus den relativ staatsnützigen und strukturkonservativen Dienstleistungen in die relativ staatskritischeren, unbequemen, ja oft aufmüpfigen Themenanwaltschaften zu treiben.

Die Geselligkeitsfunktion, auch die Funktion der Solidaritätsstiftung genannt, lange Zeit besonders unterschätzt, produziert tatsächlich den größten zivilgesellschaftlichen Mehrwert. Sie wird in Schützen-, Trachten- und Karnevalsvereinen, in der Laienmusik und im Laientheater, in betont unpolitischen Organisationen wie Rotary oder Lions oder politisch tendierenden wie Heimatvereinen gepflegt. Hier assoziieren sich Menschen, und wenn es gelingt, hier gesellschaftspolitische Ziele wie Inklusion oder Integration zu implantieren, dann wird dort für diese Ziele mehr getan als durch alle staatlichen Maßnahmen möglich wäre. Ohne Zweifel ist auch der Sport in besonderer Weise an dieser Solidaritätsstiftung beteiligt.

Die Funktionsbeschreibungen machen nochmals deutlich, daß Zivilgesellschaft nicht inhärent gut ist. Nicht nur ihre Leitbilder bzw. die ihrer Teile können negativ besetzt sein, indem sie etwa Rassismus oder Intoleranz propagieren; auch ihre Funktionen können Schaden ebenso wie Nutzen stiften oder auch explizit weder das eine noch das andere. Verändert man

---

[13] Enquete-Kommission ‚Zukunft des bürgerschaftlichen Engagements‘ – Deutscher Bundestag, Bericht ‚Bürgerschaftliches Engagement: Auf dem Weg in eine zukunftsfähige Bürgergesellschaft‘. Opladen 2002 (Schriftenreihe der Enquete-Kommission, Bd. 4)

den Blickwinkel weg von der Funktion im Einzelnen hin zu gesellschaftlicher Relevanz, wird die Beurteilung noch schwieriger. Die oft beschworene Ergänzungsfunktion zum Staat ist noch in lebhafter Erinnerung, ebenso die staatlich beanspruchte abschließende Gemeinwohldefinition, die in der Zeit des Nationalsozialismus zur Wegbereiterin für gesetzlich untermauerte Diskriminierungen zu sein. Erst das Leitbild der umfassenden Subsidiarität – wohlgemerkt des Staates gegenüber den Bürgern und ihren selbstorganisierten Tätigkeiten – führt zu einer Neuordnung. Nicht nur nimmt jetzt im Konkreten der Staat die Ergänzungs- d. h. die Hilfsfunktion wahr. Gemeinschaftsbildung erscheint nun als Aufgabe, die die Bürger primär, bevorzugt, selbstorganisiert, d. h. zivilgesellschaftlich wahrnehmen, sodaß in der Tat die Verfolgung gerade dieses Ziels zum Gradmesser der Beurteilung einer guten Zivilgesellschaft wird. So gesehen, bildet eine gute Zivilgesellschaft die Voraussetzung für den guten Staat, mehr noch, für eine funktionierende Bürgergesellschaft.

Die Legitimität der Zivilgesellschaft

Die Akteure der Zivilgesellschaft beziehen als Bürger und Bürgerinnen eine ureigene Legitimation aus ihrem Gewissen[14], das sie zu prosozialem Handeln antreibt. Die Zivilgesellschaft als Arena bezieht sie außerdem aus der Akzeptanz eigenständiger Beiträge zum allgemeinen Wohl. Beide Legitimationsansätze sind so stark, daß die immer wieder unternommenen Versuche, die Zivilgesellschaft zu delegitimieren, geradezu absurd sind. Dennoch ergeben sich aus der Abgrenzung zur Legitimation durch Repräsentativität und demokratische Wahlverfahren spezifische Merkmale und Potentiale. Zivilge-

---

[14] Stéphane Hessel, Empörung – Meine Bilanz. München 2012, S. 24

sellschaft ist insoweit ein unabdingbarer und unabhängiger Ort der Demokratie und bezieht daraus eine inhärente Legitimität. Zivilgesellschaftliche Organisationen und ihre Exponenten sind dagegen nicht durch den Prozeß legitimiert, der im demokratischen Staatswesen im formalen Sinne für politische Entscheidungsträger gilt. Jedoch ist diese tatsächlich oft deutlich dünner als die Form dies vorgibt. Bekanntlich bestimmen nur 0,3 % der Wahlberechtigten als engagierte Parteimitglieder über die Auswahl der Kandidaten. Wichtiger freilich erscheint das Gegenargument, daß demokratische Legitimation ebensowenig wie Amtsautorität einen Passepartout darstellt, sondern sich auf eine bestimmte Aufgabe erstrecken muß. Unumstößlich bleibt für den Demokraten, daß die Ausübung von hoheitlicher Gewalt durch alle legitimiert sein muß, die dieser Gewalt unterworfen sind und an der Legitimierung teilhaben wollen. „Alle Staatsgewalt geht vom Volke aus", sagt das Grundgesetz. Ob dies aber für alle Leistungen zugunsten des allgemeinen Wohls gelten muß, erscheint schon zweifelhaft, fordert doch das Grundgesetz, der Gebrauch jedes persönlichen Eigentums solle zugleich dem Wohl der Allgemeinheit dienen.

Karl Popper hat im 6. Kapitel des ersten Bandes seines Hauptwerks ‚Die offene Gesellschaft und ihre Feinde‘[15], in dem er sich mit Platons politischem Programm auseinandersetzt, das Problem des Individualismus und Kollektivismus behandelt. Dabei weist er zunächst auf die Begriffspaare ‚Individualismus‘ als Gegensatz von ‚Kollektivismus‘ und ‚Egoismus‘ als Gegensatz von ‚Altruismus‘ hin und macht darauf aufmerksam, daß Individualismus und Egoismus voneinander unterschieden werden müssen.[16] „Ein Gegner des Kollektivismus,

---

[15] Karl Popper, Die offene Gesellschaft und ihre Feinde [1945]. Tübingen 1992, Bd. 1, S. 120 ff.
[16] Ibid., S. 120.

also ein Individualist, [kann] zur gleichen Zeit ein Altruist sein."[17] Hier setzt Poppers Kritik an Platon an, er habe „bis auf unsere Tage die größte Verwirrung in vielen ethischen Fragen und in ihrer theoretischen Bearbeitung hervorgerufen".[18] Platon, so wirft Popper ihm vor, identifiziere den Individualismus mit dem Egoismus, verknüpfe daher unzulässig Selbstlosigkeit mit kollektivem Handeln und brandmarke Individualisten als selbstsüchtige Menschen.[19] Diese Grundhaltung habe Platon dazu geführt, anzumerken, der Staat bringe nicht Menschen hervor, „um jeden nach Belieben handeln und wandeln zu lassen".[20] Er stelle sich damit gegen die „Emanzipation des Individuums [...], die große geistige Revolution, die", so Popper, „[...] zum Aufstieg der Demokratie geführt hatte."[21] Individuelles Handeln stellt demnach nicht eine Gefährdung des Gemeinwesens dar, sondern ist für ein demokratisches Staatswesen geradezu Voraussetzung, mehr noch, dieser „mit dem Altruismus vereinigte Individualismus ist die Grundlage unserer abendländischen Zivilisation geworden. [...] [E]r ist der Kern aller ethischen Lehren, die aus unserer Zivilisation erwuchsen und sie anregten."[22]

Platon, so folgert Popper, „haßte das Individuum und seine Freiheit [...]. Auf dem Gebiet der Politik ist das Individuum für Platon der Böse selbst."[23] Die von Platon vollzogene Gleichsetzung von Individualismus und Egoismus wirke als ein „erfolgreicher antihumanitärer Propaganda-

---

[17] Ibid., S. 121.

[18] Ibid., S. 121 f.

[19] Ibid., S. 122.

[20] Ibid., S. 122; s. dazu Anm. 31 (S. 323); Platon, Der Staat (519 f.).

[21] Ibid. Vgl. hierzu: Karen Armstrong, *The Great Transformation, The World in the Time of Buddha, Socrates, Confucius and Jeremiah*, London 2006.

[22] Ibid., S. 123.

[23] Popper, loc. cit., S. 124 f.

trick".[24] Wir müssen uns, so Popper, darüber klar werden, daß „alle Denker, die durch diese Identifikation und durch die hochtrabenden Worte Platons getäuscht, seinen Ruf als Sittenlehrer in den Himmel heben, […] den totalitären Ideen und insbesondere einer totalitären antichristlichen Interpretation des Christentums den Weg bereiten."[25] Wenn Karl Marx der Individualität eine klare Absage erteilt, dann beweist dies die Poppersche These.[26]

Unter den Arenen verfügt die zivilgesellschaftliche auf den ersten Blick über die geringsten Machtmittel. Während der Staat seine Positionen mit dem Instrument der hoheitlichen Gewalt durchsetzen kann – sofern auf demokratischer Grundlage im Kern durchaus zu Recht – und der Markt besonders in den letzten Jahrzehnten seine Instrumente – insbesondere die Macht des Geldes – zu einem umfassenden Machtinstrument ausgebaut hat, ist die Zivilgesellschaft prinzipiell auf das freiwillig angebotene Geschenk als primäre Ressource angewiesen und dadurch stets in der Gefahr, marginalisiert zu werden. Dies ist im 20. Jahrhundert weithin geschehen. In den letzten Jahren ist allerdings deutlich geworden, daß auch Engagement Macht bedeuten kann. Dies hat dazu geführt, daß verstärkt nach Argumenten gesucht wurde, um dem Einfluß der Zivilgesellschaft Grenzen zu setzen. Zu diesen gehört an erster Stelle das Argument der mangelnden Legitimation. Was nicht, so das Argument, in einem demokratischen Verfahren erarbeitet und entschieden wurde, darf das Leben der Gesamtheit der Bürger nicht bestimmen. Dieses

---

[24] Ibid., S. 125.

[25] Ibid., S. 125. Popper macht an dieser Stelle auf Unterschiede zwischen dem Platon des Georgias und dem des Staates aufmerksam.

[26] Weischedel, Die philosophische Hintertreppe, S. 252. W. bezieht sich offenkundig auf Karl Marx, Thesen über Feuerbach. S. hierzu: Vitali Stoljarow, Die gesetzmäßige Ordnung der Welt; in: Marxistische Philosophie, Lehrbuch. Berlin (Ost) 1967, S. 230.

Argument blendet die Poppersche Argumentation vollständig aus, aber nicht nur diese. Die Realität als solche wird ausgeblendet, indem die Existenz von Ideengebern, deren Idee aus welchen Gründen auch immer entscheidungswirksam wird, bestritten wird – gegen jede Lebenserfahrung.

Vollends fragwürdig und auch wirklichkeitsfremd erscheint die Forderung, jede öffentliche Meinungsäußerung, auch im Sinne einer Themenanwaltschaft, müsse in einem allgemeinen demokratischen Prozeß zustande kommen. Zu Ende gedacht hieße dies, daß sich auch kein Bürger allein öffentlich zu Wort melden könnte. Der Einfluß der Medien oder bekannter Zeitgenossen mit ihren öffentlichen Äußerungen wird in dieser Argumentation mit anderem Maß gemessen oder einfach verdrängt. Engagement und Sachkenntnis, oft, aber nicht notwendigerweise auch Betroffenheit, sind in diesem Raum offenkundig stärkere Legitimationsnachweise. Die Kritik der mangelnden demokratischen Legitimation bleibt daher ein irrelevantes Totschlagsargument, solange die Zivilgesellschaft bestimmte Grenzen nicht überschreitet und das Zustandekommen von Positionen transparent darlegen kann.

Seit den 1990er Jahren spielt der Legitimitätsbegriff in der Theorie des Neoinstitutionalismus eine besondere Rolle.[27] Losgelöst von legalistischen Argumenten erwerben Institutionen in diesem Zusammenhang zum einen durch Zuschreibung, nicht inhärent Legitimität. Zum zweiten bezieht sich diese auf das Handeln eines sozialen Gebildes, und drittens werden diesen Handlungen Attribute des Wünschbaren, Korrekten oder Angemessenen zugeschrieben, die sie akzeptabel erscheinen las-

---

[27] Konstanze Senge/Kai-Uwe Hellmann, Einführung in den Neo-Institutionalismus. Wiesbaden 2006, S. 86 Vgl.: Walter Powell, Paul Dimaggio, *The New Institutionalism in Organizational Analysis*. Chicago 1991

sen.[28] Zusammenfassend lassen sich mindestens 12 Ansätze für die Begründung von Legitimität anführen:

1. Beteiligung aller Betroffenen an der Entscheidungsfindung (demokratischer Prozeß);
2. Akzeptanz, die auch das Vertrauen in die Entscheidungsträger beinhaltet;
3. Engagement, die Anerkennung des aktiven Eingreifens;
4. Sachkenntnis;
5. Objektivierbare Gemeinschaftsorientierung;
6. Persönliche Betroffenheit;
7. Transparenz hinsichtlich der Entscheidungsprozesse, Mittelherkunft und Mittelverwendung;
8. Bindung an das Recht und an kulturelle Traditionen;
9. Bindung an Begrenzungen, bspw. Gewaltfreiheit;
10. Bindung an Menschen- und Bürgerrechte;
11. Bindung an akzeptierte Normen, bspw. Gleichberechtigung von Männern und Frauen;
12. Bindung an die eigenen Grundlagen, bspw. Satzungen, Beschlüsse der Mitglieder.

Nicht jedes Handeln kann und muß alle diese Kriterien erfüllen, um legitim zu sein. Vielmehr ist im Einzelfall nach dem Umständen anhand dieser Kriterien abzuwägen, ob einer Institution oder Handlung Legitimität zugesprochen werden kann. Deutlich wird dabei, daß Legitimität wenig mit Legalität zu tun hat und nicht aus einer A-Priori-Festlegung erwächst, sondern einem ständigen unausgesprochenen Verhandlungsprozeß unterworfen ist. Deutlich wird auch, daß eine einseitige Zuschreibung von Legitimität an dem staatlichen demokratischen

---

[28] Marc Suchmann, *Managing Legitimacy: Strategic and Institutional Approaches*; in: Academy of Management Review 20/1995, S. 574. S. hierzu: Rupert Graf Strachwitz, Die Stiftung – ein Paradox? Zur Legitimität von Stiftungen in einer politischen Ordnung. Stuttgart 2010, S. 187 f.

Willensbildungsprozeß oder gar nur an die Mechanismen der repräsentativen Demokratie und die dadurch entstehende Verweigerung von Legitimität für jedes alternative Institutionen- und Handlungsmodell so sehr zu kurz greift, daß es geradezu als absurd bezeichnet werden muß.

In diesem Zusammenhang wird flankierend oft noch ein anderes, ebenso falsches Argument benutzt: Der Zivilgesellschaft wird der Vorwurf der Volatilität und Unverläßlichkeit gemacht. Nur der Staat, so dessen Verteidiger, biete die Gewähr für Nachhaltigkeit und Kontinuität. Richtig ist das Gegenteil! Während staatliches Handeln zunehmend kurzatmig erscheint und vom Machterhalt und vom Vorrang des Institutionenerhalts dominiert wird, weisen zivilgesellschaftliche Organisationen infolge ihrer thematischen Konzentration vielfach ein hohes Maß an Nachhaltigkeit auf (zum Teil über viele Jahrhunderte). Dies führt dann schnell zu dem umgekehrten Vorwurf, zivilgesellschaftliche Organisationen seien auf ein Thema fixiert und ließen die notwendige Abwägung mit anderen Themen außer Betracht. Rivalitäten, Wettbewerb und Kontroversen innerhalb anderer Arenen und die überwiegend hohe Werteorientierung innerhalb der Zivilgesellschaft beweisen täglich das Gegenteil.

Daß sich zivilgesellschaftliche Organisationen regelmäßig der Abwägung aller Gesichtspunkte verweigern, trifft in Maßen allerdings zu, wenngleich etwa der Agenda-21-Prozeß, der ökologische, kulturelle und soziale Gesichtspunkte miteinander in Einklang zu bringen suchte, vielfach zu einem Umdenken geführt hat. Im Ursprung hat dies jedoch mit dem Rollenverständnis der Organisation zu tun, deren Aufgabe es eben nicht ist, alles mit zu bedenken, sondern sich eines Themas gründlich anzunehmen. Natürlich entstehen viele zivilgesellschaftliche Initiativen und ihre Stellungnahmen aus persönlichen Interessenlagen. Für die Prozesse politischer Positions- und Entscheidungsfindung ist dies allerdings eher positiv. Eine öffentliche Debatte wirkt befruchtend, wenn unterschiedliche Standpunkte und Interessenlagen im offenen Diskurs aufeinander prallen. Dies ist dem Prozeß der Integration unterschiedlicher Standpunkte eher förderlich, zumal im parlamentarischen Prozeß das Herausstellen unterschiedlicher Meinungen in öffentlicher Rede wegen des Bedürfnisses der Parteien, mit einer Stimme zu sprechen, vielfach zu kurz kommt. Im übrigen kann zusätzliche Sachkenntnis von engagierten Bürgern viele Defizite bei Politik und Verwaltung mildern helfen. Auch dieses Argument ist daher als Totschlagsargument einzuordnen, das vorgebracht wird, um dem wachsenden Selbstbewußtsein der Zivilgesellschaft entgegenzutreten.

In der internationalen Politikwissenschaft und Politikberatung ist die Entstaatlichung der Politik Realität und die Hierarchisierung der Arenen Staat, Markt und Zivilgesellschaft obsolet. Legitimität erwächst heute nicht aus Repräsentativität – daher ist es auch völlig egal, ob ein Akteur, der sich meldet, groß oder klein ist, ob hinter einer Position viele oder keine Unterstützer stehen. Legitimität erwächst aus Akzeptanz und aus Ergebnissen, das heißt Beiträgen zur Lösung anstehender konkreter Probleme. Niklas Luhmann hat schon 1969 auf den Zusammenhang zwischen Legitimität und Akzeptanz hingewiesen. Legitimität wird nicht intrinsisch mitgeführt, sondern in einem permanenten Prozeß mit einem Komplementär ständig neu erzeugt.[29] Alle Akteure, egal in welcher Arena, werden danach und nur danach beurteilt. Drängende Probleme haben wir reichlich; um so mehr brauchen wir alle verfügbaren Beiträge, darunter an erster Stelle das bürgerschaftliche Engagement. Wir bekommen sie, wenn wir deutlich machen können, daß sie willkommen sind, daß sie mit Respekt aufgenommen werden, daß sie keinem zusätzlichen Legitimationsdruck unter-

---

[29] Niklas Luhmann, Legitimation durch Verfahren [1969]. Frankfurt am Main 1983, S. 31 ff.

worfen werden, ja, daß Legitimation nicht mit zweierlei Maß gemessen wird.

In der modernen Zivilgesellschaft haben die auf dem kontinuierlichen und kollektiven Willensbildungsprozeß von Mitgliedern oder Aktivisten aufbauenden Organisationen eine demokratietheoretisch erstrangige Aufgabe zu erfüllen. Daraus erwächst vor allem ihre Legitimation. Diese ist kein Freibrief; sie muß sich täglich in der konkreten Arbeit bewähren. Doch kann andererseits der Zivilgesellschaft die Legitimation nicht pauschal verweigert werden.

Auf eine Einschränkung muß allerdings deutlich hingewiesen werden: Die Legitimität ist auch davon abhängig, daß die Arena der Zivilgesellschaft tatsächlich eine Bürgerarena, daß Zivilgesellschaft tatsächlich ein Bürgersektor ist. Bilden ihre Akteure nur eine elitäre Gruppe, die mit den anderen Arenen um die Macht streitet, kommt ihr die Legitimität rasch abhanden. Sie müssen Bodenhaftung bewahren und Lösungen für Herausforderungen entwickeln. Mit dem Menschen im Mittelpunkt, dem primären Subjekt der Gesellschaft, ständig zu kommunizieren, ist nicht nur Ausdruck der Achtung vor diesem Menschen als Bürger, sondern auch die Gelingensbedingung für eine Stärkung der Zivilgesellschaft schlechthin. Dazu dienen ihr die Attribute, von denen im folgenden Kapitel die Rede sein soll.

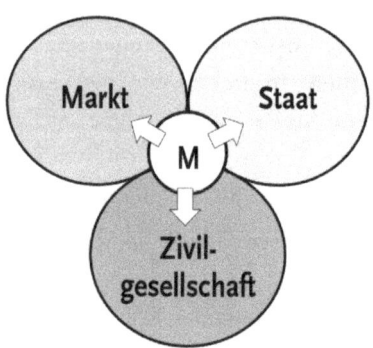

IV. Attribute der Zivilgesellschaft

Subsidiarität

Schon im 19. Jahrhundert wurde für das deutsche Wohlfahrtswesen das Subsidiaritätsprinzip entwickelt, das im 20. Kerngedanke der katholischen Soziallehre wurde und den Boden für Überlegungen bereitete, der Zivilgesellschaft in zu definierenden Bereichen die Priorität des Handelns zuzuweisen. Es ist nicht zufällig, daß dieses, tatsächlich nur auf den Wohlfahrtsbereich, nicht aber auf andere Felder staatlichen Handelns bezogene Prinzip im Ausland als markantestes Merkmal deutscher Zivilgesellschaftsvorstellungen gesehen wird.

Als vor 200 Jahren der moderne Verfassungsstaat entstand, war er darauf angewiesen, daß traditionelle soziale Dienstleister, insbesondere Kirchen, Klöster und Stiftungen ihre Arbeit fortsetzten, zugleich aber Loyalität zu dem sich entwickelnden neuartigen Gemeinwesen bewiesen. Dies war um so wichtiger, als die Säkularisation in den Jahren 1803–1810 ohnehin gewaltige Einbrüche in die Sozialstruktur und das soziale Netz mit sich gebracht hatte. Während aber das Weiterarbeiten den Betroffenen, sofern sie überhaupt dazu in der Lage waren, relativ leicht fiel, da sie sich durch ihr eigenes Selbstverständnis oder Satzungsgebot unverändert dazu verpflichtet fühlten, war die eingeforderte Loyalität für manche eine schwer verdauliche Kost, die sie schlucken mußten. Wer in diesem Zusammenhang recht oder unrecht hatte, soll hier nicht erörtert werden. Vielmehr kommt es mir darauf an herauszustellen, daß man zur Aufrechterhaltung eines Minimums an sozialer Fürsorge unter den Bedingungen von Kriegen, Indu strialisierung, rasantem Bevölkerungswachstum und Verelendung aufeinander angewiesen war, von gesonderten Loyalitäten einzelner staatlicher Amtsträger gegenüber einer Kirche ganz abgesehen.

Die staatliche Zersplitterung Deutschlands begünstigte die Zusammenarbeit. In den kleineren deutschen Staaten fehlten die finanziellen und personellen Ressourcen, um bestehende durch neue Systeme des Wohlfahrtswesens zu ersetzen. Zugleich erwies sich schon früh, daß Systeme, die freiwillige Beteiligung einbezogen, eine bessere Wohlfahrtsproduktion ermöglichten als ein rein staatlich organisiertes System. Aus dieser gegenseitigen Abhängigkeit erwuchs im Verlauf des 19. Jahrhunderts, was den deutschen Wohlfahrtsstaat jedenfalls theoretisch bis heute kennzeichnet, ihn von anderen unterscheidet und im Ausland oft als Kennzeichen der deutschen Zivilgesellschaft im Allgemeinen gilt: das Subsidiaritätsprinzip.

Die Verallgemeinerung ist weit übertrieben. Nur die kirchlichen oder kirchennahen Träger von Krankenhäusern und anderen Sozialeinrichtungen, später auch ambulanten sozialen Diensten, vermochten den Anspruch, daß staatlich und kommunale Stellen erst dann vergleichbare Leistungen anbieten dürften, wenn jene sich hierzu nicht bereit fänden oder in der Lage seien, gesamtgesellschaftlich durchzusetzen. Nicht kirchliche vergleichbare Anbieter gesellten sich im frühen 20. Jahrhundert dazu. In anderen Bereichen, etwa Forschung oder Bildung, verlief die Entwicklung ganz anders. Schon im vormodernen Staat waren die Universitäten fast ausnahmslos staatliche, d. h. landesherrliche Einrichtungen gewesen; dies blieb fast bis zum Ende des 20. Jahrhunderts so. Der Betrieb von Schulen wurde als Kernaufgabe des modernen Staates gesehen. Das Grundgesetz stellt dies eindeutig heraus. Bis heute ist die Genehmigung einer privaten Schule zumindest formal davon abhängig, daß der Staat nicht in der Lage ist, den Bedarf selbst zu decken. Die Subsidiarität ist hier also genau umgekehrt. Und bis heute werden für jeden Schüler an einer staatlichen Schule wesentlich mehr Steuermittel eingesetzt als den privaten Schulträgern allenfalls als Zuschuß gewährt wird.

Trotz seines plakativen Charakters ist also Subsidiarität keineswegs ein Grundprinzip des modernen Verfassungsstaates deutscher Prägung. Nicht einmal im staatlichen Kontext selbst, also im Verhältnis zwischen den Kommunen, den Ländern und dem Bund hat sich eine umfassende Subsidiarität durchsetzen können. Daran ändert auch die Tatsache nichts, daß diese im 20. Jahrhundert theoretisch unterfüttert und insbesondere von Oswald v. Nell-Breuning[1] zu einem Grundsatz der katholischen Soziallehre erhoben und von katholischen Mitarbeitern der zuständigen Ministerien offensiv verteidigt wurde. Es war und blieb in seiner konkreten Anwendung eine volatile Kompromißformel, die beispielsweise staatliche Regelungsansprüche mit dessen mangelnder Leistungsfähigkeit und dem vorhandenen und bewährten Angebot nicht-staatlicher Anbieter zu versöhnen trachtete. Daß dieses Angebot mit dem sogenannten Ehrenamt, das freie Träger sehr viel besser an sich binden konnten als eine staatliche Administration, wegen dessen emotionaler Komponente ebenso wie aus wirtschaftlichen Gründen zusätzlich attraktiv war, darf in diesem Zusammenhang nicht unterschätzt werden.

Nachdem die Reichsverfassung von 1919 den Wohlfahrtsstaat zum Prinzip erhoben hatte, verfestigte sich die in diesem Sinne subsidiär aufgebaute Systematik der Wohlfahrtsproduktion. Die sechs Spitzenverbände der freien Wohlfahrtspflege, deren ältester bis in das Jahr 1846 zurückging[2], deren jüngste aber erst jetzt entstanden, eroberten eine beherrschende Posi-

---

[1] Vgl. Papst Pius XI., Sozialenzyklika *Quadragesimo Anno* 1931, verfaßt von Gustav Gundlach und Oswald v. Nell-Breuning
[2] Das Diakonische Werk / Innere Mission, heute Evangelische Diakonie Deutschland

tion. Bis heute stehen beispielsweise rd. 50 % aller Krankenhausbetten in Deutschland in sogenannten frei-gemeinnützigen Krankenhäusern – im internationalen Vergleich ein absoluter Spitzenwert. Rettungsdienst, Krankentransport und Katastrophenschutz sind überwiegend Domänen gemeinnütziger Organisationen. In Großbritannien oder Frankreich ist dies völlig anders. Andererseits sind diese wie alle Akteure in diesem Bereich einer strikten und umfassenden staatlichen Regulierung unterworfen – in Einzelfällen handeln sie als ‚beliehene Unternehmer‘, werden vielfach in der Öffentlichkeit als integrale Bestandteile eines staatlichen Wohlfahrtssystems wahrgenommen und sind durch Kontrakte, Subventionen und zahlreiche andere Mechanismen (beispielsweise bis 1. Juli 2011 die Möglichkeit, Zivildienstleistende einzusetzen) engstens mit der öffentlichen Verwaltung verflochten. Über 2 Millionen Arbeitnehmer in Deutschland sind auf diese Weise zwar nominell Mitarbeiter von Stiftungen oder Vereinen, tatsächlich aber vollständig abhängig von finanziellen Leistungen staatlicher oder para-staatlicher Finanzierungsquellen. Sie haben es verstanden, diesen Umstand zu ihrem Vorteil zu nutzen: Sie erhalten beispielsweise bei Versicherungen die günstigen Tarife der staatlichen Bediensteten. Andererseits werden die Besoldungsregeln der öffentlichen Hand in etwa auch auf diese Mitarbeiter angewendet, was nicht selten zu Lasten von *good governance* und betrieblicher Optimierung geht.

Dieses mit dem Namen Korporatismus[3] belegte Wohlfahrtsstaatsmodell – auch dieses übrigens im Ausland als deutsche Spezialität gesehen – steht heute aus ganz unterschiedlichen Gründen auf dem Prüfstand. Zum einen hatte es mit einer umfassenden Subsidiarität im Wortsinn nie wirklich viel zu tun. Der Grundsatz, die primäre Gestaltungs- und Hand-

---

[3] Vgl. Wolfgang Streeck, Korporatismus in Deutschland. Frankfurt am Main 1999

lungshoheit läge stets beim Bürger, kollektive Akteure dürften grundsätzlich nur dann tätig werden, wenn das Leistungsvermögen des Einzelnen überfordert sei, und jeweils der kleinste kollektive Akteur habe gegenüber dem nächstgrößeren Vorrang, wird im Regelwerk des Wohlfahrtswesens nur sehr partiell umgesetzt. Die Spitzenverbände lassen gegenüber ihren Fach-, Regional- und Mitgliedsorganisationen durchaus nicht immer die Subsidiarität zu, die sie für sich selbst einfordern und handeln damit sehr ähnlich wie beispielsweise der Bund gegenüber der EU oder die Länder gegenüber dem Bund.

Zum zweiten sind viele angeblich subsidiär handelnden Akteure staatlichen Verwaltungsstellen oder auch Wirtschaftsunternehmen so ähnlich geworden, daß sie von diesen kaum zu unterscheiden sind und daher etwa von neuen sozialen Bewegungen nicht als verwandt, sondern als fremd wahrgenommen werden. Die Diskussion, ob etwa gemeinnützige Krankenhäuser oder Betriebe mit Jahresumsätzen im Vielhundert-Millionen-Euro-Bereich zur Zivilgesellschaft im heutigen Sinn gehören oder nicht, kommt insoweit nicht von ungefähr.

Zum dritten haben gerade die Herausbildung der Zivilgesellschaft als autonome Arena kollektiven öffentlichen Handelns und das zunehmende Zusammengehörigkeitsgefühl von Akteuren, die einander früher fremd oder sogar ablehnend begegneten, dazu geführt, daß viel mehr als früher eine gemeinsame zivilgesellschaftliche Handlungslogik betont wird, zu deren Komponenten neben der Pluralität und anderen zweifellos eine umfassende Subsidiarität gehört. Was bei Bürger- oder Menschenrechtsgruppen völlig und bei Naturschutzorganisationen weitgehend unstrittig ist, wird immer mehr auch im kulturellen, wissenschaftlichen und Bildungsbereich eingefordert und in Bezug auf die sehr spezifische Ausformung im Wohlfahrtsbereich hinterfragt. Im Licht der Erkenntnis, daß große Strukturen regelmäßig teurer, aber oft weniger effizient, flexibel und kreativ sind und typische Beiträge zivilgesellschaftlichen Handelns wie bürgerschaftliches Engagement weniger gut einsetzen können, ist diesen in den letzten Jahren viel Vertrauen abhanden gekommen.

Diese Entwicklung verbindet sich heute mit der zunehmenden Ausdifferenzierung und Individualisierung der Gesellschaft. In dem Maß, in dem traditionelle Milieus verlorengegangen sind, haben sich auch nationale Zusammengehörigkeitsgefühle zurückgebildet. Sie wurden abgelöst von einer massiven Internationalisierung einerseits und einer Besinnung auf regionale und lokale Eigenheiten andererseits, wobei sich regionales und transnationales oft auch noch verbindet. Allen traditionellen Strukturen bläst somit der Wind ins Gesicht. Der Mitgliederschwund bei allen großen Organisationen ist dafür ein beredtes Beispiel. Bei insgesamt steigendem bürgerschaftlichen Engagement der Bürger und Bürgerinnen in Deutschland verlagert sich dieses auf kleine, neue, oft volatile Organisationen, die zunehmend das Subsidiaritätsprinzip auf sich beziehen und einfordern. Umfassende Subsidiarität ist, so scheint es, zu einem Hebel des gesellschaftlichen Wandels geworden. Daß dieser angesichts wachsender Angst vor undurchschaubaren globalen Strukturen des Marktes mit noch größerer Leidenschaft angesetzt wird, kann eigentlich niemanden verwundern. Nicht zu unterschätzen ist in diesem Zusammenhang das gestiegene Selbstbewußtsein der Bürger, das durchaus in einem Zusammenhang mit dem gestiegenen Bildungsniveau zu sehen ist. Die Suche nach dem eigenen Weg ist dabei, die Einordnung in vorgegebene, zunehmend als fremd empfundene Strukturen zumindest zu erschweren, vielleicht sogar zu ersetzen. Daß Subsidiarität in diesem Kontext einen ganz neuen Stellenwert erhält, liegt auf der Hand. Zu dieser Entwicklung paßt die vielfach konstatierte Entstaatlichung von Politik; sie wird heute in allen gesellschaftlichen Arenen, in denen des Marktes und der Zivilgesellschaft ebenso wie in der staatlichen gestaltet.

Wie am Beispiel der Wohlfahrtsverbände zu sehen ist, steht dem, was die Arena der Zivilgesellschaft betrifft, ein gewichtiger Faktor entgegen: die Abhängigkeit der Zivilgesellschaft von Steuergeldern, die von staatlichen Stellen administriert und selbstverständlich auch als dirigistische Waffe eingesetzt werden. Unternehmerischer Drang, Sorgen um den Erhalt von Leistungsangeboten ebenso wie Arbeitsplätzen, Angst vor Statusverlust und andere Motive haben über Jahrzehnte ein Abhängigkeitsverhältnis zivilgesellschaftlicher Organisationen von staatlicher Finanzierung entstehen lassen, das von Politik und Verwaltung benutzt wird, um Politiken durchzusetzen, die den geschilderten gesellschaftlichen Entwicklungen diametral entgegenstehen.

Der Grund hierfür ist einfach: In einer Zeit, die dem Staat gegenüber der Wirtschaft unübersehbare Machteinbußen beschert hat, ist es aus deren Blickwinkel vielleicht sogar verständlich, wenn er ähnliches gegenüber der Zivilgesellschaft nicht nochmals erdulden will. Die Regulierungsdichte und der Durchsetzungsanspruch um des Prinzips willen haben daher in den letzten 20 Jahren erheblich zugenommen. Zuwendungsrecht, Gemeinnützigkeitsrecht, Spendenrecht usw. sind unbeschadet gewisser Verbesserungen in den Rahmenbedingungen durch immer mehr Eingriffs- und Kontrollmechanismen angereichert worden. Geradezu schizophren mutet da der gleichzeitig immer lauter vernehmbare Ruf nach mehr Bürgerengagement und Bürgerhandeln an, das nachlassende staatliche Leistungskraft gefälligst auffangen soll. Selbst der einst wortmächtige Bundesgenosse des alten Systems, der die Aufgabe von Arbeitsplätzen zugunsten von unbezahlter Freiwilligenarbeit anprangerte – die Gewerkschaften – ist, von Mitgliederschwund geschwächt und durch die Erholung des Arbeitsmarktes einiger Argumente beraubt, in diesem Punkt recht kleinlaut geworden.

Dementsprechend hat es durchaus eine gewisse Schlüssigkeit, wenn die letzten Jahre von Versuchen des Staates, des Bundes ebenso wie der Länder, deutlich weniger der Kommunen und der Europäischen Union, geprägt waren, die Zivilgesellschaft stärker an die Kandare zu nehmen. Nicht ohne Grund ressortiert die Zuständigkeit für diese ganze Arena kollektiven öffentlichen Handelns auf der Bundesebene in einem eher peripheren, mit einer bunten Mischung von Dienstleistungen am Bürger betrauten Haus, dem Bundesministerium für Familie, Senioren, Frauen und Jugend. Dort wurde bspw. die Aussetzung des Wehrdienstes und damit auch des Zivildienstes zum 1. Juli 2011 dazu benutzt, das bisherige Bundesamt für den Zivildienst in ein Bundesamt für Familie und zivilgesellschaftliche Aufgaben umzubenennen und mit der Verwaltung eines neugeschaffenen Bundesfreiwilligendienstes zu betrauen. Anstatt den zivilgesellschaftlichen Organisationen die Möglichkeit zu bieten, zur Sicherstellung ihrer Dienste ohne Zivildienstleistende verstärkt Teilnehmer an den seit Jahrzehnten bewährten Jugendfreiwilligendiensten (z. B. dem Freiwilligen Sozialen Jahr) zu rekrutieren, wurde ein Paralleldienst auf der Basis eines öffentlich-rechtlichen Dienstverhältnisses geschaffen.

Die Ausgestaltung ermöglicht über staatliche Betreuungs- und Kontrollfunktionen eine massive Einsichtnahme in die Binnenstruktur nominell autonomer Organisationen, obwohl es sich ja bei dem neuen Dienst gerade nicht mehr um einen Pflichtdienst handelt, der besondere Beaufsichtigung durch die hoheitliche Gewalt erforderlich erscheinen ließe. Besonders bedenklich ist die Fortführung der bisherigen Zivildienstschulen als staatliche Ausbildungsstätten für die Freiwilligen, die damit nicht mit dem Proprium ihrer Einsatzorganisation vertraut gemacht und auf ein emotional begründetes weiteres freiwilliges Engagement hingeführt werden können. Dem vielbeschworenen Subsidiaritätsprinzip spricht dies Hohn! Und doch haben sich die Spitzenverbände der freien Wohlfahrtspflege nicht zu einem gemeinsamen ‚Nein' zu dieser Zumutung bereit finden können. Die Interessen derjenigen Einsatzstellen, die nicht rechtzeitig die Zeichen der Zeit erkannt und Vorsorge für die Nach-ZDL-Zeit getroffen hatten, standen ihnen offenbar näher; die Versuchung des Staatsgeldes war einfach zu groß.

An der aktuellen Gefährdung des Subsidiaritätsprinzips sind insofern Akteure der Zivilgesellschaft in nicht geringem Maß mitschuldig. Anstatt zur Abwehr staatlicher Zumutungen zivilgesellschaftliche Solidarität zu üben – das Nein aller Verbände hätte das Programm zu Fall gebracht – , klammern sie sich an überkommene korporatistische Mechanismen. Das dafür vorgebrachte Argument, es ginge hier nicht um abstrakte Prinzipien, sondern um die konkrete Hilfe für Menschen in Not, die nicht gefährdet werden dürfe, ist nicht stichhaltig. Diese Hilfe ist nicht in Gefahr – jedenfalls nicht dadurch. Das heißt auch, der Kampf um das Prinzip der Subsidiarität wird denen überlassen, die von staatlicher Alimentierung frei sind – dies sind freilich auch die, deren themenanwaltschaftliches Handeln am ehesten in Gefahr ist, von Partikularinteressen geleitet zu werden. Diese Gruppen agieren erfolgreich und werden immer stärker. Sie fordern schon seit mehr als einer Generation Mitsprache ein und bestimmen immer stärker die politische Agenda. Die deliberative Demokratie ist längst kein Wunschbild mehr, sondern eine Realität, die auf kommunaler Ebene vielfach gelebt wird, einige Länder bereits erreicht hat und mit Sicherheit auch den Bund erreichen wird, zumal sie in der EU durchaus angekommen ist, nicht – oder jedenfalls nicht nur – in der pervertierten und mit Recht angeprangerten Form des Lobbyismus, sondern als Forum einer Interessen ausgleichenden, Argumente abwägenden und Entscheidungen vorbereitenden entstaatlichten Politik. Staatliche Instanzen, die sich daran nicht beteiligen, werden zurückbleiben und das Schicksal aller Dinosaurier erleiden.

In naher Zukunft werden sich, so läßt sich unschwer voraussagen, die Akteure der Zivilgesellschaft mehr als bisher solidarisieren. Immer mehr werden sie versuchen, fremde Einflüsse abzuschütteln. Zivilgesellschaftliche Organisationen mit größeren materiellen Ressourcen werden ihnen, so ist zu hoffen, dabei helfen. Sie werden den politischen Druck verstärken, um gesetzliche Rahmenbedingungen zu erhalten, die ihnen selbstermächtigtes, selbst organisiertes Handeln im Sinne einer umfassenden Subsidiarität ermöglichen. Selbst die Medien, deren Desinteresse an der Zivilgesellschaft oft genug zu Recht beklagt wurde, beginnen ganz zaghaft, sich diesem Themenfeld zu nähern.

Befördert durch die kommunikative Revolution des letzten Jahrzehnts hat Subsidiarität heute einen neuen Klang. Die Bürger und Bürgerinnen holen sich ihre Gestaltungshoheit zurück und bringen sich in allen Arenen ein. Die öffentliche Verwaltung wird lernen müssen, subsidiär zu handeln – Argumente von Ordnung und Sicherheit werden das nicht verhindern. Die Regierungen tun gut daran, sich auf die neue Welt einzustellen, anstatt krampfhaft zu versuchen, den Staat des 19. Jahrhunderts doch noch zu konservieren. Die Parlamente werden, so ist zu hoffen, ihre Aufsichtsfunktion ernster nehmen. Denn sie sind ja nun die Vertretungen aller Bürger und Bürgerinnen. „Alle Staatsgewalt geht vom Volke aus." Der Satz ist heute so aktuell wie 1949.

Partizipation

Als am Ende der 1990er Jahre im Zusammenhang mit Spendenaffären über aus dem Bundeskanzleramt verschwundene Akten berichtet wurde, hieß es im Magazin ‚Der Spiegel', man habe nach einschlägigen Akten geforscht, aber leider nur Briefe von Bürgern und andere Belanglosigkeiten gefunden. Nun mag das im Kontext der Nachforschungen enttäuschend gewesen sein, trotzdem: Da schreiben Souveräne an ihren Auftragnehmer, fühlen sich ermächtigt, ja verpflichtet, an einem politischen Diskurs zu partizipieren, und ein nicht unwichtiges Me-

dienorgan und vielleicht dessen staatliche Informanten klassifizieren das unwidersprochen als belanglos! Mich hat das damals gestört, und ich habe es nie vergessen.

Spätestens seit ‚Stuttgart 21‘ ist Partizipation – gemeint ist
die unmittelbare Mitwirkung der Bürger an Prozessen im öffentlichen Raum, die zu verbindlichen Entscheidungen führen –
zu einem aktuellen, allerdings auch zu einem Reizthema geworden. Allerdings wird die Dimension dieser Thematik in der politischen Debatte bei weitem unterschätzt. Das Europäische
Jahr der Freiwilligentätigkeit – wir hätten wohl den Brüsseler
Dolmetschern die Formulierung „… des bürgerschaftlichen Engagements" nahegelegt – war eine willkommene Gelegenheit,
um über dieses Thema nachzudenken. Im öffentlichen Diskurs
gerade in Stuttgart waren dafür alle Voraussetzungen gegeben,
insbesondere auch die, daß im mehrfach festgestellten Süd-
Nord-Gefälle des bürgerschaftlichen Engagements der Süd-
westen unserer Republik oft und nicht zu Unrecht als vorbild-
lich dargestellt wird.

In der Folge der Ereignisse um ‚Stuttgart 21‘ wurde viel
über Bürgerbeteiligung gesprochen, an sich kein neues Thema.
In der Kommunalpolitik und in der Debatte um vermehrte
Mitwirkungsmöglichkeiten aller Bürger und Bürgerinnen an
politischen Entscheidungen auf allen Ebenen der staatlichen
Verfaßtheit (Bürgerbegehren, Volksentscheid usw.) wird seit
langem darüber diskutiert. Allerdings hat ‚Stuttgart 21‘ das Bewußtsein dafür geschärft, daß überkommene Verfahren der
Entscheidungsfindung unter Einbezug aller Bürger wahrscheinlich defizitär sind. Übersehen wird dabei allerdings, daß
Bürgerbeteiligung – definiert als Einladung an die Bürger, ihre
Meinung kundzutun und bevorstehende oder bereits getroffene
Entscheidungen zu kommentieren – nur eine, und dazu noch
die schwächste Form der Partizipation darstellt. Nimmt man
diese umfassender in den Blick, so gesellen sich dieser mindestens zwei weitere Formen hinzu.

Die Grundform der Partizipation, erstens, die, wenn man es recht besieht, der Beteiligung vorausgeht, ist die Bürgerinformation. Ohne Information ist keine sachgerechte Partizipation möglich, mehr noch, sie ist dann in sich bereits Partizipation, wenn sie gerade nicht für die Darstellung der eigenen Position instrumentalisiert wird, sondern alle Argumente und Aspekte in größtmöglicher Fairneß auf den Tisch legt. Diese Art von Partizipation bekundet Respekt und Vertrauen in die Urteilskraft derer, die informiert werden. Sie ist im übrigen keine Einbahnstraße. Vielmehr haben die Akteure der Zivilgesellschaft genauso eine Informationspflicht, wenn sie sich am öffentlichen Diskurs beteiligen wie die Akteure des Staates und des Marktes. Bei ersteren interessiert zum Beispiel, woher die zur Erarbeitung und Verbreitung einer Position eingesetzten Ressourcen stammen, wie diese im Einzelnen eingesetzt werden und wie darüber entschieden wird. Öffentliche Rechenschaftslegung ist also ein primärer partizipativer Akt; sie macht kommunikative Prozesse erst möglich. Geheimgesellschaften und vertrauliche Insider-Absprachen haben in partizipativen Verfahren nichts zu suchen.

Von besonderem Gewicht ist aber, zweitens, eine Partizipationsform, auf die manche Beteiligte, zumal aus dem politisch-administrativen System und unter den diesem korporatistisch verbundenen Marktteilnehmern gern verzichten würden. Sie ist jedoch ganz und gar unverzichtbar: der selbstermächtigte und selbst organisierte, d. h. auch uneingeladene Auftritt in der Öffentlichkeit, geleitet von einem – notwendigerweise subjektiven – Gemeinwohlinteresse. Diese Form entspricht in besonderer Weise der Handlungslogik der Zivilgesellschaft. Denn diese Handlungslogik besteht ganz prinzipiell nicht darin zu warten, bis explizit und vielleicht sogar noch selektiv zur Mitwirkung aufgefordert wird. Bürger, die sich selbstermächtigt einbringen, nehmen ein originäres Bürgerrecht wahr, gleich, ob sie dies allein oder kollektiv tun. Bürgerinitiative ist wichtiger als Bürgerbeteiligung! Insoweit ist Partizipation auch etwas anderes: Sie beinhaltet das Anregen, Initiieren, Gestalten und Beeinflussen von Entscheidungsprozessen und die selbständige – und natürlich selbstermächtigte – Durchführung von Deliberationsprozessen. In diesem Zusammenhang darf auch nicht übersehen werden, daß Deliberationsprozesse geradezu regelmäßig Entscheidungsprozesse beeinflussen; mehr noch: nicht selten nehmen sie sie vorweg, indem deren Ergebnisse die formelle Entscheidung präjudizieren. Dies ist auch keine Beschränkung der repräsentativen Demokratie oder der Entscheidungshoheit des Parlaments, sondern unausweichliche Konsequenz einer offenen Gesellschaft, in der das Öffentliche auch öffentlich verhandelt wird.

Wenn die Väter des Grundgesetzes einst formulierten: „Alle Staatsgewalt geht vom Volke aus", so hielten sie damit nicht nur fest, daß staatliches Handeln stets eine abgeleitete, Bürgerhandeln hingegen eine originäre Legitimation besitzt. Indem sie den Gesellschaftsvertrag mit dieser fundamentalen Einschränkung versahen, übernahmen die vertragschließenden Bürger die Pflicht, auf die Ausübung dieser Staatsgewalt aktiv Einfluß zu nehmen, in Wahlen und Abstimmungen ebenso wie kontinuierlich in der Vorbereitung und Prüfung von Entscheidungen – einzeln oder, das beinhaltet der Begriff Volk, in kollektiver Form. Wer den Bürgern und Bürgerinnen diese Aktivlegitimation bestreitet und Verfahren erfindet, die den Staatsorganen das alleinige Initiativrecht zuweisen, macht sich eines massiven Verfassungsverstoßes schuldig.

Partizipation ist darüber hinaus der Gradmesser der Qualität unserer Demokratie. Um das zu verstehen, ist es gut, erneut eine Lanze für die deliberative Demokratie zu brechen. Nicht die Abkürzung zur schnellen Entscheidung führt zur besten Lösung, sondern das sorgfältige und ernsthafte Abwägen aller Argumente. Dieses kann nicht immer konfliktfrei erfolgen, aber je ehrlicher und respektvoller man sich zuhört, sich gegenseitig berät und auf einen Konsens hinarbeitet, desto mehr Akzeptanz findet schließlich das Ergebnis. Akzeptanz ist in der demokratischen Gesellschaft das Schlüsselwort der Legitimation.

An der so definierten deliberativen Demokratie mitzuwirken, ist die Pflicht des Demokraten. Unser Gemeinwesen ist seit 1949 in diesem Punkt defizitär – von der Zeit davor gar nicht zu reden. Es fehlt den Bürgern an Übung und Erfahrung; daher ist es geradezu perfide, wenn einzelne Mißerfolge als Beweise dafür herhalten müssen, daß Partizipation nicht funktioniere. Ausnahmen bestätigen nur diese Regel. Eine wichtige Ausnahme hat allerdings schon deshalb Regelcharakter bekommen, weil sie zugleich der tatsächlich zunehmenden Komplexität der Entscheidungsinhalte und der fortschreitenden Zunahme der im Einzelfall Beteiligten entgegenwirkt: In den auf Freiwilligkeit und Engagement gegründeten zivilgesellschaftlichen Organisationen gehört die Partizipation der Mitglieder zum Alltag; die Sanktion für defizitäre Partizipation ist hier in der Regel der Mitglieder- und Spenderschwund. Denn anders als beim Staat, in den wir unter den Gegebenheiten des 21. Jahrhunderts hineingeboren sind und dem wir nicht entrinnen können, erlaubt uns der Charakter der Zivilgesellschaft, unsere Loyalität frei zu bestimmen und jederzeit zu wechseln. Untersuchungen zeigen, daß von dieser Möglichkeit reichlich Gebrauch gemacht wird. Ich denke, man kann dies als Gegenbewegung zur Unausweichlichkeit staatlicher Zugehörigkeit interpretieren.

Schon deswegen erscheint es für die Zukunft unseres Gemeinwesens wünschenswert, partizipative Strukturen dieser Art zu ermutigen. Sie können uns helfen, den Wunsch nach Mitgestaltung auszuleben. Dies heißt auch, daß die Themenanwalts- und Wächterfunktionen der Zivilgesellschaft auch nicht ansatzweise zugunsten reiner Dienstleistungs- Mittler- und Geselligkeitsfunktionen unterdrückt werden dürfen, wie dies bedauerlicherweise immer einmal wieder versucht wird. Unterbleibt die Ermutigung unter Verweis auf die repräsentative Demokratie, so wird Demokratie insgesamt auf eine reine Verfahrens- und Entscheidungsdemokratie reduziert, während die wichtige deliberative Demokratie ausgeblendet wird. Da diese aber durchaus aktiv und einflußreich ist – vom Stammtisch über Themenanwälte und Lobbyisten bis zu einflußreichen Medien – operiert sie gewissermaßen in einem ordnungsfreien Raum. Kein Wunder, daß es von Zeit zu Zeit zu Eruptionen kommt. Ein Blick über deutsche Grenzen zeigt uns positive und negative Beispiele entsprechender Ordnungskonzepte zuhauf.

Die Kollateralschäden von Eruptionen sollten ein Anlaß sein, viel intensiver darüber nachzudenken, ob Verbesserungen nicht selbst dann vernünftig sind, wenn sie nicht normativ einleuchten. Dem demokratietheoretischen Argument wird ja regelmäßig damit begegnet, daß auf die zunehmende Komplexität, den zur Beurteilung notwendigen und damit implizit den Bürgern angeblich nicht, irgendwelchen Experten aber sehr wohl und exklusiv verfügbaren Sachverstand und überhaupt auf die Sachzwänge verwiesen wird. Im globalen Wettbewerb könne einfach nicht darauf gewartet werden, bis jeder, der das wolle, seine Meinung geäußert habe. Dem ist nicht nur die Fülle der Fehlentscheidungen dieser angeblichen Experten, sondern sinngemäß auch entgegenzuhalten, was vor 30 Jahren denen geantwortet wurde, die sich mit der Chancengerechtigkeit für Frauen nicht anfreunden wollten: Damals hieß es: wir können es uns einfach nicht erlauben, auf die Hälfte des intellektuellen Potentials in diesem Land zu verzichten. Heute sind die Herausforderungen exponentiell gewachsen; wir können also nicht einmal auf ein Quentchen unseres intellektuellen und kreativen Potentials verzichten, wenn wir diese meistern wollen, geschweige denn, auf die Mehrheit der Bürger und Bürgerinnen. Warum haben wir sonst so viel Geld der Bürger in

Bildung investiert und tun es hoffentlich in der Zukunft noch mehr?

Wir wissen, daß in den zahllosen Gruppen der Zivilgesellschaft nicht nur Partizipation und andere Güter reifen, die den zivilgesellschaftlichen Mehrwert erbringen, sondern daß hier in hohem Maße auch Kreativität freigesetzt wird. Die freiwillig eingegangene Affinität ist die Brutstätte neuer Ideen schlechthin. Und nachdem neue Ideen der einzige Rohstoff sind, von dem wir nennenswerte Mengen bereitstellen können, wäre es zutiefst unvernünftig, darauf zu verzichten, auch wenn wir dadurch höhere Transaktionskosten in Kauf nehmen müssen. Im Gegenteil, wir können darauf vertrauen, daß diese sich auszahlen.

Für jeden, der im Bundeskanzleramt arbeitet, von der Bundeskanzlerin bis zur Aushilfskraft, gibt es statistisch noch jemanden, dessen alleinige Aufgabe darin besteht, getroffene Entscheidungen den Bürgern und Bürgerinnen zu verkaufen. Es sind dies die Mitarbeiterinnen und Mitarbeiter des Presse- und Informationsamtes der Bundesregierung. Zusätzlich hat natürlich jedes Ministerium, jede Behörde ihre Presseabteilung. Hier wird Information als Element der Partizipation in ihr Gegenteil gewendet; der Informationsvorsprung und die dank der Steuern der Bürger und Bürgerinnen um Faktoren bessere finanzielle Ausstattung werden schamlos genutzt, um die Partizipation zu unterlaufen. Die Kosten sind enorm und haben den Vertrauensschwund doch nicht aufgehalten. Auch als Trittbrettfahrerin der kommunikativen Revolution hat die traditionelle Politik nicht punkten können. Web 2.0, Facebook, Twitter usw. sind primär die Medien der Zivilgesellschaft (auch deswegen, weil sich die traditionellen Print- und elektronischen Medien weitestgehend dieser Arena verweigern oder sie nur als Skandal wahrnehmen); hier vollzieht sich Partizipation, bildet sich soziales Kapital selbstermächtigt und selbstorganisiert in Mikroeinheiten, aber in der Summe im ganz großen Stil.

Soziales Kapital

Angesichts der globalen Herausforderungen haben „Trittbrett-fahrer und Schmarotzer"[4] eine geringere Überlebenschance als kooperative Menschen. Dennoch können Trittbrettfahrer einen so gewaltigen Schaden anrichten, daß dies letztlich zu einer umfassenden Katastrophe führt. Gerade in Deutschland rufen wir in dieser Situation traditionell nach dem Staat. Noch mehr Regeln, noch mehr Investitionen in Sicherheit, noch mehr Kosten der Durchsetzung, noch mehr Kontrollen: das ist die Spirale, die dadurch entsteht, und auf der wir schon ein ganz gutes Stück hinauf- oder sollten wir sagen hinunterge-dreht worden sind. Es sieht nicht danach aus, als ob dieses System besonders erfolgreich wäre. Die einzige Folge, die wir re-lativ klar erkennen können, ist, daß unsere Freiheit zunehmend bedroht ist. Wir scheinen auf eine rechtsstaatlich verbrämte Zwangsherrschaft zuzusteuern. Den Trittbrettfahrern durch hoheitliches Handeln das Handwerk zu legen, erscheint den-noch illusorisch; der geschickte Entrepreneur ist immer *ahead of the curve* – uneinholbar immer eine Nasenlänge voraus.

Vor diesem Hintergrund stellt sich neu die Frage: Ist alles des Kaisers? Stehen alle Gemeinschaftsverpflichtungen der Bür-ger dem Staat zur Definition, Gestaltung, Durchführung und Regelung zu? Ist der Staat der Herr über unser Leben? Muß al-les und jedes über den Umverteilungsmechanismus der Steu-ererhebung finanziert werden? Ist es vernünftig und zielfüh-rend, die traditionelle Unterscheidung zwischen ‚Öffentlich' und ‚Privat' beizubehalten, alles, was nicht Wirtschaft oder un-mittelbarer Familienbereich ist, als öffentlich zu klassifizieren und dem Staat zu überantworten? Zunehmend kommen wir

---

[4] Stefan Klein, Der Sinn des Gebens. Warum Selbstlosigkeit in der Evolu-tion siegt und wir mit Egoismus nicht weiterkommen. Frankfurt am Main: 2010, S. 265 u. passim

dazu, diese Fragen mit einem klaren ‚Nein‘ zu beantworten. Als Begründung fallen uns sofort die immensen Kosten staatlichen Handelns und die oft defizitäre Aufgabenerfüllung ein. Diese Gründe sind in der Tat weithin stichhaltig. Es gibt aber noch einen anderen Begründungsansatz.

Ausgehend von der Frage, warum in einigen Teilen Italiens die öffentliche Verwaltung und auch die Wirtschaft besser funktionieren als in anderen, führte Robert Putnam in den 1980er Jahren umfangreiche Feldforschung durch. Das Ergebnis war für viele Staatstheoretiker überraschend. Kennern der menschlichen Natur hingegen erschien es sofort plausibel: Informelle Netzwerke sind die entscheidende Gelingensbedingung für erfolgreich arbeitende Ordnungsstrukturen. Wo diese vorhanden sind, funktioniert die öffentliche Verwaltung meßbar besser als dort, wo diese fehlen. Gleiches gilt auch für die Wirtschaft. Auch diese ist angewiesen auf informelle Beziehungen unter den Teilnehmern an den Kreisläufen. Es ist also gerade nicht so, wie die Staatstheoretiker des 18. Jahrhunderts vermuteten: Eine starke Zivilgesellschaft ist nicht eine gefährliche Konkurrenz zum Staat, sondern eine entscheidende Voraussetzung für dessen Erfolg. Putnam baute seine in Italien gewonnenen empirischen Erkenntnisse zu einer Theorie des sozialen Kapitals aus.[5] Ohne auf ihn ausdrücklich Bezug zu nehmen, knüpfte er damit an eine These an, die Ernst-Wolfgang Böckenförde schon 1976 vertreten hatte.[6] Der (säkulare) Staat, so argumentierte er, lebt von Voraussetzungen, die er selbst nicht schaffen kann. Böckenförde hatte, indem er auf den säkularen Staat verwies, dabei insbesondere die religiösen Voraussetzungen im Blick, die er im Kontext des Gottesbezugs im Grundgesetz herausstellen wollte; der Gedanke bleibt derselbe, wenn wir ihn auf andere soziale Voraussetzungen bezie-

---

[5] Robert Putnam (1993), loc. cit.
[6] Ernst-Wolfgang Böckenförde, loc. cit.

hen. Neben finanziellem und Humankapital ist soziales Kapital, definiert als ein Geflecht von informellen Strukturen, Grundlage des Reichtums einer Gesellschaft und damit auch Voraussetzung für das Gelingen staatlicher und marktwirtschaftlicher Strukturen und Prozesse.

Nun ist dies zunächst eine Betrachtungsweise, die von der Gesellschaft auf den einzelnen Bürger blickt und somit nicht unstrittig ist. Das 20. Jahrhundert hat uns drastisch vor Augen geführt, daß eine solche Blickrichtung menschenrechtsgefährdend wirken kann. So haben es weder Böckenförde, der gewiß die katholische Naturrechtslehre zum Ausgangspunkt seiner Überlegungen nahm, noch Putnam, der auf einer Tocquevilleschen Tradition aufbaute, gemeint. Gerade bei Putnam ist daher die Freiwilligkeit der Zusammenschlüsse oder Netzwerke ausschlaggebend. Im Interesse aller liegt es, wenn sich starke Netzwerke bilden. Aber ist damit auch gesagt, daß es im Interesse des Einzelnen liegt, sich zu vernetzen? Nur dann sind nämlich für ein freiwilliges Engagement in solchen Netzwerken die Voraussetzungen gegeben. Dieses Interesse kann in der Gewinnung persönlicher Vorteile oder Abwehr persönlicher Gefährdungen liegen, kann aber auch durch den Willen bedingt sein, zu schenken. Auf diesen Schenkungswillen oder philanthropischen Impuls wird im folgenden Abschnitt näher einzugehen sein. An dieser Stelle mag es genügen, an das oben beschriebene Spannungsverhältnis zum „Du" zu erinnern, um damit deutlich zu machen, daß es tatsächlich in jedermanns Interesse liegt, mit anderen Menschen einen ständigen Kontakt zu pflegen, gemeinsame Anliegen zu besprechen, gemeinsame Vorlieben zu verfolgen usw. Heinrich von Kleist gab einem Aufsatz den Titel: „Über die allmähliche Verfertigung der Gedanken beim Reden".[7] Darin

---

[7] Heinrich von Kleist, Über die allmähliche Verfertigung der Gedanken beim Reden [postum 1878]. München 1966, S. 810–814

kommt wesentliches zum Ausdruck: Nur indem man sich einem anderen mitteilt, kommen, so Kleist, gedankliche Prozesse voran. Auch deshalb sprechen, wie der Psychologe Konrad Schnabel hervorhebt, die Religionen davon, daß das Problem der Vereinzelung mit unserer beschränkten Sichtweise zu tun hat und daß es die unbedingte Identifikation mit unserem Selbstmodell, dieses ständige Kreisen um das eigene Ego ist, das Leid erzeugt. Denn wer die eigene Person als den Nabel der Welt betrachtet, ist permanent damit beschäftigt, die Interessen, Wünsche und Begierden dieser Person zu befriedigen, was den wenigsten auf Dauer gelingt. ... Wird dieses ‚Ich‘ dagegen nicht als eigenständige, abgetrennte Instanz begriffen, sondern als eine Schöpfung, die in Abhängigkeit von anderen Menschen und letztlich vom ganzen Kosmos existiert, weitet sich der Blick auf einmal; und wir können uns im besten Falle, als Teil eines großen Ganzen begreifen, das den Tod dieses ‚Ich‘ überdauert.[8]

Diese Sicht wird empirisch breit gestützt. Etwa 23 Millionen Bürger und Bürgerinnen engagieren sich beispielsweise in Deutschland in bürgerschaftlichen Anliegen jedweder Art; 80 % hiervon tun dies in freiwilligen Zusammenschlüssen, vor allem in Vereinen. In der Tat ist die relative Stabilität unserer Gesellschaft in hohem Maße dieser Vereinskultur geschuldet. Hier wird Demokratie eingeübt, hier partizipieren Menschen an für sie relevanten Entscheidungsstrukturen und beziehen daraus ein tiefes Gefühl der Befriedigung. Hier wirken Inklusions- und Integrationsmechanismen, hier wird – allen bekannten Streitereien zum Trotz – eine Zivilität des Umgangs eingeübt und gepflegt. Der Aufbau von sozialem Kapital ist insofern durchaus die Folge davon, daß Menschen aus freiem Entschluß intensiv miteinander kommunizieren.

---

[8] Konrad Schnabel / J.B. Asendorpf, Free Associations as a measure of stable implicit attitudes; in European Journal of Personality, Nr. 27, 2013

Solche Entschlüsse bedürfen gelegentlich der Ermutigung durch andere, und staatliche Regulierung kann abschreckend wirken. Doch haben beispielsweise die Vorgänge im Vorfeld der Ereignisse von 1989/90 in Mittel- und Osteuropa gezeigt, daß sich auch unter schwierigsten Bedingungen Menschen freiwillig zu gemeinsamem Handeln zusammenschließen und selbst Gefahr für Leib und Leben in Kauf nehmen, wenn ihnen das Ziel ihrer Aktivität wichtig genug erscheint. Der arabische Frühling zeigt uns, daß dies auch heute, auch unter anderen Bedingungen und in anderen Kulturen aktuell ist. Die kommunikative Revolution der ersten Dekade des neuen Jahrtausends unterstützt solches Handeln und trägt dadurch zur Schaffung von sozialem Kapital bei.

Dennoch bleibt die Frage, ob dies alles etwas mit dem Lebenssinn zu tun hat. Geht es hier um Einsicht in gesellschaftliche Notwendigkeiten? Oder hat der einzelne Mensch etwas davon, wenn er sich engagiert? In einem Extremfall, wie es der arabische Frühling ohne Zweifel ist, kann vielleicht jeder seinen persönlichen Nutzen aus dem gemeinsamen Handeln ableiten. Aber wie steht es um den alltäglichen Dienst, den vielleicht auch jemand anderes tun könnte, den zu tun vielleicht Aufgabe des Staates ist?

Ein anderer Aspekt verdient es, an dieser Stelle nochmals in Erinnerung gerufen zu werden: Das Vertrauen ist in politischen und wirtschaftlichen Zusammenhängen weithin abhanden gekommen – kein Wunder, möchte man im Anschluß an Hans Maier sagen, denn diese sind längst zu groß, zu amorph, zu unübersehbar geworden, um die Bedingungen für die Genese von Vertrauen zu erfüllen. Dieser Vertrauensschwund wirkt sich verheerend auf die Kohäsion unserer Gesellschaft aus. Wenn es nicht gelingt, eine neue Vertrauensordnung zu schaffen, droht ein Zusammenbruch, der jeden vernünftigen Umgang miteinander und mit den „Zeitbomben" verschiedenster Art, die wir dringend entschärfen müssen, *ad absurdum*

führt.[9] Wir „befinden [...] uns im ‚turbulenten Teenageralter',
einem Jahrzehnt (oder mehr) der Orientierungslosigkeit und
Unordnung."[10] Wir benötigen soziales Kapital in nie gekann-
tem Maße.

Der zivilgesellschaftliche Mehrwert

*„Don't ask what your country can do for you! Ask what you
can do for your country!"* Dieser berühmte Satz aus der Rede,
die John F. Kennedy im Januar 1961 bei seiner Vereidigung
hielt, wird immer wieder zitiert, wenn Gemeinsinn eingefordert werden soll. Ob das Volk dem Staat etwas zu schenken
hat, ist eine andere Debatte; der Gesellschaft schenkt es, schenken die Bürger allemal etwas. Geschenke sind notwendig – in
Zeit und Geld, aber auch Kreativität, Empathie, Reputation,
Wissen, Gemeinsinn und Verantwortlichkeit. Dies ist der Kern
einer Argumentation für eine starke Zivilgesellschaft. Doch
liegt der Einwand nahe, ein Sozialdruck zu schenken – von einer sanktionsbewehrten Pflicht ganz zu schweigen – höhle
nicht nur den Begriff des Schenkens unzulässig aus, indem
ihm der Freiwilligkeitscharakter genommen wird, sondern im-
pliziere sogar ein Gesellschaftsbild mit totalitärem Anspruch,
wenn sich eine hoheitliche Gewalt die Administration des
Schenkens zumessen würde. Das für die Zivilgesellschaft in
Anspruch genommene Attribut der Pluralität wäre in einem
solchen System nicht mehr aufrechtzuhalten; anstatt der durch
die Ausweisung eines eigenständigen zivilgesellschaftlichen Bereichs erstrebten größeren Offenheit der Gesellschaft entstünde

---

[9] S. hierzu: Rupert Graf Strachwitz, Vertrauen in gesellschaftliche(n) Arenen; in: Annette Kehnel (Hrsg.), Kredit und Vertrauen. Frankfurt a.M.
2010, S. 37–49
[10] Parag Khanna, loc. cit. S. 286

deren Gegenteil. Der gesellschaftlich erwünschte Nutzen, die Freisetzung von notwendig erachteter Qualitäten wie Ideenreichtum und Ideenwettbewerb, aber auch die Identifikation der Bürger mit ihrem Umfeld, die Verhinderung von innerer Emigration, Integration und die Einübung einer Zivilität des Umgangs, würde nicht erarbeitet und fruchtbar gemacht werden können. These und Einwände sind Gegenstand der aktuellen Zivilgesellschaftsdebatte.[11] Zahlreiche Untersuchungen gehen der Frage nach, was die Bürger und Bürgerinnen zu Schenkenden macht.[12] Klar ist, daß an diesem Schenken ein gesellschaftlicher Bedarf besteht.

Auf der ersten Ebene produziert dieses Schenken öffentliche Güter. Es stellt kulturelle Angebote bereit, hilft, Not zu lindern, trägt zur Gesundheitsvorsorge bei, pflegt Tiere usw. Auf der zweiten Ebene produziert es meritorische Güter, indem es Möglichkeiten schafft, sich bürgerschaftlich zu engagieren, hilft, ein Bewußtsein für neue Themen herzustellen (etwa in den lokalen Agenda-Prozessen), dazu beiträgt, Werte, auf denen das Gemeinwesen aufbaut, zu schützen (etwa Menschen- und Bürgerrechte), Interessen von Minderheiten zu vertreten oder Konzepte für Entwicklungsmaßnahmen vorzustellen. Und schließlich erbringt das Schenken – das bürgerschaftliche Engagement – durch sein Handeln einen Mehrwert, der der Gesellschaft zugute kommt. Während auf der ersten Ebene bürgerschaftliches Engagement in einen Wettbewerb mit bezahlter Arbeit tritt oder treten kann, ist dies auf der zweiten Ebene weniger, auf der dritten Ebene kaum noch der Fall.

Bei der Beurteilung von bürgerschaftlichem Engagement aus der Sicht des gesellschaftlichen Bedarfs kommt es nicht oder nur nachrangig darauf an, welche unmittelbare Leistung

---

[11] Frank Adloff, Zivilgesellschaft und politische Praxis. Frankfurt 2005
[12] Freiwilligensurvey 2004; s. hierzu auch Rainer Sprengel/Rupert Graf Strachwitz, Private Spenden für Kultur. Stuttgart 2008

auf der ersten dargestellten Ebene durch dieses Engagement erbracht wird und ob diese für die Erfüllung der Staatsaufgaben finanziell attraktiv ist. Vielmehr geht es darum, daß Menschen kontinuierlich die kommunikativen Prozesse des Schenkens an die Gemeinschaft erlernen und immer wieder üben – ob im Kirchenchor, im Sportverein, im Katastrophenschutz, in der Menschenrechtsgruppe, bei Greenpeace oder sonstwo. Hier und nur hier befindet sich die Schule der Demokratie, mehr noch, die Schule der Bürgergesellschaft. Allerdings genügt diese Feststellung nicht. Vielmehr ist zu fragen, warum solche Prozesse und deren Einübung diese Bedeutung haben. Der Grund ist, daß sie einen zivilgesellschaftlichen Mehrwert erbringen, d. h. daß durch ihre Arbeit etwas entsteht, was ohne sie nicht entstehen würde.

Gegen den Ausdruck ‚Zivilgesellschaftlicher Mehrwert‘ ist eingewendet worden, daß er der Begrifflichkeit des Marktes entnommen und daher zur Charakterisierung spezifischer Errungenschaften der Zivilgesellschaft ungeeignet sei. Das Argument ist nicht schlechterdings von der Hand zu weisen, aber ich weiß noch keinen besseren. Es ist jedoch festzuhalten, daß mit dem zivilgesellschaftlichen Mehrwert gerade die Leistungen der dritten Ebene bezeichnet werden sollen, zu deren Erbringung Organisationen des Staates und Unternehmungen des Marktes nicht oder nur peripher in der Lage erscheinen. Wenn es solche Leistungen tatsächlich gibt, legitimieren gerade sie in herausragender Weise die Zivilgesellschaft als eigene Sphäre oder Arena gesellschaftlich relevanten Handelns. Mehr noch, sie ermöglichen einen anderen Blick auf die Argumente, die zur Begründung einer Sonderstellung herangezogen werden können.[13]

---

[13] Amanda Groschke/Wolfgang Gründinger/Dennis Holewa/Christian Schreier/Rupert Graf Strachwitz, Der zivilgesellschaftliche Mehrwert – Beiträge unterschiedlicher Organisationen. Berlin 2009 (Opusculum Nr. 39)

Dies erscheint zum einen deswegen relevant, weil zahlreiche, normativ durchaus positiv zu bewertende Organisationen der Sozialwirtschaft, z. B. Genossenschaften, als Hybride, in letzter Konsequenz als Marktteilnehmer gesehen und, etwa nach Europäischem Wettbewerbsrecht oder deutschem Steuerrecht, als solche beurteilt werden, obwohl ihre Doppelfunktion nicht zu übersehen ist. Sie können durch Ausdrücke wie *low profit* oder ‚Zielorientierte Unternehmungen' von ausschließlich gewinnorientierten Unternehmungen unterschieden werden. Zu fragen ist aber im vorliegenden Zusammenhang, ob sie neben dem formalen Verbot der Ausschüttung von Überschüssen an Mitglieder oder Eigentümer möglicherweise auch ihre deutlich geringere „Produktion" von „zivilgesellschaftlichem Mehrwert" von eindeutig zivilgesellschaftlichen Organisationen unterscheidet, andererseits aber auch, ob traditionell der Zivilgesellschaft zugerechnete Unternehmungen (etwa Krankenhäuser) trotz Vorliegen aller übrigen formalen Voraussetzungen eben nicht der Zivilgesellschaft zugerechnet werden können. Die Ausprägung solcher Hybride legt die Folgerung nahe, daß eine scharfe Abgrenzung der Arenen unmöglich ist; der zivilgesellschaftliche Mehrwert mag als Kriterium bei der Grenzziehung heranzuziehen sein.

Ein weiteres kommt hinzu: Das deutsche Steuerrecht verweist Geselligkeitsvereinigungen, Laientheater, Laienchöre und ähnliche Organisationen pauschal in den Bereich der Freizeitgestaltung und verweigert ihnen mit diesem Argument die steuerliche Gleichstellung – d. h. Befreiung von Ertrags- und Vermögensteuern – mit Sportvereinen, Wohlfahrts- und Hilfsorganisationen und anderen. Begründung hierfür ist der mangelnde Nutzen für das Gemeinwohl, anders ausgedrückt der überwiegende Eigennutzen dieser Organisationen. Diese Sichtweise entspringt einer Vorstellung von einem ausschließlich staatlich definierten und organisierten Gemeinwohl. Nur wer hierfür Dienstleistungen erbringt, soll von der Verpflichtung,

Steuern zu bezahlen, befreit werden, da dies die Transaktionskosten bei der Erbringung dieser Leistungen mindert.

Nun ist nicht zu bestreiten, daß eine Fülle von Organisationen als steuerbefreit eingestuft worden sind, die diesen Anspruch grundsätzlich nicht einlösen können. Hierzu zählen beispielsweise die sog. Themenanwälte, d. h. Organisationen wie
Greenpeace oder Amnesty International, die oft genug gegen
staatliches Handeln operieren. Hierzu gehören aber auch die
Sportvereine, die ursprünglich (um 1914) wegen ihres Beitrags
zur Wehrertüchtigung und vormilitärischen Ausbildung, also
der Förderung sehr konkreter Staatsziele, von Steuern befreit
wurden und wegen ihrer gesellschaftlichen Popularität und
der Millionen von Mitgliedern geblieben sind. Dennoch halten
Gesetzgeber und Verwaltung grundsätzlich am Prinzip der
Staatsnützigkeit bei der Beurteilung von zielorientierten Unternehmungen fest. Die gerade für Deutschland typische Fixierung vieler öffentlich relevanter Vorgänge auf ihre steuerliche
Relevanz hat damit zur Folge, daß diese Staatsnützigkeit weit
über die steuerliche Relevanz hinaus als Maßstab für die Beurteilung des Beitrags der Zivilgesellschaft und ihrer Akteure
zum Gemeinwohl herangezogen wird.

Viele Beispiele belegen, daß die Erbringung sozialer und
anderer Dienstleistungen durch zivilgesellschaftliche Organisationen heute vielfach gegenüber der durch Marktteilnehmer
nicht erkennbar vorteilhaft ist. Dies gilt nicht nur für Krankenhäuser und andere große Einrichtungen, in denen von jeher „Ehrenamtliche" allenfalls marginal Aufgaben wahrnehmen konnten, sondern auch für als klassisch empfundene
Tätigkeiten, beispielsweise den Rettungsdienst und Krankentransport. Es verwundert daher nicht, daß die Anwendung
des europäischen Gemeinschaftsrechts immer häufiger mit alt-
hergebrachten Praktiken der Subventionierung und Steuerbe-
freiung kollidiert. Diese werden sich daher zukünftig verstärkt
an Leistungen zu orientieren haben, die intrinsisch nicht im

Markt angeboten werden können, auf die die Gesellschaft aber im Sinne der Bereitstellung von sozialem Kapital angewiesen bleibt. Hierzu zählt schon die Bereitstellung von Angeboten des bürgerschaftlichen Engagements, insoweit dieses als wichtiges Element des sozialen Miteinanders erkannt wird.

Eben diesem Bereich sind die Ergebnisse kollektiven bürgerschaftlichen Engagements zuzurechnen, die mit dem Ausdruck ‚Zivilgesellschaftlicher Mehrwert' bezeichnet werden können. Hierzu gehören beispielsweise Inklusion und Integration aller Mitglieder eines lokalen Verbundes, Partizipation an Entscheidungsprozessen sowie Beiträge zum sozialen Wandel und sozialen Frieden. Auch die Einübung eines zivilen Miteinanders, einer Zivilität, kann hierunter gefaßt werden, womit eine Brücke zu einem Handlungskonzept von Zivilgesellschaft geschlagen wird. Wenn Menschen sich durch bürgerschaftliches Engagement in ihrem Wohn-, Arbeits- und sozialen Umfeld angenommen fühlen, wenn Menschen unterschiedlicher Herkunft sich zusammengehörig fühlen und gemeinsam allseits betreffende Herausforderungen annehmen und meistern können, wird dadurch für die Stabilität der Gesellschaft viel erreicht, auch wenn sich das Erreichte schwer messen und schon gar nicht hierarchisch ordnen läßt.

Wenn sich Bürger und Bürgerinnen durch die Erfahrung erfolgreicher Beteiligung an Entscheidungsprozessen und Projekten in selbstorganisierten, überschaubaren Gruppierungen als Bürger bestätigt fühlen, ist dies für das Zusammenleben wertvoll. Wenn sie darüber hinaus partizipatorisches Verhalten einüben und dies für die Beteiligung in größeren Zusammenhängen, etwa der Gemeinde, nutzen, wird dadurch ein demokratietheoretischer Gewinn erzielt. Daß das Gemeinwesen im übrigen durch seine anwachsende Ausdifferenzierung zunehmend Partizipationsprozesse in selbstermächtigt zustande gekommenen Gruppierungen organisieren muß und insoweit das längst brüchige staatliche Monopol der Gemeinwohldefinition überwindet, ist ein aus zivilgesellschaftlicher Perspektive wünschenswerter, aus staatlicher hingegen zu respektierender Effekt. Sozialer Wandel bezieht sich insoweit nicht nur auf eine Verbesserung der sozialen Verhältnisse insbesondere für benachteiligte Teile der Gesellschaft, sondern beinhaltet auch einen experimentell angelegten Entwicklungsprozeß hin zu neuen Ausformungen einer im weitesten Sinn politischen Ordnung.

Dieser Mehrwert wird unabhängig von den hergestellten Dienstleistungen produziert. So können Geselligkeitsvereine wie Schützen- oder Trachtengruppen, Blaskapellen, Laientheatergruppen usw. einen erheblichen zivilgesellschaftlichen Mehrwert produzieren, obwohl die von ihnen hergestellten Dienstleistungen möglicherweise von geringem öffentlichem Interesse sind und überwiegend der Freizeitgestaltung ihrer Mitglieder dienen. Ein prägnantes einzelnes Beispiel dafür sind die Passionsspiele in Oberammergau, nach deren Regeln jeder, der in der Gemeinde geboren ist oder 25 Jahre dort gelebt hat, ein Recht auf Mitwirkung hat. Galt das, so stellte sich im Jahr 2000 erstmals die Frage, auch für türkische Zuwanderer? Die Gemeinde war gespalten, aber schließlich wurde die Frage bejaht, und Migranten wirkten an diesem für die Gemeinde zentralen Ereignis gleichberechtigt mit – wie man sich vorstellen kann, mit durchschlagendem Erfolg für die Inklusion und natürlich auch die aktive Partizipation dieser Mitbürger und damit für den sozialen Frieden in der Gemeinde.

Die interessante, bislang kaum untersuchte Frage ist, inwieweit einzelne zivilgesellschaftliche Organisationen zur Produktion des Mehrwerts beitragen. Untersuchungen zeitigen zum Teil sehr überraschende Ergebnisse. Insgesamt bemühen sich Organisationen, die, beispielsweise in Folge ihrer Geschichte oder ihres primären Zwecks, in der Defensive sind, offenkundig viel eher darum, über die Produktion von zivilgesellschaftlichem Mehrwert zu einer neuen Akzeptanz und Legitimität zu finden als andere, deren unmittelbare Tätigkeit weithin unstrittig erscheint. Dabei scheinen letztere allerdings vielfach die Gefahren einer Mißachtung des spezifisch zivilgesellschaftlichen Potentials ihrer Arbeit zu verdrängen und sich zu sehr auf Rechtspositionen oder vorgebliche Bestandsgarantien abzustützen. Der Erhalt und die Entwicklung des sozialen Friedens bedingen jedoch die Annahme der gesellschaftlichen Herausforderungen und die Entwicklung von Bewältigungsstrategien. Hierfür kann der Blick auf den zivilgesellschaftlichen Mehrwert wichtige Ansätze bieten.

V. Der empathische Bürger

Bürgerschaftliches Engagement

Zwischen dem 6. und dem 4. Jahrhundert v. Chr. fand, so die These der Religionswissenschaftlerin Karen Armstrong, eine „Große Transformation" von weltgeschichtlichem Ausmaß statt.[1] Menschen erweiterten ihr prosoziales Verhalten um die Dimension von Adressaten außerhalb ihrer familiären Bindungen – und dies weltweit, theoretisch begründet durch Sokrates, Jeremias, Buddha und Konfuzius. Die Autorin behauptet nicht, dieser Paradigmenwechsel habe in einer Kultur begonnen und sei von den anderen übernommen worden oder sei abgestimmt vonstatten gegangen. Sie weist lediglich auf das erstaunliche Phänomen hin, daß seit dieser Zeit freiwilliges prosoziales Verhalten Einzelner zugunsten Fremder in allen untersuchten Kulturen normativ eingefordert wird und empirisch nachweisbar erscheint.

In der Tat finden wir seit dieser Zeit in den ethischen Vorgaben aller großen Religionsstifter, aber auch in allen normativen Setzungen von Reichs- oder Staatengründern ebenso wie von Theoretikern politischer Ordnung das Gebot des Spendens oder Almosens. Das Beispiel des Neuen Testaments ist bekannt.[2] Beispielhaft sei hier auch das Gebot des *zakat* ange-

---

[1] Karen Armstrong, *The Great Transformation. The World in the Time of Buddha, Socrates, Confucius, and Jeremiah.* New York 2006. A. greift in diesem Werk auf die These von Karl Jaspers zur ‚Achsenzeit' zurück.
[2] Luk. 18, 18–27; Matth. 19, 19–26; Mark. 10, 17–27. S. hierzu: Voß 1993, 126

führt, der dritten der fünf Säulen des Islam. „Die traditionelle Machtbasis des Freiwilligen Sektors ist [...] die vorgeschriebene Spende des *zakat* (üblicherweise 2,5 % des liquiden Vermögens im Jahr)."[3]

Heute ist eine universell religiös bestimmte Motivierung ebenso einem säkular-offenen Motivmix gewichen, in dem sich religiöse und humanistische Motive finden können, aber nicht müssen, wie ein etwa in der Polis einseitig auf diese ausgerichtetes Engagement einem breitgefächerten Spektrum gewichen ist. Die Linderung unmittelbarer menschlicher Not tritt seit dem 20. Jahrhundert als Ziel des Engagements hinter den Anspruch auf Veränderung negativ beurteilter Verhältnisse, den Beitrag zum sozialen Wandel zurück. Die Norm der Unauffälligkeit ist einer beabsichtigten Auffälligkeit gewichen; aus dem „Tue Gutes, aber rede nicht darüber!" ist ein weithin propagiertes „Tue Gutes und rede darüber!" geworden, vorgeblich als Anstiftung zur Nachahmung im Sinne der guten Sache, daneben wohl auch zur Erlangung zeitnaher Anerkennung. Biologen, Anthropologen, Historiker, Soziologen und Politikwissenschaftler sind sich dennoch heute darüber einig, daß das Geben oder Schenken eine Konstante darstellt, die in jeder Gesellschaft aufscheint.[4] Das Schenken ist sogar bei Primaten zu beobachten[5] und neuerdings von Neurobiologen im Gehirn lokalisiert worden.

Dieses Schenken ist mit dem Gegenargument des Eigeninteresses konfrontiert. Über den Gabentausch, das heißt die Erwartung, für das Geschenk eine wie immer geartete Gegen-

---

[3] Caroline Montagu, Civil Society and the Voluntary Sector in Saudi Arabia; in: Middle East Journal, vol. 64, No. 1, Winter 2010, S., 82, Übers. d. Verf.

[4] John Horgan, What Possesses People like the Good Samaritan to Help Strangers?; in: BBC Knowledge, May/June 2010, S. 98.

[5] Maurice Godelier, Das Rätsel der Gabe: Geld, Geschenke, heilige Objekte, dt. München: 1999.

leistung zu erhalten, ist viel gerätselt worden.[6] Am deutlichsten kommt dies im Modell des *Warm glow* zum Ausdruck. „*Warm Glow* beschreibt das Gefühl einer persönlichen inneren Befriedigung, das ein Individuum während oder nach dem Akt des Gebens verspürt. Die Gabe ist dementsprechend nicht altruistischer Natur, sie wird vielmehr durch den durchaus egoistischen Wunsch nach dem Konsum eines privaten Gutes, nämlich des *Warm Glow*, motiviert."[7]

Zu dieser intrinsischen Gegenleistung treten extrinsische Erwartungen hinzu. Der Ehrgeiz von Engagierten, nicht nur gesellschaftliche Reputation zu spenden, sondern diese auch durch das Engagement zu erlangen oder zu erhöhen, scheint zu den Konstanten des Engagements zu gehören, übrigens schon seit der Antike. Die Gegenleistung muß nach dieser Logik nicht materieller Natur sein. Diesem Einwand, der darauf hinausläuft, daß zwischen Geschenk und Tausch kein prinzipieller Unterschied besteht, wird entgegengehalten, daß im Tausch Leistung und Gegenleistung vorher bestimmt werden. Wer eine Ware oder Dienstleistung erwerben möchte, tauscht dafür eine vorher vereinbarte ein. Wer schenkt, mag dagegen zwar damit bestimmte Erwartungen verbinden; ob sie aber und gar in der erhofften Weise erfüllt werden, auch ob sie der Beschenkte oder ein vorher nicht bekannter Dritter erfüllt, bleibt offen, was einen grundsätzlichen Unterschied markiert. Damit geben sich Verfechter der Gabentausch-Theorie allerdings nicht zufrieden.

---

[6] Thomas Klie, Philipp Stemmer, Martina Wegner, Untersuchung zur Monetarisierung von Ehrenamt und Bürgerschaftlichem Engagement in Baden-Württemberg. Stuttgart: Ministerium für Arbeit und Sozialordnung, Familien und Senioren Baden Württemberg 2009, S. 27

[7] Alexander v. Kotzebue, Berthold Wigger, Private Finanzierung kollektiver Aufgaben: theoretische Grundlagen und empirische Befunde; in: Helmut Neuhaus (Hg.), Stiftungen gestern und heute – Entlastung für öffentliche Kassen?. Erlanger Forschungen Reihe A (Geisteswissenschaften) Bd. 110, Erlangen, 2006, S. 23.

Hätten sie Recht, wäre dies allerdings nicht nur für die Beziehungen unter Individuen von Bedeutung, sondern würde auch die Argumentation in Frage stellen, daß es neben Staat und Markt eine dritte Arena gesellschaftlich wirksamen Handelns gibt, die einer völlig anderen, wesentlich vom Schenken bestimmten Handlungslogik unterliegt[8] und wesentlich zum Erfolg eines gesellschaftlichen Arrangements beiträgt.

Reziprozitätsmechanismen sind in der Spendenforschung, gerade in jüngerer Zeit, vielfach untersucht worden. Man hat versucht, den unlösbar erscheinenden Knäuel von unterschiedlichen Motiven aufzulösen. Man ist dabei der Schwierigkeit begegnet, daß sich die zahlreichen Motive so ohne weiteres der einen oder anderen Kategorie gar nicht zuordnen lassen. Ist dies bei dem Motiv der Verbesserung der Reputation noch relativ eindeutig, so ist schon das altchristliche Motiv der Erlangung ewigen Seelenheils bei genauerem Hinsehen nicht nur eigennützig, die Ermöglichung des Schulbaus in einem afrikanischen Land möglichweise nicht nur altruistisch bestimmt.

Doch bleibt das Phänomen bestehen, daß Engagement als Option prosozialen Verhaltens aus der Wirklichkeit der modernen Gesellschaft nicht wegzudenken ist[9] – unabhängig von der allgemeinen Verfassung der Gesellschaft, vom Wohlstand ihrer Mitglieder und der Verbindlichkeit ihrer normativen Konzepte. Im Gegenteil, es scheint, daß diese Empathie, die sich unter anderem in einem sozialen Konsens zur Bedeutung des Engagements niederschlägt, unsere Gesellschaft stärker prägt als frühere.

Die Wirkung des Engagements ist historisch gesehen keineswegs immer positiv gesehen worden. Im 18. Jahrhundert

---

[8] Offe 2002, loc. cit., S. 274
[9] S. bspw.: Jeremy Rifkin, Die empathische Zivilisation. Wege zu einem globalen Bewußtsein. Frankfurt am Main 2012

gehörte zu den gegen die Kirche vorgebrachten Argumenten insbesondere der französischen *philosophes*, daß das Sammeln von freiwilligen Zuwendungen und deren Verteilung an Bedürftige zu Faulheit und Müßiggang (sowohl der Sammler als auch der Destinatäre) verführen und es daher besser verboten werden sollte. Im Kontext des 21. Jahrhunderts werden das Spenden von Zeit, Empathie, Reputation und Kreativität, ja sogar von eigenen Organen ebenso wie von Vermögenswerten als Ausdruck von prosozialem Verhalten und als prinzipiell gleichrangige Formen des Engagements eingeordnet. Der Begriff ‚Bürgerschaftliches Engagement' hat einerseits die Nachfolge des Begriffs ‚Ehrenamt' angetreten, der von vielen „ehrenamtlich" Engagierten als anachronistisch empfunden wurde. Er ist offenkundig umfassender als der Begriff der Freiwilligenarbeit und weniger normativ aufgeladen als andere wie Philanthropie, Solidarität usw. und bringt daher andererseits das Spenden und Stiften (von Vermögenswerten) in einen sinnvollen Bezug zu anderen Ausdrucksformen. Wer der Gesellschaft Zeit oder Ideen oder Empathie oder Vermögenswerte oder sein persönliches Ansehen schenkt, ist, so läßt sich sagen, bürgerschaftlich engagiert.

„Welche Investition ist sinnvoller als eine Investition für die hilfsbedürftigen Menschen unserer Gesellschaft, in bürgerschaftliches Engagement?" fragte demgemäß Bundesfinanzminister Peer Steinbrück rhetorisch, als er 2008 die Reformen des Stiftungs- und Gemeinnützigkeitsrechts verteidigte. Eine weitere Frage schloß er an: „Wie und mit wem kann es neben allen staatlichen Maßnahmen gelingen, die sozialen Fliehkräfte einzudämmen, die in den letzten Jahren eher stärker als schwächer geworden sind? Eine überzeugende Antwort lautet seit langem für mich: bürgerschaftliches Engagement. Nur damit können wir eine vitale Bürgergesellschaft schaffen [...]". Anders als Peter Sloterdijk, der die Idee aufbrachte, alle öffentlichen Ausgaben durch freiwillige Beiträge der Bürger und Bür-

gerinnen, also durch Spenden, zu finanzieren[10], sieht Steinbrück offenkundig ein Nebeneinander von Spenden und
zwangsweise eingehobenen Steuern einerseits und von Spenden
und anderen Formen bürgerschaftlichen Engagements andererseits. „[...] Die Verantwortung für eine stabile und tolerante
Gesellschaft, in der Würde und Freiheit nicht [...] Leerformeln
sind, liegt nicht allein beim Staat. [...] Und sie liegt schon gar
nicht nur bei denen, die sich ehrenamtlich engagieren. Sie sind
kein preiswerter sozialer Reparaturbetrieb des Staates."[11]

Nach einem Jahrhundert des europäischen Wohlfahrtsstaates, in dem der Staat tatsächlich die alleinige Gestaltungsmacht für das Wohlergehen seiner Bürger und Bürgerinnen beanspruchte und die Finanzierung im Wege der Umverteilung
zwangsweise eingehobener Steuern zu bewerkstelligen suchte,
läßt dies aufhorchen. Steinbrück repräsentiert freilich gewiß
mit diesen Aussagen die Meinung der Mehrheit der Bürger
und Bürgerinnen. Aber Sloterdijks „Gedankenexperiment",
mit dem er „eine der wichtigsten psychopolitischen und mora-
lischen Fragen der Zukunft" befruchten will, ist bei aller Ex-
zentrik der Argumentation doch Ausdruck eines tiefer sitzen-

---

[10] Peter Sloterdijk, Wider die Verteufelung der Leistungsträger. Interview
mit Marc Beise in: Süddeutsche Zeitung, 6. Januar 2010 (http://www.sued-
deutsche.de/wirtschaft/peter-sloterdijk-wider-die-verteufelung-der-lei-
stungstraeger-1.71479-Zugriff am 28. März 2013).Ganz neu ist Sloterdijks
Idee nicht. Schon in der 1. Phase der Französischen Revolution (1789) hatte
Finanzminister Necker angesichts der Tatsache, daß die Generalstände die
Einhebung von Steuern verweigert hatte, einen „patriotischen Beitrag" von
jedem wohlsituierten Bürger eingefordert (Beales 2003, 249). Auch der Sozialdruck totalitärer Regime des 20. Jahrhunderts zur Einhebung „freiwilliger" Beiträge der Bürger und Bürgerinnen zur Erfüllung öffentlicher Aufgaben (z. B. im Winterhilfswerk der NS-Regierung) ist bekannt.
[11] Peer Steinbrück, Reform des Gemeinnützigkeitsrechts, eine Einführung;
in: Rolf Berndt, Peer Steinbrück, Rupert Graf Strachwitz, Benjamin Gi-
dron, Robert Nef, Zivilgesellschaftspolitik. Berlin 2008 (Opusculum Nr.
27)

den Widerstands gegen eine pfadabhängie, 300-jährige Tradition des politischen Denkens. „Ich bin prinzipiell überzeugt, es tut den modernen Gesellschaften nicht gut, wenn man die gebende Dimension in der menschlichen Psyche kleinredet. [...] Die meisten Parteipolitiker interessieren sich sehr wenig für die Gedanken und Gefühle der Leute, deren Geld sie ausgeben. In Steuerfragen denken sie rein etatistisch. Sie glauben an die wohlmeinende Kleptokratie, kaum anders als die Fürsten und die fiskalische Obrigkeit von einst."[12]

Der Erwartungsdruck auf die freiwilligen Beiträge der Bürger steigt. Immer mehr öffentliche Güter sollen, so ist gerade aus der Politik zu hören, möglichst hiervon hergestellt werden. Kaum ein politisch gewolltes Projekt wird heute neu aufgelegt, das nicht zumindest eine Mitfinanzierung durch Unternehmen der Wirtschaft und private Mäzene zum festen Bestandteil des Durchführungskonzepts macht. In diesem Zusammenhang wird ein Diskurs darüber, inwieweit das zu fördernde Projekt eine solche überhaupt verdient, fast nie geführt. Ob im Einzelfall einem Projekt wegen Unvereinbarkeit mit einem grundlegenden politischen Ordnungskonsens die Förderung ausdrücklich verweigert werden sollte, beschäftigt allenfalls Steuerbehörden und Gerichte, ist aber kaum Thema öffentlicher Diskurse.

Bedingt durch Erwartungen, öffentliche Diskussionen und ihre konstante Finanznot, aber auch durch das Desinteresse für andere Aspekte zivilgesellschaftlicher Tätigkeit droht die Zivilgesellschaft, in ihrem eigenen Selbstverständnis viel zu stark von ihrer Einnahmen- und Ressourcenseite beherrscht zu werden. Nicht wer einen besonders innovativen Ansatz verfolgt oder ideell besonders achtunggebietend erscheint, gilt in der Regel als erfolgreich, sondern wer ein guter Fundraiser ist oder Menschen zum Engagement in Zeit begeistern kann. Im Bereich

---

[12] Sloterdijk, loc. cit.

der großen Spenden- und Wohlfahrtsorganisationen hat sich infolgedessen ein Typus von gemeinnützigen Unternehmern herausgebildet, für den sich das Verhältnis zwischen sozialem und materiellem Lohn ganz anders darstellt, als dies von Unbeteiligten vermutet wird. Das durch erfolgreiches Spendensammeln erworbene Ansehen läßt Personen zu Protagonisten zivilgesellschaftlichen Handelns aufsteigen, die weder in der Bereitstellung von Dienstleistungen noch gar in der Ausübung von Anwalts- oder Wächterfunktionen für öffentlich diskutierte Themen eine besondere Qualifikation nachweisen können. Berühmte Beispiele dafür sind sogenannte „Charity-" oder „Benefiz-Ladies", prominente Damen oder Ehefrauen prominenter Männer, die sich „in den Dienst der guten Sache stellen."

Schließlich werden Vertrauen und Vertrauensverlust vielfach öffentlich thematisiert. Grundsätzlichem Mißtrauen, etwa gegen große Organisationen, die angeblich einen viel zu hohen Teil der Spenden für deren Verwaltung verwenden, steht ein erheblicher, oft durch nichts belegter Vertrauensvorschuß für medial vermittelte Aktionen gegenüber, der durch prominente, aber mit der Thematik oft kaum befaßte Vertrauenspersonen weiter gesteigert wird. Eine nüchterne, vergleichende Analyse von Tätigkeitsberichten findet dagegen kaum statt; ihre Vorlage wird nicht einmal eingefordert. Transparenzinitiativen gehen dementsprechend von Insidern, nicht von Wächterorganisationen, Medien oder Politikern aus.

Größere Diskurse, die im Zusammenhang mit dem Engagement anstehen, werden in der Öffentlichkeit schon deswegen klischeehaft und vorurteilsbeladen geführt, weil diese in der Wissenschaft außerhalb eines begrenzten Kreises von auf dieses Thema spezialisierten Forschern kaum angekommen sind. Zivilgesellschafts-, Engagement- oder Spendenforschung sind Spezialgebiete, die vom wissenschaftlichen Mainstream kaum rezipiert werden. So stimmen Ökonomen gern pauschal das Lied der Verschwendung von Spendengeldern an, obwohl ih-

nen beispielsweise die Thematik des optimalen Ressourcenein-
satzes ebenso vertraut sein sollte wie der hierzu notwendige Bedarf an Planungs-, Ausbildungs- und Steuerungsmitteln. Daß
auch in der Verteilung von Spendengeldern Transaktionsmaß-
nahmen zwar einen Teil des Ertrags verbrauchen, die Effektivität aber auch deutlich verbessern können, ist schon hier kaum
erkannt. Nimmt man die über Jahrzehnte von den Organisationen selbst geführte Argumentation hinzu, alle Spenden würden
ohne Abzug Bedürftigen zufließen, wundert es nicht, daß es der
Öffentlichkeit fast nicht vermittelbar ist, daß Spenden, wenn
sie sinnvoll eingesetzt werden sollen, eben nicht zu 100 %
direkt – was immer das heißen mag – den bedürftigen Letzt-
empfängern zufließen dürfen, sondern daß ein nicht unerheblicher Anteil für Organisationsentwicklung, Ausbildung, Ein-
satz- und Projektplanung usw. verwendet werden muß, um
die langfristige Effektivität des Spendens sicherzustellen. Ebensowenig wird verstanden, daß etwa nach Naturkatastrophen
Hunderte von Millionen Euro nicht innerhalb von Tagen oder
wenigen Wochen abfließen können – ja, daß es eigentlich sinnvoller wäre, Soforthilfe aus einem bereits vorhandenen Fonds
zu finanzieren und Wiederaufbauhilfe strategisch und langsam
zu leisten. So stellten beispielsweise allein Bürger und Bürgerinnen der USA, Kanadas, Großbritanniens und Deutschlands für
die Opfer des Erdbebens in Haiti bis März 2010 über 1 Milliarde Euro zur Verfügung. Der bei weitem größte Teil davon
kann, soll er einen positiven Effekt haben, nur mittelfristig eingesetzt werden. Verfolgt man aber die Berichterstattung, so
fällt auf, daß sich die positive Aufmerksamkeit der Medien
auf kleinere Organisationen richtet, die schnellstens und möglichst spontan Hilfe leisten, während andererseits die angeblich
mangelhafte Koordination der Organisationen untereinander
ein beliebtes Kritikfeld darstellt.

Daß es zwischen dem Spenden von Empathie, Ideen,
Know-How, Reputation, Geld und Zeit wichtige Zusammen-

hänge gibt, wird nach wie vor zu wenig gesehen. Messen, aggregieren und argumentativ verwerten läßt sich im Wesentlichen nur das Schenken von Zeit und Geld. Es gibt empirische Befunde sowohl zu dem tatsächlich vorhandenen und angebotenen Engagement als auch zum gesellschaftlichen Bedarf daran. Dieses Engagement geht keineswegs zurück, sondern steigt allen Unkenrufen zum Trotz. Allerdings verlagert es sich weg von den großen, älteren Organisationen hin zu den neuen und kleinen. Dies macht jenen große Sorge. Es kommt nicht von ungefähr, daß ihre Dachverbände erstmals gemeinsam versuchen, ihre Interessen vorzutragen. Auch die Entstehung eines Bundesnetzwerks Bürgerschaftliches Engagement, in dem trisektoral, also unter Einbezug von Staat und Wirtschaft versucht wird, dieses Engagement politisch neu zu positionieren, ist Ausdruck einer sich stark verändernden Engagement-Landschaft. Verändert hat sich auch die Motivation. Wie sich empirisch gut zeigen läßt, läßt diese sich heute mit Begriffen wie Lebenslanges Lernen, Selbstverwirklichung, aber auch Betroffenheit und Altruismus abgreifen, auch wenn traditionelle, etwa christliche Motive ihre Bedeutung ebensowenig verloren haben wie die Suche nach Wahrheiten, Solidarität und Humanität. Als nationale Pflicht oder gar Ehre würde hingegen kaum jemand mehr sein Engagement begründen wollen, sieht man einmal von dem Erfolg punktueller Überredungskünste ab. Dies entspricht der weder aufhaltbaren noch steuerbaren Ausdifferenzierung unserer Gesellschaft, dem fast uneingeschränkten Konsens über Toleranz, Respekt und Pluralismus, der Suche nach selbst definierten Gemeinschaften, der Abkehr von Volk und Nation im traditionellen Sinn und letztlich der Attraktivität von Freiwilligkeit, Selbstermächtigung und Selbstorganisation.

In der politischen Diskussion der letzten Jahre hat vor allem die Frage eine Rolle gespielt, wie die Attraktivität von Zeit- und Geldspenden zugunsten von sozialen Dienstleistungen erhöht werden kann. Deren Finanzierung steht dabei im Mittelpunkt der Überlegungen. Die zweite Ebene der Effekte, etwa die Schaffung von Voraussetzungen für bürgerschaftliches Engagement, die demokratiefördernde Wirkung von selbst ermächtigtem Handeln oder die Einforderung oder Verteidigung von Werten, wird kaum in den Blick genommen. Eine dritte Ebene der gesellschaftspolitischen Aspekte von bürgerschaftlichem Engagement wie Inklusion, Integration, Partizipation, Demokratieentwicklung oder Herstellung von sozialem Kapital, die angesichts der Herausforderungen, vor der moderne Gesellschaften stehen, höherrangig, aber angesichts des fiskalischen und materiellen Drucks auf die Organisationen ohnehin sehr schwer durchsetzbar erscheinen, wird ebensowenig durch fiskalpolitische Maßnahmen begünstigt.

Die Frage, warum gespendet und sich engagiert wird, findet heute unterschiedliche Antworten. Ob und inwieweit es Schnittmengen zwischen traditionellen und neueren Motiven gibt, welche eher überwiegen und inwieweit es Motivgruppen gibt, ist unerforscht und, noch wichtiger, für die Erreichung politischer Spendenziele nicht aufgearbeitet. Es wird eine allgemeine Bereitschaft unterstellt, mehr noch, es wird angenommen, daß sich diese unter politische Absichten subsummieren läßt. Ob einzelne Motive hierfür mehr oder weniger geeignet erscheinen, womöglich kontraproduktiv wirken oder zu ihrer Entfaltung nicht unerheblicher Korrekturen der traditionellen Spendenpolitik erforderlich erscheinen lassen, wird weder gefragt noch gar untersucht. So bleibt die Frage, ob und unter welchen Bedingungen Bürger und Bürgerinnen deutlich mehr spenden würden als zur Zeit, unbeantwortet. Vergleichszahlen aus anderen Ländern, die etwa für die USA ein Gesamtspendenaufkommen von über 300 Milliarden US-Dollar ausweisen, werden sehr allgemein (und in Teilen unzutreffend) mit amerikanischen Traditionen und anderer Steuergesetzgebung erklärt. Ernsthafte Erklärungsversuche fehlen.

Ebensowenig untersucht ist die Frage, welche Unterschiede zwischen Empfängern bestehen, die tatsächlich ihre Tätigkeit ausschließlich durch Spenden finanzieren und solchen, für die die Spenden nur einen kleinen Teil ihre im übrigen durch Leistungsentgelte und Subventionen dominierten Einnahmen darstellen. Bedingen beispielsweise Spenden öffentliche Subventionen für in den Organisationen entwickelte Projekte, wie es der oft geforderte Eigenmittelanteil nahelegt, oder werden Spenden dadurch für Aufgaben verwendet, für die ein Anspruch auf Finanzierung aus öffentlichen Mitteln besteht? Ein noch nicht veröffentlichter Laborversuch des Zentrums für Europäische Wirtschaftsforschung scheint die Annahme zu stützen, daß kleine, finanziell schwächere Organisationen Spenden leichter akquirieren können als große, etablierte Verbände. Dies würde den Trend bestätigen, daß im politischen wie im zivilgesellschaftlichen Bereich kleinere Organismen mehr Vertrauen genießen und deshalb größeren vorgezogen werden. Daß Politik und Verwaltung hieraus irgendwelche Konsequenzen ziehen, ist nicht erkennbar. Um so wichtiger erscheint es, diese Zusammenhänge näher zu untersuchen.

Schwer zu beantworten ist schließlich die Frage, ob die deutliche Präferierung von Spenden zugunsten wohlfahrtsstaatlicher Programme oder anderer Pflicht- oder Quasi-Pflichtaufgaben des Staates gesellschaftspolitisch vertretbar ist. Angesichts zunehmender Schwächen des Parteien- und Verwaltungsstaates liegt eine parallele zivilgesellschaftliche Demokratieentwicklung möglicherweise sehr viel eher im langfristigen politischen Interesse der Bürger und Bürgerinnen ebenso wie ihrer politischen Führer. Prozessen dieser Art eine vernünftige Eigenfinanzierung zu ermöglichen, könnte sich als erfolgreicher erweisen, als kurzfristig Haushaltslöcher durch freiwillige Beiträge stopfen zu wollen.

Die Bundesregierungen reden, gleich in welchen Koalitionen, seit 1998 viel vom Spenden und bürgerschaftlichen Engagement. Zunehmend scheint es ihr aber darum zu gehen, durch freiwillige Beiträge das Defizit auszugleichen, das zur Deckung der Ausgaben angeblich benötigt wird und durch Steuern nicht mehr hereinzuholen ist. Dieser Versuch ist schon wegen der Dimensionen, um die es geht, zum Scheitern verurteilt. Was sich hingegen im Spenden tatsächlich ausdrückt, woher sich der Impuls dazu speist und auf was es letztlich abzielt, ist bislang nur ansatzweise erforscht.

Der einhelligen Forderung der Wissenschaft nach Erarbeitung rationaler Kriterien für Spendenentscheidungen, insbesondere einer vollständigen öffentlichen Rechenschaftslegung, stehen Berichte erfolgreicher Spendenorganisationen gegenüber, daß nach wie vor irrationale, emotionale Motive im Vordergrund stehen. Sachlich inkompetente, aber medial positiv besetzte Prominente seien sogar noch zugkräftiger als im Bild dargestellte Betroffene. Tiefergehende Analysen erscheinen notwendig, zumal in typischen Empfängerländern internationaler Hilfe die Darstellung von Betroffenen als Marketing-Instrument zur Spendeneinwerbung zunehmend scharf als Herabwürdigung der dargestellten Personen kritisiert wird. Die Bedeutung des Vertrauens in die sinnvolle Verwendung der Spenden wird infolgedessen voraussichtlich steigen, ohne daß der Spender hierfür substantiierte und nachvollziehbare Kriterien zur Hand hat. Zu einer Forschungsagenda zum Spenden würde daher auch die Eröffnung eines qualifizierten Diskurses im Sinne einer *Donor Education* gehören, mit dem Ziel, einerseits für politische Entscheidungsträger Kriterien der Spendensteuerung, andererseits aber auch für Spender Kriterien der Spendenentscheidung zu entwickeln, die bei voller Würdigung des emotionalen Begründungsanteils eine rationale Beurteilung von Spendenbitten und sachgerechte Entscheidung darüber entwickeln.

Der Begriff Bürgerschaftliches Engagement geht von einem Bürgerbegriff aus, der nichts mit den Abgrenzungen des

19. Jahrhunderts – zum Adel einerseits, zur Arbeiterschaft oder dem Bauernstand andererseits – zu tun hat, sondern der alle Mitglieder einer politischen Gemeinschaft umfaßt. Er geht also auch über den Civis-Begriff der Antike (der Frauen und Sklaven ausschloß), den Bürgerschaftsbegriff der mittelalterlichen Stadt (der an einen sozialen Status gebunden war) und selbst über national konnotierte Bürgerbegriffe hinaus, die durch Geburt, Heirat oder Einbürgerung erworbene Bürgerrechte implizieren. Der universelle Bürgerstatus, unterlegt mit Bürgerrechten ebenso wie Menschenrechten, ist ein primäres Kennzeichen der Gesellschaft des 21. Jahrhunderts. Am bürgerschaftlichen Engagement kann jeder teilhaben, der sich engagiert. Engagement ist ein Kennzeichen dieses Bürgerstatus.

Messen, aggregieren und argumentativ verwerten läßt sich zwar in erster Linie das Schenken von Zeit und Geld, darüber dürfen jedoch die anderen Formen nicht übersehen werden. In der Summe bilden sie die wesentlichen Ressourcen, aus denen sich die Zivilgesellschaft speist. Seitdem im Juni 2002 die Enquete-Kommission des Deutschen Bundestages ‚Zukunft des bürgerschaftlichen Engagements‘ ihren Abschlußbericht vorgelegt hat[13], taucht der Begriff ‚Bürgerschaftliches Engagement‘ verstärkt in der öffentlichen Debatte auf. Zur Arena der Zivilgesellschaft gehört das bürgerschaftliche Engagement in besonderem Maße als definitorisches Element. Indem Zugang und Zugehörigkeit zu dieser Arena freiwillig sind, auch jederzeit beendet werden können, erfordern sie zwingend, daß Bürger und Bürgerinnen sich aus eigenem Antrieb auf den Weg machen.

Menschen übernehmen Loyalitäten, Identifikationen und daraus folgend auch Integration und Partizipation nicht mehr als durch Geburt vorgegebenes Paradigma, sondern arrangieren sich im Lauf ihres Lebens mehrfach, vielleicht sogar viel-

---

[13] Enquete Kommission ‚Zukunft des bürgerschaftlichen Engagements‘, Deutscher Bundestag, Bericht. loc. cit.

fach neu. Schon heute gehören beispielsweise 35 % der erwachsenen US-Amerikaner nicht der Kirchengemeinschaft an, in die sie hineingeboren wurden. 50 % der Bürger von Berlin sind nach 1990 in die Stadt gekommen. Dies heißt, Bindungen kommen heute wesentlich durch einen freiwilligen Akt des einzelnen Menschen zustande, Bindungen, in die man hineingeboren wurde, spielen nur eine nachgeordnete Rolle. Insofern entspricht das Engagement tatsächlich einem sehr weiten Bürgerbegriff.

Die im engen Sinn politische Diskussion hat in Deutschland, so muß man 10 Jahre nach Veröffentlichung des Enquete-Kommissions-Berichts nüchtern feststellen, bisher wenig beeinflussen können, obwohl Engagement und Zivilgesellschaft weltweit heute einen erheblich höheren Stellenwert haben als noch vor 10 Jahren. Es kann nicht verwundern, daß rd. 80 % des meßbaren bürgerschaftlichen Engagements in der Arena der Zivilgesellschaft stattfindet. Schon aus diesem Grund ist dieses im übrigen von der Wahrnehmung staatsbürgerlicher Verantwortung oder gar Verpflichtung zu trennen. Das Gerede von den Bürgerpflichten, die es staatlicherseits einzufordern gelte, stellt die Rangordnung zwischen Bürger und Staat auf den Kopf. Das Ziel von Engagement wird vom Engagierten selbst bestimmt; es kann sich an politisch definierten Zielen orientieren, muß es aber und tut es auch in der Praxis überwiegend nicht. Bürgerschaftliches Engagement war und ist dennoch ein Weg, zu der als unattraktiv empfundenen Partizipation in den demokratischen Strukturen des Staates eine alternative Gestaltungsoption zu entwickeln. Die oft gehörte Klage vom mangelnden Engagement in politischen Gruppierungen, etwa den politischen Parteien, ist daher etwas hiervon verschiedenes. Es gehört zur autonomen individuellen Entscheidungshoheit, sich für das eine oder andere oder beides oder keines zu entscheiden. Von dem Rückgang von letzterem auf eine Krise des Engagements zu schließen, wie es in der öffentlichen Diskussion geschieht, ist empirisch widerlegt. Der Rückgang ist vielmehr mit der Krise des Staates in Verbindung zu bringen. Engagement in der Zivilgesellschaft bewußt als Abkehr vom Staat und Suche nach alternativen Gestaltern des Öffentlichen gesehen.

Der Zusammenhang zwischen Zivilgesellschaft und bürgerschaftlichem Engagement ist einem weiteren Umstand geschuldet. Dieser ergibt sich aus dem ursächlich selbstorganisierten Charakter jedes Engagements. Daß eine Organisation, die strukturell auf Freiwilligkeit und Verzicht auf materiellen Gewinn aufbaut, überdurchschnittlich geeignet ist, Engagement anzunehmen und zu organisieren, leuchtet unmittelbar ein. Überdies entspricht dies der längst erfolgten, demgemäß auch nicht mehr steuerbaren Ausdifferenzierung unserer Gesellschaft – wir können auch positiv sagen, dem Bekenntnis zu Toleranz, Respekt und vor allem zu Pluralismus – und den hohen Werten einer freiheitlichen Gesellschaft. Bürgerschaftliches Engagement ist in diesem Sinne keineswegs neu, sondern seit Jahrhunderten für Gesellschaften konstitutiv, wie andererseits auch die Kräfte des Marktes zumindest in einer marktwirtschaftlichen Ordnung von jeher eine politische Dimension besaßen und der Anspruch des Staates, allein Politik zu gestalten, noch nie eine Entsprechung in der Realität hatte. Neu ist vielmehr nur die Erkenntnis, daß Staat und Markt als Gestalter versagt haben.

Etwas anderes kommt hinzu: Im Wohlfahrts- und Versorgungsstaat bleibt ein Grundbedürfnis des Menschen letztlich unerfüllt: das Schenkungsbedürfnis. Von der Primatenforschung bis zur politischen Theorie zieht sich eine Erkenntnis, daß der Mensch eben nicht ausschließlich zu seinem unmittelbaren Vorteil handelt, sondern vielmehr das Schenken als Instrument der Kommunikation mit der Gemeinschaft als entscheidende Komponente eines erfüllten Lebens begreift. Es ist daher gar nicht verwunderlich, wenn Zahlen belegen, daß rd. 70 % der über 14-Jährigen außerhalb der Arbeitswelt und familiärer Pflichten irgendwo aktiv sind, davon etwas mehr als die Hälfte durch die freiwillige, engagierte Übernahme von Aufgaben, die im weitesten Sinne dem allgemeinen Wohl dienen. Die Zahl der Engagierten hat sogar, allen Unkenrufen zum Trotz, in den letzten Jahren zugenommen. Der Spott über die Vereinsmeierei von Kleingärtnern oder Taubenzüchtern als Ausdruck der Geringschätzung der ganzen Arena taugt angesichts dieser theoretischen wie empirischen Erkenntnisse inzwischen kaum noch als Totschlagsargument. Da jedoch der Aufstieg der Zivilgesellschaft als Gefährdung der Machtverteilung gesehen wird, müssen andere Argumente zur Desavouierung herhalten.

Beispielsweise werden die Motive des Engagements in Zweifel gezogen. Ohne Zweifel ist bürgerschaftliches Engagement vielfach auch von persönlichen Motiven bestimmt. Hierzu mögen Langeweile, Eitelkeit, Geltungsbedürfnis oder berufliche Frustration ebenso zählen wie Selbstverwirklichungsziele, die Verwirklichung von Nächstenliebe in einer religiösen Dimension, die Wahrnehmung ethischer Pflichten, Integrations- und Partizipationswünsche oder schiere Lust. In der Regel wird es eine Gemengelage sein, die, vom Wunsch nach Befriedigung elementarer Grundbedürfnisse einmal abgesehen, mit der Ausnahme des Schenkungsmotivs allenfalls in Nuancen von der abweicht, die zu jedem anderen menschlichen Handeln antreibt. Das Gewissen des Einzelnen mag darüber ein Urteil fällen. Aus der Sicht der Gesellschaft erscheint es höchst fragwürdig, ja scheinheilig, bürgerschaftliches Engagement in der Zivilgesellschaft mit einem strengeren Ethos zu verbinden als Engagement zur Sicherung der Lebensgrundlagen in einem Wirtschaftsbetrieb oder Engagement im unmittelbaren politischen Raum. Gewiß wirkt in diesem Sinne auch die von manchen Exponenten der Zivilgesellschaft zur Schau getragene Heiligmäßigkeit heuchlerisch und unangebracht. Letztlich aber gilt jedenfalls, daß dem Menschen der Einblick in die Seele des Mitmenschen verwehrt bleibt ebenso wie, daß intrinsische Anerkennung durch persönliche Befriedigung und Lebenserfüllung allemal solider erscheinen als formalisierte extrinsche Anerkennungsmechanismen.

Das Selbstbewußtsein der Engagierten im Hinblick auf ihren gesellschaftlichen Stellenwert gründet sich in Deutschland auf 23 Millionen engagierte Menschen mit steigender Tendenz und zunehmendem Erfolg im Auftritt als politische Kraft. Die eigentlich wichtige Frage ist daher, deutscher Übung zum Trotz nicht die, ob „die das dürfen". Vielmehr ist zu fragen, ob unsere Gesellschaft angesichts der Herausforderungen, die sie zu meistern hat, überhaupt auf diesen Sektor verzichten kann. Aus der Sicht der Gesellschaft sind gerade die engagierten Menschen in den auf Freiwilligkeit aufgebauten Gruppierungen die, auf die es ankommt. Vor allem die kleinen und jungen zivilgesellschaftlichen Organisationen sind ebenso wie die kleinen und jungen Unternehmungen die Brutstätten der Kreativität, die das allgemeine Wohl benötigt.

Kein Zweifel: Die Akteure treten oft anders auf, argumentieren anders, leben anders, haben für manches kein Verständnis. Mit ihnen auf gleicher Augenhöhe als Akteure des Gemeinwohls zu reden, fällt Politikern, Beamten und Managern schwer, obwohl doch viele von ihnen außerhalb ihrer Berufstätigkeit selbst zu den Engagierten gehören. Dies ist gewiß auch schwierig, folgt doch unser Vereins-, Stiftungs- und Steuerrecht ebensowenig einem zivilgesellschaftlichen Leitbild oder dem des ermöglichenden Staates, sondern dem der Aufsicht, der Kontrolle und des Mißtrauens. Unser Bildungssystem bildet zur Einordnung in staatlich dominierte Strukturen heran, nicht zum selbstermächtigten Engagement.

Diese Haltung weist auf den Kern der Problematik. Nicht nur sind, nach übertragbaren naturwissenschaftlichen Erkenntnissen, Netzwerke, die zunächst den Anschein haben, ständig in Bewegung zu sein, letztlich nachhaltiger stabil als hierarchische Strukturen, die den Eindruck von immerwährender Stabilität erwecken. Wer weiß, wo er ansetzen muß oder zufällig den richtigen Punkt findet, bringt diese nämlich rasch zu Fall, während jene sich mühelos restrukturieren können. Ein von außen als sehr stabil angesehenes System, die DDR, ist in wenigen Monaten wie ein Kartenhaus zusammengebrochen.

Noch entscheidender ist, daß Kreativität, die Wandlungsprozesse auslöst, regelmäßig an den Rändern der Gesellschaft angesiedelt ist, während das Zentrum in seiner bewahrenden Tendenz den Keim des Verfalls in sich trägt. Hinzu kommt, daß in den an den Rändern sich bildenden, oft chaotischen Gruppierungen die partizipatorischen Elemente stark sind, die im positiven Sinne zur Selbstausbeutung führen. In einfachen Worten gesagt: die Menschen an diesen Rändern brennen für ihre Ideen, sie verändern die Welt.

In diesem Sinne ist Zivilgesellschaft ein unorganisierter Prozeß der Bewegung von den Rändern zur Mitte der Gesellschaft hin. Es ist das Bild einer großen Schüssel, in der Ideen und ihre Protagonisten unaufhaltsam ihren Weg vom Rand zur Mitte nehmen, in diese hinabrutschen. Auf diesem Weg gewinnen sie Ansehen und Nachhaltigkeit, organisatorische Stärke und schließlich potentiell Teilhabe an der Macht; sie verlieren zugleich ihr chaotisches Potential, schütteln ihre partizipatorischen Elemente immer mehr ab und indem sie hierarchischer werden, sinkt ihre Kreativität. Sie werden verwundbarer und klammern sich immer mehr an den *status quo*. Dies geschieht nicht linear. Von den *grass roots* gibt es eine Organisationsentwicklung hin zu einem optimalen Mischungsverhältnis von Kohärenz und kreativem Chaos. Doch dann beginnt unaufhaltsam ein Sinkflug.

Natürlich ist nicht zu bestreiten, daß es Ausnahmen zu dieser Regel gibt. Natürlich gibt es in der Gesellschaft Selbstreinigungs- und -heilungskräfte, die zu Erneuerungen und neuen Impulsen führen können. Und selbstverständlich können auch längst hierarchisierte Organisationen wichtige Aufgaben gut erfüllen. Aber unser Schicksal hängt von den immer wieder neuen chaotischen Initiativen ab, die sich „oben" an den Rändern der Schüssel bilden. Innovation und Kreativität haben hier ihre Heimat, denn hier werden Denk- und Verhaltensmuster in Frage gestellt und überwunden. Es ist für die Gesellschaft entgegen landläufiger, wohlgemerkt erst seit dem 17. Jahrhundert gängiger Vorstellung keineswegs vorrangig, alles zu ordnen. Vielmehr muß es ihr darum gehen, das Prinzip einer offenen Gesellschaft gerade dadurch zu verwirklichen, daß sie Unordnung zuläßt und Entstehungsprozesse an den Rändern ermöglicht. Dies gilt für jedes Unternehmertum; es gilt auch und in besonderem Maß für den gemeinnützigen Unternehmer.

Eine Gesellschaft, die dies versäumt oder gar verhindert, trocknet unweigerlich aus. Es ist daher entweder ein alarmierendes Indiz für mangelnde politische Strategie oder ein Zeichen von unvorstellbarer Borniertheit, wenn bürgerschaftliches Engagement als Freizeitbeschäftigung marginalisiert oder als billige Arbeitskraft instrumentalisiert wird. Wer heute, wie es leider vielfach geschieht, nach dem bürgerschaftlichen Engagement ruft, um angeblich anders nicht finanzierbare Dienstleistungen zu erbringen, hat den Rang und Wert von Engagement für unsere Gesellschaft nicht verstanden und fügt allein dadurch schon dieser Gesellschaft schweren Schaden zu. Und wenn es noch so lästig, subversiv, agressiv oder unverständlich erscheinen mag, es ist das Engagement der Bürger, das unsere Gesellschaft zusammenhält und voranbringt. Dies gilt übrigens gerade für das Engagement, das wir so gerne belächeln. Wer im Chor singt oder im Trachtenverein mitmacht, erbringt ein Höchstmaß an zivilgesellschaftlichem Mehrwert. Hier wird Inklusion gelebt, dem Zerfall der Gesellschaft entgegengearbeitet.

Worauf es allerdings auch ankommt, ist ständiger Kontakt zu den „Figuren", die noch ganz unverbildet auf dem Rand der Schüssel sitzen. Wir brauchen deren Engagement und Ideenreichtum. Leider ist eines offensichtlich. Dieser Kontakt zieht die Partner zur Mitte der Schüssel hin. Daher geht es im Kern darum, zu ermöglichen, vielleicht auch nur nicht zu behindern, daß immer wieder neue engagierte Figuren auftauchen, die uns vom Rand der Schüssel zurufen, was die Stunde geschlagen hat. Es kommt nicht auf Legitimation, Erfahrung, Vollständigkeit, Ausgewogenheit oder Proportionalität, ja nicht einmal auf die vielbeschworene Nachhaltigkeit an. Entscheidend ist die Ermutigung zur Selbstermächtigung. Kein Zweifel: Sie hat oft mit Protest gegen Entscheidungen zu tun. Daraus entstehen Konflikte mit denen, die Beteiligungsprozesse für mühselig, zeitaufwendig oder nutzlos oder gefährlich halten. Tatsächlich stellen diese sicher, daß Entscheidungen besser vorbereitet und die Betroffenen auf dem Weg dorthin mitgenommen werden. Die Scheu davor darf nicht verhindern, den Schritt zu gehen, der für die Zukunft unserer Gesellschaft entscheidend ist: von der vorgeblichen Allkompetenz des Staates und der Allianz zwischen Staat und Markt Abschied zu nehmen. Die Zukunft liegt in einer Neuzuordnung von Aufgaben unter Einbezug aller drei Arenen und der Entwicklung neuer Prozesse, um die Herausforderungen unserer Zeit zu meistern.

Unser politisch-administratives System sieht dies als Gefahr für seinen Fortbestand. Dadurch erhöht es nur den sozialen Druck auf sich selbst. Für den Fortbestand der Gesellschaft können wir auf das Engagement derer, die sich für sie einsetzen, keinesfalls verzichten und müssen es ihnen überlassen, wo und wie sie sich engagieren. Denn sie sind bereit, sich vom Rand auf den Weg zur Mitte zu machen – auch um den Preis der Selbstaufgabe. Wer dagegen bürgerschaftliches Engagement ins Kalkül zieht, verfolgt ein neues, adäquateres Ordnungskonzept. Der viel beschworenen gesellschaftlichen Notwendigkeit, daß sich Menschen für das Gemeinwohl engagieren, steht ein mindestens gleichwertiges Angebot gegenüber. Es bedarf nur einer Befähigung, Ermöglichung oder Ermutigung, um sich zu entfalten.

Die Befähigung (englisch: *empowerment*) wird allerdings ernsthaft beschädigt, wenn Engagement immer nur als nett, allenfalls als nützlich, aber eben nicht als notwendig und wichtig abgetan wird. Es gibt, wie unmittelbar plausibel ist, nichts demotivierenderes als das Gefühl, nicht ernstgenommen zu werden oder als Marginalie abgetan zu werden. Wollen wir also Engagement, Bürgersinn, letztlich eine Bürgergesellschaft haben, dürfen wir Engagement nicht als zwar anerkennenswerte, aber letztlich unwichtige Ergänzung staatlichen Handelns abtun.

Die Rolle von Stiftungen

Die Stiftung bildet neben dem Verein die häufigste und bekannteste Organisationsform für bürgerschaftliches Engagement in Deutschland. Stiftungen leisten innerhalb der zivilgesellschaftlichen Arena und aus dieser heraus einen nicht zu unterschätzenden qualitativen Beitrag zum allgemeinen Wohl, insbesondere zur Erfüllung öffentlicher Aufgaben, zur Formulierung von Handlungsszenarien (*„agenda setting"*) und zur Generierung von sozialem Kapital.

Im Vergleich zu den Vereinen ist die Gesamtzahl der Stiftungen gering. So stehen den geschätzten rd. 1 Million eingetragener und nicht eingetragener Vereinen nur rd. 50.000 rechtsfähige, nicht rechtsfähige und in anderen Rechtsformen ausgebildete Stiftungen (ohne Kirchen- und Kirchenpfründestiftungen, mit diesen rd. 150.000) gegenüber. Dies ist unter demokratietheoretischen Gesichtspunkten zu begrüßen. Assoziative Organisationsformen sind ein Abbild einer demokratisch verfaßten Gesellschaft; sie bleiben für die Gestaltung von bürgerschaftlichem Engagement bestimmend. Stiftungen taugen auf Grund ihrer Bindung an den Stifterwillen nicht als Schulen der Demokratie und sind eher dem Rechtsstaats-, Bürgerrechts- und Kulturtraditionsprinzip als gerade dem Demokratieprinzip unserer Gesellschaft zuzuordnen. Dennoch erfüllen die Stiftungen eine wichtige Komplementärfunktion. Zwar wird gelegentlich die Frage nach ihrer Legitimität[14] in einer modernen demokratischen Gesellschaft gestellt, doch kann diese unter Verweis auf eine breite Akzeptanz und unbestreitbare Erfolge von Stiftungstätigkeit begründet werden. In der politischen, gesellschaftstheoretischen und öffentlichen Debatte sind Stiftungen in ihrer Legitimität im Grundsatz unbestritten. Ältere Diskurse, wie die Skepsis gegenüber einer „Herrschaft der toten Hand", sind insoweit obsolet.

Die Palette des Stiftungshandelns zeigt, daß sich in Stiftungen Engagement in Form der Hingabe von Empathie, Kreativität, Reputation, Zeit und Vermögen verwirklicht. Eine Verkürzung auf Vermögen oder gar auf Geld ist nicht weiterführend. Allerdings wird die Rolle von Stiftungen in der öffentlichen Wahrnehmung unzulässigerweise regelmäßig auf ihre Förderfunktion mittels finanzieller Unterstützung verengt. Dies entspricht weder historisch noch empirisch oder rechtlich der Wirklichkeit. Vielmehr erfüllen Stiftungen ihre Aufgaben über mehrere Funktionen:

- Eigentümerfunktion (etwa zur Sicherung von Kirchengebäuden oder Kunstsammlungen vor Zweckentfremdung oder ungewollten Verlagerungen);
- Operative Funktion (etwa Trägerschaft und Betrieb von Krankenhäusern, Museen, Hochschulen und anderen Einrichtungen oder die Durchführung eigener Programme und Projekte);

---

[14] Gemeint ist hier ausdrücklich Legitimität, nicht Legalität. (Diese ist unstrittig (vgl. bspw. Art. 2 und 14 GG, §§ 80 ff. BGB, § 1,1 KStG) und kein Gegenstand wissenschaftlicher oder öffentlicher Debatte.) S. hierzu: Rupert Graf Strachwitz (2010)

- Förderfunktion (etwa die finanzielle Unterstützung von fremden Institutionen oder deren Projekten);
- Mildtätige Funktion (die Unterstützung bedürftiger Personen).

Deutsche Stiftungen nehmen alle dargestellten Funktionen wahr; nicht selten werden mehrere Funktionen durch dieselbe Stiftung wahrgenommen. Das deutsche Stiftungswesen unterscheidet sich dadurch wesentlich etwa von dem US-amerikanischen Modell der *Private Foundation*, welches die Eigentümer- und operative Funktion weitestgehend ausgrenzt.

Die definitorische Klammer, die alle Stiftungen verbindet, ist nicht das Vorhandensein eines rentierlichen Vermögens, sondern die fortdauernde Bindung der Stiftungsorgane an den bei Gründung formulierten Stifterwillen. Stiftungen verwirklichen ihre Ziele dementsprechend unter anderem mit Hilfe folgender Ressourcen:

- Zeitspenden im Rahmen von bürgerschaftlichem Engagement,
- Honorierung ihrer satzungsgemäßen Tätigkeit (Selbsterwirtschaftung – *related business*),
- Erträge aus der Bewirtschaftung stiftungseigener Betriebe (z. B. Landwirtschaft – *unrelated business*),
- Erträge aus Vermögensanlagen (z. B. Wertpapiere),
- Akquisition von Spenden,
- Zuwendungen aus Steuermitteln.

Die Finanzkraft der Stiftungen wird weit überschätzt! Der Wert des Vermögens liegt bei fast 50 % aller rechtsfähigen Stiftungen unter 1 Mio. EUR. Bei den nicht rechtsfähigen Stiftungen liegt der Anteil von kleinen und sehr kleinen Stiftungen noch deutlich höher. Mangels einheitlicher Bewertungs- und Bilanzierungskriterien sind genauere Angaben oder gar Rankings nicht möglich. Das kumulierte Vermögen der Vereine ist im übrigen um Faktoren größer als das der Stiftungen. Insofern leisten Stiftungen insgesamt keinen quantitativen, sondern einen qualitativen Beitrag zur Bewältigung gesellschaftlicher Herausforderungen und müssen auch an der Qualität der Beiträge gemessen werden. Der Irrtum, Stiftungen stellten im Wesentlichen eine Finanzierungsquelle für öffentliche Aufgaben dar und entlasteten insofern den Steuerzahler, kann zu einer verhängnisvollen Verknüpfung mit dem Akzeptanzargument führen. Ich plädiere daher für einen Perspektivenwechsel, der den Gesamtbeitrag aller Stiftungen und den qualitativen Beitrag einzelner Stiftungen stärker in den Vordergrund stellt.

Die Konstanz, verbunden mit dem mit assoziativen Organisationen geteilten Schenkungsprinzip, ist möglicherweise ein Indiz für die Legitimität des Stiftens. Das allein genügt jedoch schon deshalb nicht, weil das Schenken von Zeit, von dem Stiftungen nur wenig profitieren, insgesamt eine weit größere Bedeutung besitzt, von anderen Ausdrucksformen, dem Schenken von Empathie, Kreativität oder Reputation, ganz zu schweigen. Das Geschenk macht die Stiftungen jedoch zu einem Teil der Zivilgesellschaft, da ja dieses Merkmal das Paradigma der drei Arenen mit begründet. Insofern findet es hier seine Legitimität oder gar nicht.

Als weiteres Indiz mag die Nachhaltigkeit dienen. Die lange Zeit beargwöhnte Herrschaft der ‚toten Hand‘ ist als politisches Ordnungsproblem aus dem Bewußtsein verschwunden und hat dem der Kurzfristigkeit politischen Handelns zu Lasten künftiger Generationen Platz gemacht. Soweit dies in anderen Kontexten verträglich ist, können daher Organisationen, die in der Lage sind, langfristig zu denken und zu agieren, wertvolles beitragen. Es überrascht insofern nicht, daß in politischen Umbruchszeiten Stiftungen in besonders großer Zahl entstehen, auch wenn die volatilen Rahmenbedingungen das Überleben nicht unbedingt garantieren können. Das Geschenk erhält in der Stiftung einen investiven und nachhaltigen Charakter, der die Furcht der Träger hoheitlicher Gewalt vor einem Machtverlust allmählich zu überlagern scheint.

Seit 100 Jahren hat es in Deutschland keine große öffentliche Debatte um die Stiftungen gegeben. Eine Folge davon ist, daß weder historisch noch juristisch Klarheit darüber besteht, was tatsächlich eine Stiftung ist. Zwar mag es in Anbetracht dieses Dilemmas am einfachsten erscheinen, die schon in der Antike geprägte Definition als *universitas bonorum*, als Zusammenschluß auf der Basis von Vermögen, anders ausgedrückt, als mit Vermögen ausgestattete Organisation zu übernehmen und sie damit von der *universitas personarum*, dem Zusammenschluß von Personen abzugrenzen. Doch erwächst daraus die weitere definitorische Schwierigkeit, wie Vermögen zu definieren ist. Die Definition des Bürgerlichen Gesetzbuchs als eigentümerloses Vermögen mit eigener Rechtspersönlichkeit greift zu kurz, denn die Mehrheit der heute in Deutschland existierenden Stiftungen entspricht dieser Definition nicht. Sie läßt die zahlreichen treuhänderischen Stiftungen (auch nicht rechtsfähige, rechtlich unselbständige oder fiduziarische Stiftungen genannt) außer Betracht, die sehr wohl einen außenstehenden Eigentümer, den Treuhänder, aufweisen. Kirchliche Stiftungen, in Deutschland mit großem Abstand am häufigsten vorkommend, werden juristisch überwiegend als kirchliches Sondervermögen oder, theologisch überhöht, als Eigentum Gottes gesehen, das heißt als Widmung des Stifters an Gott. Dies ist der antiken Stiftungstradition geschuldet, unterscheidet sich jedoch grundlegend von der säkularen, im 19. Jahrhundert entwickelten Definition des Bürgerlichen Gesetzbuchs. Die lange Zeit prägende amerikanische Definition stellt wesentlich auf Philanthropie und Vermögen ab und ist ebenfalls nicht mehr als eine Entwicklung des späten 19. Jahrhunderts.

Die ältere Stiftungstradition des Kulturraums, der das heutige Europa ebenso wie den weiteren Mittelmeerraum umfaßt, kennt hingegen multiple Funktionstypen und Ausformungen. Es bleibt allerdings die Schwierigkeit, daß Gebilde in der einen Kultur als Stiftungen bezeichnet werden, die diesen Namen in einer anderen nicht erhalten. Ein typisches Beispiel bilden die nichtstaatlichen Hochschulen in den USA, die dort rechtlich aus dem Stiftungsbegriff herausgelöst sind, während sie nach europäischen Maßstäben wegen ihrer Genese, ihrer *Governance* und ihres Vermögens als Stiftungen (oder Stiftungskonglomerate) gelten würden. Andererseits sind die historischen Universitäten Europas fast alle als Stiftungen, meist von Herrschern, gegründet worden und erst im Zusammenhang mit der Herausbildung des modernen Verfassungsstaates zu öffentlichen Körperschaften geworden. Vor diesen definitorischen Schwierigkeiten zu kapitulieren, erschiene unbefriedigend. Eine kritiklose Übernahme juristischer Festlegungen oder Begrenzungen würde jedoch Fehleinschätzungen nach sich ziehen und den Blick auf die soziale Realität der Stiftung in ihrem historischen und politischen Kontext verstellen. Ich will daher das Phänomen Stiftung systematisch von der wichtigsten Gestaltungsform der Zivilgesellschaft, dem Verein, abgrenzen, um die definitorische und funktionelle Breite des Stiftungsbegriffs zu begründen.

Bürgerschaftliches Engagement verwirklicht sich im Rahmen des Stiftungswesens grundsätzlich durch den Gründungsakt einer gemeinwohlorientierten Stiftung als Verwirklichung von Engagement, durch die Übernahme von Verantwortung in Organen und Gremien einer Stiftung, durch freiwillige, ehrenamtliche Mitarbeit in Einrichtungen und Projekten einer Stiftung, durch Zuwendungen (Zustiftungen, Spenden, Vermächtnisse) an Stiftungen und durch die Förderung von Engagement in der satzungsgemäßen Zweckerfüllung durch Stiftungen. Jede Stiftungstätigkeit kann somit insoweit Ausdruck von Engagement sein, als sie ihre Genese dem Engagement eines Stifters[15]

---

[15] Aus Gründen der sprachlichen Klarheit sind unter diesem Begriff hier und im Folgenden auch Stifterinnen (Einzahl und Mehrzahl) sowie Stifter (Mehrzahl) subsummiert.

verdankt.[16] Dies ist jedoch nicht notwendigerweise der Fall. Zum einen ist die Gründung von Stiftungen für private Zwecke (etwa den Zusammenhalt eines Familienvermögens) zwar selten, aber durchaus legal. Zum anderen wird die Organisationsform ‚Stiftung‘ ebenso zur Umsetzung anderer Ziele genutzt.

Beispielsweise haben Bund und Länder erstmals schon zu Beginn der 1960er Jahre, verstärkt seit etwa 1990 immer wieder Privatisierungserlöse zum Grundstock von Stiftungen für definierte öffentliche Aufgaben gemacht. Auch haben Stiftungsgründer, insbesondere Unternehmer, häufig private und Gemeinwohl-Ziele miteinander verknüpft. Beispielsweise hat Reinhard Mohn, Gründer der Bertelsmann Stiftung, immer wieder ausdrücklich darauf hingewiesen, daß für ihn die Kontinuität des Unternehmens und die Verfolgung gesellschaftsrelevanter Ziele gleichermaßen handlungsleitend waren. Auch dies ist weder unzulässig noch im weiteren Sinne illegitim, macht allerdings eine pauschale Charakterisierung von Stiftungsgründungen im Allgemeinen oder auch nur von privaten Stiftungsgründungen als Ausdruck von Engagement unmöglich. Dabei sind Gründungsmotive wie der Wunsch, in Erinnerung zu bleiben oder einen sozialen Lohn (öffentliche Anerkennung, Auszeichnungen, Umgang mit Persönlichkeiten des öffentlichen Lebens und dergl.) noch nicht einmal berücksichtigt.

Das Selbstverständnis der deutschen Stiftungen hat sich in den letzten 20 Jahren insoweit stark gewandelt, als sie früher unter Ausblendung der von Staat, Unternehmen oder Korpora-

---

[16] Nicht uninteressant ist die Entwicklung der Ziele des bürgerschaftlichen Engagements von Stiftungen. Zwischen 1998 und 2011 (3. – 5. Forschungsbericht des Maecenata Instituts) ist die Verfolgung sozialer Zwecke prozentual deutlich zurückgegangen; Bildungszwecke und Wissenschaftszwecke haben in etwa ihre Anteile gehalten, ebenso, allerdings auf sehr niedrigem Niveau im engen Sinn politische Zwecke; zugenommen haben u. a. Zwecke aus dem Bereich Kunst/Kultur, Umwelt, internationale Verständigung und Sport, sowie, wenn auch nur leicht, Religion.

tionen gegründeten Stiftungen wesentlich als Teil des Privat-
bereichs gesehen wurde. Heute hingegen gelten sie (mit Ausnahme der Stiftungen öffentlichen Rechts) systematisch und
auch in der öffentlichen Wahrnehmung als Organisationen der
Zivilgesellschaft und damit ausdrücklich der Arena der Gesellschaft, in der sich bürgerschaftliches Engagement überwiegend
verwirklicht.

Innerhalb des Stiftungssektors können zwei Subsektoren
unterschieden werden:[17]

- ein korporativer Subsektor, der eher durch eine Unterstützung bzw. Ergänzung staatlichen Handelns geprägt ist;
- ein liberaler Subsektor, deren Protagonisten eher im Sinne
  einer zivilgesellschaftlichen Selbstermächtigung eine eigene Agenda verfolgen.

Der liberale Subsektor gewinnt an Bedeutung. Dies äußert sich
unter anderem darin, daß größere und neuere Stiftungen die traditionelle Förderung fremder Vorhaben auf Antrag zunehmend
zugunsten eigener Projekte aufgeben. Beispielsweise sind heute
private Universitäten in Trägerschaft von Stiftungen konstruktive
und alternative Entwickler zukunftsorientierter Bildungsmodelle,
obwohl gerade der Hochschulbereich besonders massiv staatlich
reguliert erscheint. Strategisch orientierte Stiftungen erachten eigenständige Programmarbeit zunehmend als entscheidende Gelingensbedingung erfolgreicher Stiftungstätigkeit. In diesem Zusammenhang hat auch die Bedeutung von Stiftungen, die sich
gesellschaftlichen Moden entgegenstellen und von Mißachtung
bedrohte Ziele verfolgen, nicht abgenommen.

War noch bis vor kurzem das Stiften der Inbegriff des
nachhaltigen, langfristigen Engagements und galt die Stiftung

---

[17] Frank Adloff u. Philipp Schwertmann, Leitbilder und Funktionen deutscher Stiftungen; in: dies./Rainer Sprengel/Rupert Graf Strachwitz, Visions
and Roles of Foundations in Europe, The German Report, Berlin 2004,
S. 95–130

als Idealtypus des verläßlichen, zugleich folgsamen Partners des Staates in der Gemeinwohlverwirklichung, scheint sich dies heute rasch zu ändern. Neben der Ausdifferenzierung von Stiftungstypen hat die Stiftung insgesamt als Handlungsinstrument Wettbewerb bekommen. Dem potentiellen Stifter werden heute Social Entrepreneurship, Social Investment, strukturierte Spendenetats und zahlreiche andere kreative Formen unter Einschluß von Vermögenshingabe mit je eigenen Akzenten angeboten. Gleichzeitig führen Spendenportale und andere barrierefrei zugängliche Informationsquellen zu verstärkten Überlegungen, ob im Einzelfall das Stiften das Instrument der Wahl ist.

In der öffentlichen Diskussion wird der Attraktivität von Stiftungen als Finanzierungsquelle für öffentliche Vorhaben, aber auch Stipendien und andere Einzelhilfen die Furcht vor einem übergroßen Einfluß der Stiftungen auf das öffentliche Geschehen gegenübergestellt. Während sich einerseits der Aufruf zu mehr Engagement sehr direkt an potentielle Stifter richtet und die Gemeinwohlverpflichtung von Eigentum nach Art. 14 GG beschworen wird, wird andererseits befürchtet, daß die Allzuständigkeit des Staates durch parallele, mit Vermögen ausgestattete zivilgesellschaftliche Strukturen beeinträchtigt wird und der Staat auf diese Weise nochmals an Macht einbüßt (nachdem sich die Wirtschaft bereits weithin dem Machtanspruch des Staates entzieht). Richtig ist, daß individuelles, mit Vermögenshingabe unterfüttertes Engagement ein deutlich höheres Einflußpotential beinhaltet als das in der Gesamtheit weit umfangreichere, vor allem auf Zeithingabe basierende. Die Lösung dieses Dilemmas wird vielfach in verstärkter staatlicher Beaufsichtigung und Kontrolle gesehen. Dieser Ansatz erscheint aber weder demokratietheoretisch vertretbar noch erfolgreich. Vielmehr wäre ein kontinuierlicher öffentlicher Diskurs eher geeignet, Stiftungshandeln der Verantwortlichkeit gegenüber der Bürgerschaft zu unterwerfen.

In den letzten Jahren sind auch Diskussionen zur Legitimität von Stiftungshandeln geführt worden, die den Einfluß von Stiftungen auf politische Entscheidungen zum Inhalt haben. Im Einzelnen geht es um Netzwerkbildungen über Stiftungsgremien, Verbindungen zwischen Stiftungszielen und Zielen stiftender Unternehmer oder Unternehmen und die Instrumentalisierung von Stiftungen für Lobbyismus.

Ein aktuelles Thema in Forschung und Praxis ist der Versuch der Erfolgsmessung von Stiftungshandeln. Allerdings stößt diese auf schwer überwindliche theoretische und praktische Hindernisse. Diese betreffen insbesondere die Auswirkungen im Rahmen des zivilgesellschaftlichen Mehrwerts. Wertschöpfung im Bereich von Inklusion, Integration, Zivilität, sozialer Wandel und dergleichen ist schwer mit ökonomischen Parametern meßbar.

Was geschieht, wenn Schenkungsimpulse mit anderen Gedanken zusammenkommen, von denen schon die Rede war? Es kann sein, daß daraus ein Stiftungsimpuls erwächst. Gemeint ist, was das Ergebnis betrifft, nicht notwendigerweise die Stiftung im modernen juristischen Sinn. Stiften ist ein viel weiterer Begriff. Karl Marx ist mit seinem berühmten Wort „Die Philosophen haben die Welt nur interpretiert; es kömmt [sic] aber darauf an, sie zu verändern!" insoweit ein geradezu phänotypischer Stifter.[18] Hier offenbart sich ein geradezu unglaubliches Paradox: Der Mann, der wie kein anderer der Kollektivierung das Wort geredet hat, erscheint selber als individueller Ideengeber und gerade nicht im Sinne Kleists als Mitwirkender an einem kollektiven Denkprozeß.

Viele Staaten sind gestiftet worden – durch den Willen eines Einzelnen, etwas zu schaffen, was auf lange Zeit Bestand haben sollte, was den eigenen Willen repräsentiert und was, subjektiv empfunden, beschenkt wird mit einer Idee. Er war

---

[18] Karl Marx, 11. Feuerbachthese

der Stifter des modernen Preußen, heißt es von König Friedrich II., dem Großen, schon bald nach seinem Tod. Gestiftet werden vor allem Ideen. Nicht umsonst wird die christliche Kirche als die Stiftung Jesu Christi bezeichnet; vom Islam könnte man in Bezug auf Mohammed ähnliches sagen. In den meisten europäischen Sprachen ist Stiftung und Gründung dasselbe Wort: *Foundation, fondation, fondazione* sind Begriffe, die im Hausbau ebenso Verwendung finden wie in der Stiftungslehre. „Eine unverrückbare Beziehung zu einem Leitbild ist eine Stiftung. Sie erst ergibt ‚Sitte und Brauch‘ statt dieses und jenes Verhalten, und damit erst die Möglichkeit einer Wissenschaft von dem ‚Gebilde‘ dieses Brauchtums. Ohne das Vorhandensein bzw. Erkennen gestifteter Beziehungen kann man nicht von Geschichte sprechen."[19]

Das in jüngster Zeit geradezu überbordende Stiftungswesen kann insoweit auch als Gegenbewegung gegen die tatsächliche oder jedenfalls vermutete („gefühlte") Flüchtigkeit des Seins gedeutet werden. Wer stiftet, so läßt sich folgern, erkennt für sich die Vertikalität des Daseins an, stellt sich bewußt in die Geschichte. Dieses Argument ist freilich ein zweischneidiges. Denn angesichts des horizontalen Lebensgefühls der Mehrheit der Zeitgenossen schreckt die Historizität des Stiftens, so sehr sie für manche anziehend wirken mag, andere zugleich ab. Wer den philanthropischen Impuls umsetzen will, vor einer zu sehr ausgestalteten Memoria aber zurückzuckt, dem kann eine Überlegung helfen, die sich in den letzten Jahren verbreitet hat. Das Stiften wird in diesem Sinn aufgefaßt als individualisiertes Umverteilungssystem, das über Sozialdruck und Grundbedürfnisse (Schenken, Memoria) funktioniert. Übernimmt die hoheitliche Gewalt die Umverteilung, schwindet die Motivation für ein selbstermächtigtes Komplementär-

---

[19] Mohammed Rassem, Stiftung und Leistung. Essais zur Kultursoziologie. Mittenwald 1979, S. 193

system. Erst wenn die Schwächen der Umverteilung erkennbar werden, kommt es zu einer Gegenbewegung, die aber dann nicht komplementär, sondern subversiv agiert. Das Stiften ist ein Agieren gegen den gleichmacherischen Verwaltungsstaat. Jeder Stifter ist ein kleiner König. Je demokratischer eine Gesellschaft, desto höher die Attraktivität.

Anerkennung

Anerkennung fördert das bürgerschaftliche Engagement; wer keinen materiellen Lohn erhält, bedarf eines endogenen oder sozialen Lohns, um motiviert zu bleiben. Zu dieser Anerkennung gehört das, was die Politiker gerne darunter verstehen wollen, also Verleihung von Bundesverdienstkreuzen, Tage des Ehrenamtes, Empfänge beim Bundespräsidenten, bei Ministerpräsidenten, bei Oberbürgermeistern, Landräten usw. Das ist vollkommen in Ordnung. Denn für viele Menschen ist es gewiß eine echte und völlig legitime Freude, wenn ihr Engagement auf diese Weise gewürdigt wird, oft nach Jahren des stillen Wirkens. Und wenn das die gewählten Vertreter der Bürger und Bürgerinnen in dieser Form tun, dann ist das sicher richtig. Und doch sind große Zweifel angebracht, ob das genügt, um dieser Anerkennung wirklich zum Durchbruch zu verhelfen.

Dies liegt zum Teil an der Altersspezifik. Diejenigen, die sich engagieren, sind in manchen Fällen natürlich schon von ihrem Alter her ganz andere Menschen als die, die sich für einen Empfang beim Ministerpräsidenten oder gar für die Verleihung eines Bundesverdienstkreuzes besonders interessieren. Die Presseberichterstattung über solche Tage des Ehrenamtes kommt hinzu. Zu sehen ist in den Medien das Bild des Ministerpräsidenten, der Text dazu nennt diesen mit beispielsweise „zwei engagierten Helfern". Es könnte ja da auch stehen „Herr X und Frau Y mit einem Politiker". Weder ist der Jour-

nalist geneigt, das so zu formulieren, noch ist der Minister-
präsident oder seine Presseabteilung geneigt, das so anzukün-
digen. Das heißt, im Grunde genommen wird nicht der Engagierte in den Mittelpunkt gestellt, sondern er dient lediglich
als eine zusätzliche Zierde für jemanden, der ohnehin im
Rampenlicht der Öffentlichkeit steht. Er wirbt mit seiner
Form der Anerkennung um Popularität, und in einigen Fällen
ganz deutlich für seine eigene Wiederwahl. Wenn die Vertreter des Staates auf diese Weise bürgerschaftliches Engagement
anerkennen, so nehmen sie damit bewußt oder unbewußt darauf Einfluß. Sie wollen bestimmtes Engagement anerkennen,
was ihnen zupaß kommt, anderes aber nicht. So werden natürlich die Hochwasserhelfer (zu Recht!) empfangen, die Ca-
storblockierer wohl kaum. Von daher muß man sich fragen,
ob tatsächlich mit dieser Form der Anerkennung der Kern
des Engagements erfaßt wird, oder ob das nicht viel mehr
auch ein Versuch sein könnte, Engagement in eine ganz bestimmte Richtung zu lenken.

Und schließlich kommt auch noch etwas hinzu, das denen,
die in Organisationen tätig sind, schon immer bekannt ist.
Nicht immer werden die Richtigen ausgewählt, um an solchen
Dingen teilzunehmen. Da drängen sich oft genug die Funktio-
näre in den Vordergrund, die, wenn es um harte Arbeit geht,
weniger weit vorn stehen. Alles in allem fördert diese Form
der öffentlichen Anerkennung zum einen die Tendenz, das Engagement und die Organisationen, in denen dieses stattfindet,
zu verniedlichen und damit zugleich zu marginalisieren. Es ist
nett und „volksverbunden", aber trägt der Bedeutung, dem
Rang, dem Stellenwert der Arena der Zivilgesellschaft nicht in
der richtigen Form Rechnung. Es käme ja niemand auf die
Idee, die Leistungen eines Unternehmers für die Gemeinschaft,
die ja durchaus erbracht worden sein können, in ähnlicher
Weise zu würdigen. Diese werden ganz anders geehrt! Das ist
nicht zuletzt in den entsprechenden Einladungen zu lesen, die

sich von Einladungen, die für andere Personenkreise ausgesprochen werden, unterscheiden. Demokratietheoretisch ist in diesem Zusammenhang noch auf etwas anderes hinzuweisen. Ein Stück weit hat diese Form der Anerkennung auch etwas mit Gnadenspendung zu tun. Sie erscheint als Relikt aus einem eigentlich überwundenen Staatsmodell und bildet eine falsche Perspektive. Es entsteht eine Hierarchie zwischen Würdiger und Gewürdigtem, die im Grunde genommen nicht mehr nachvollziehbar ist.

Zum anderen wird in der öffentlichen Debatte extrinsische gegenüber intrinsische Anerkennung deutlich präferiert. Ein angeblicher Altruismus gilt einschließlich der „unverhofft" folgenden Anerkennung durch andere als ethisch positiv, Anerkennung aus dem Tun selbst heraus in Form von Lebenserfüllung, persönlicher Sinnstiftung, Zufriedenheit, Selbstwertgefühl gilt als selbstbezogen und oft schon ethisch minderwertig. Diese Abwertung erscheint nicht gerechtfertigt. Denn sie fördert Scheinheiligkeit und Heuchelei und verdrängt endogene Motive des bürgerschaftlichen Engagements. In das Motivbündel fremder Menschen hineinzusehen, ist prinzipiell unmöglich. Doch hat die Gesellschaft ein erhebliches Interesse daran, daß Menschen ihre Erfüllung nicht primär oder ausschließlich in der Ansammlung von Reichtümern oder der Ausübung von Macht sehen, sondern zumindest auch im Schenken von Empathie, Kreativität, Reputation, Zeit oder Vermögenswerten. Sie sollte sich daher nicht dem ohnehin fruchtlosen Versuch hingeben, die in der Regel komplexen Motivbündel des Engagements moralisch zu qualifizieren, sondern im Gegenteil die Herausbildung individueller intrinsisch erlebter Anerkennungsoptionen ausdrücklich fördern, seien diese nun religiöser, psychologischer oder sonstiger Natur.

Anerkennung sollte sehr viel stärker als Ausdruck gleichberechtigter Partnerschaft unter den Beteiligten, als Anerkenntnis der politischen Rolle von Engagement und als gesellschaftlichkultureller Entwicklungsprozeß gesehen und operationalisiert werden. Doch ist hier Vorsicht angebracht. Denn es kann dadurch leicht der Eindruck entstehen, daß es da zwei Stufen gibt. Eine obere Stufe, auf der der Schenker, der Gnadenspender, der das Füllhorn über seine in irgendeiner Weise bedürftigen Mitmenschen ausschüttet, steht, und eine untere Stufe, auf der der Beschenkte, der in Ehrerbietung und mit Dank auf den Lippen zu dem Schenker kommt, zu stehen hat. In diesem Modell bezieht der Schenker Anerkennung zunächst aus dem Dank der Beschenkten – und dann in der Regel zum zweiten Mal durch öffentliche Ehrungen, die nicht selten auch noch in der Erwartung weiterer Geschenke erfolgt. So sind beispielsweise erstaunlich viele berufsmäßige Vorstände wissenschaftsfördernder Stiftungen Honorarprofessoren einer Hochschule. Die Lehrverpflichtungen werden großzügig ausgelegt, und so genießen die Herren (Frauen sind bislang kaum darunter) neben einem guten Gehalt für die Erfüllung ihrer beruflichen Aufgaben nicht nur den Dank der angeblich Beschenkten, sondern auch noch reiche öffentlich wirksame Ehrungen. Diese Gefahren sind bei institutionalisierten Schenkern ausgeprägt vorhanden. Stiftungsverwalter befördern sich – wohlgemerkt keineswegs mit eigenen Geschenken – sehr schnell in diese Gnadenspenderposition; es gibt genügend Praxisbeispiele, die zeigen, daß ihnen diese Funktion als institutionalisierter Gnadenspender zu Kopf steigt.

Merkwürdigerweise wird diese schiefe Ebene ausgerechnet durch unser Steuerrecht auch noch befördert. Eigentlich tritt dieses ja an, um soziale Ungleichgewichte – teilweise jedenfalls – auszugleichen, um umzuverteilen. Einige Merkwürdigkeiten weisen in die andere Richtung. Zum einen gibt es das seltsame Phänomen, daß, wer mehr Steuern zahlt, proportional, nicht nur in absoluten Zahlen, auch mehr absetzen kann, wenn er spendet. Wir haben es hier mit einer umgekehrten Progression zu tun. Zum anderen enthält das Steuerrecht eine Bestimmung, daß eine Körperschaft, um „steuerbegünstigt" – wie es so schön heißt – sein zu können, selbstlos tätig werden muß. Das heißt, sie muß gewissermaßen etwas von oben nach unten ausreichen, etwas fördern, durch Dienstleistungen oder Geld oder was auch immer. Dieses steht im Widerspruch zu der Urhaltung des Verhältnisses zwischen einem Schenker und einem Beschenkten, die wir etwa im Urchristentum finden. Dort geht es nämlich um die Dankbarkeit des Schenkers gegenüber dem Beschenkten, nicht etwa des Beschenkten gegenüber dem Schenker. Denn ohne den Beschenkten kann – so ist die christliche Botschaft – der Schenker kein gottgefälliges Werk tun. Er braucht den konkreten Nächsten, um sein Liebesgebot verwirklichen zu können. Abstrakt geht das nicht. Das heißt, er hilft, er schenkt zu seiner eigenen Heiligung. In diesem Kontext ist er auf den Beschenkten angewiesen. Das kann man so übernehmen, oder auch nicht. Man kann das auch in einer humanistischen Form darstellen. Ein langjähriger Manager im Stiftungswesen, Hugbert Flitner, pflegte dies so auszudrücken: „Nicht die Antragsteller haben der Stiftung dankbar zu sein, wenn sie etwas bekommen, sondern die Stiftung den Antragstellern, denn ohne diese könnten sie ihren Zweck nicht verwirklichen!"

Der primäre Partner des Schenkers – von Zeit, Zuwendung, Ideen und Geld gleichermaßen, ist der, dem dieses zugute kommt. Ihn anzuerkennen ist die schwierigste Aufgabe überhaupt. Nur so stimmt nämlich die Hypothese, daß dieses Schenken keine durch rationale Einsicht bedingte Notwendigkeit ist, sondern ein ursächliches Bedürfnis. Nur so ist Geschenk wirklich Geschenk.

Der Blick in die politische Realität zeigt, daß bürgerschaftliches Engagement nach wie vor als nette Marginalie gesehen wird. Die Engagierten sind nützliche Zuträger, Helfer, aber keine politische Kraft. Koalitionsvereinbarungen, nationale Engagementstrategien und Gesetzesvorhaben der Bundesregierung genügen als Beweis für diese These. Dort ist von der Hilfe beim Hochwasser und sozialem Engagement ab und zu mal die

Rede, auch das Wort bürgerschaftliches Engagement kommt irgendwo vor. Aber eine stringente Politik der Anerkenntnis von Engagement als politische Kraft gibt es nicht. Das hat in Deutschland „gute" Tradition. Ein kleines, absurdes Beispiel aus dem Zuwendungsrecht mag dies verdeutlichen: Ein aus öffentlichen Mitteln geförderter Verein, der mit Zustimmung des Zuschussgebers seinen Geschäftsführer in einer bestimmten Gehaltsstufe besoldet, schickt diesen Geschäftsführer in der 1. Klasse auf Bahnreisen. Das ist auch völlig in Ordnung so. Aber der ehrenamtliche Vorsitzende reist immer in der 2. Klasse, denn für Ehrenamtliche gibt es immer nur die 2. Klasse. Das ist eine Kleinigkeit. Keiner von beiden wird daran zugrunde gehen, aber es ist ein kleines Zeichen des Geistes, der hinter solchen Dingen steckt. Daß dies dem modernen Konzept von Zivilgesellschaft in eklatanter Weise widerspricht, ist deutlich.

In anderen Ländern ist das bereits erkannt worden. Schon 2002 hat beispielsweise die britische Regierung – die Strategiegruppe des Amtes des Premierministers – ein Strategiepapier veröffentlicht, das den Grundsatz der politischen Rolle der Zivilgesellschaft als Grundlage nimmt. Den Organisationen in dieser Arena wird ein politischer Rang zugemessen. Es geht darum, was vom Gesetzgeber getan werden muß, um diesen politischen Rang auch zu verwirklichen und umzusetzen. Davon sind wir weit entfernt. Wir klammern uns – das kennen wir auch aus anderen Bereichen – an überkommene Traditionen. Es wird nicht anerkannt, daß es andere, gleichberechtigte Akteure auf der politischen Bühne gibt, die nach ganz anderen Regeln und Systemen arbeiten und die für manche Bereiche primär zuständig sind. Das drückt sich natürlich auch in einem System von Kontrollen und letztlich auch von Mißtrauen aus, das der Staat dem Engagement und den Exponenten dieses Engagements entgegenbringt. Nach wie vor ist bürgerschaftliches Engagement als solches kein steuerbegünstigter Zweck, sondern nur das Erbringen von ganz bestimmten Leistungen.

Die Europäische Union ist da – aus ganz anderen Gründen – etwas weiter. Schon 1997 hat die ‚Mitteilung der Kommission über die Rolle der Vereine und Stiftungen in Europa‘[20], in der die Dienstleister, Themenanwälte, Selbsthilfeorganisationen und Mittlerorganisationen als gleichberechtigte Ausformungen dargestellt werden, diesbezüglich Klarheit geschaffen. Daß wir heute die Themenanwälte und die Wächterorganisationen als unterscheidbare Gruppen definieren und der Liste die für die Erbringung des zivilgesellschaftlichen Mehrwerts unerläßlichen Geselligkeitsvereinigungen und die politische Deliberation hinzugefügt haben, baut auf der in der Europäischen Kommission geleisteten Arbeit auf. In Deutschland sind es nach wie vor im Prinzip nur die Dienstleister, die dargestellt werden. Solange wir darüber nicht hinwegkommen, haben wir einen wichtigen Baustein von Anerkennung nicht verwirklicht. Ein anderer entscheidender Baustein für den notwendigen Respekt vor dem Engagement, der dann wiederum zur Anerkennung durch die Mitwelt führt, ist die frühzeitige Einübung und die allgemeine Praxis. Wo bürgerschaftliches Engagement an sich selbstverständlich ist und von jedem erwartet wird, fällt der negativ auf, der sich nicht daran beteiligt. Es entsteht das Bedürfnis zu zeigen, daß man sich engagiert, gar nicht so sehr, weil man damit angeben, sondern weil man nicht ausgeschlossen sein will. Anerkennung durch andere bezieht sich dann eher darauf, wo, wie und wieviel man sich engagiert, nicht aber darauf, daß man es überhaupt tut.

In den USA spielt *community work* von jeher eine herausragende Rolle. In seinen Bewerbungen für berufliche Positionen stellt jeder Amerikaner sehr ausdrücklich dar, wo er sich engagiert, meist schon seit der Schulzeit. Lücken in diesem Engagement schmälern seine Chancen beträchtlich, und auch neben der beruflichen Tätigkeit ist es für die meisten Amerikaner

---

[20] Europäische Kommissio (1997)

selbstverständlich, irgendwo „ehrenamtlich" tätig zu sein – in der Provinz wohl mehr als etwa in New York, aber insgesamt doch überall. Es gibt viele Felder, auf denen dieses Engagement als Teil des Lebens begriffen und damit natürlich auch anerkannt wird. Trotzdem ist es natürlich für uns kulturell schwierig, das einfach zu übernehmen. Wir müssen uns immer wieder klarmachen, daß die amerikanische Gesellschaft ab dem 17. Jahrhundert aus dem Widerstand gegen etablierte Herrschaftsstrukturen entstanden ist, und daß genau die Kriterien der Selbstermächtigung und Selbstorganisation bestimmend für die Gesellschaft wurden.

In Deutschland ist das bis heute nicht so. Mancher Chef wird eher mißtrauisch, wenn er vom Engagement seines Mitarbeiters erfährt, so wie auch der Staat im Grunde den treuen Untertan mehr schätzt als den engagierten Bürger. Wir haben eine andere kulturelle Tradition, die wir nicht so einfach abschütteln können. Sie ist in den letzten 200 Jahren massiv ausgebaut worden. Dennoch, wir können versuchen, die Richtung zu ändern. Auch wir können und sollten der Selbstermächtigung, Selbstorganisation, auch Selbstverantwortung einen größeren Stellenwert einräumen und damit anerkennen, daß bürgerschaftliches, freiwilliges Engagement für den künftigen gesellschaftlich-kulturellen Entwicklungsprozeß bestimmend wird.

Hierfür gibt es zwei Ansätze. Der eine Ansatz ist ganz eindeutig die Schule. In einigen amerikanischen Bundesstaaten, seit kurzem auch in Ungarn, ist *community work* Teil des Pflichtlehrplans. Das geht etwas zu weit, die Freiwilligkeit muß auch freiwillig sein, aber wir sind noch am anderen Ende der Skala. Wir erziehen zu Einordnung, oft genug zu innerer Emigration und letztlich damit zu Resignation.

Der zweite Ansatzpunkt ist ein innerer Reformprozess bei den Organisationen, in denen sich bürgerschaftliches Engagement vor allem organisiert und artikuliert. Viele Organisationen sind in behördenähnlichen Strukturen erstarrt. Freiwilligkeit und Engagement werden selbst hier nur noch als lästige Marginalie empfunden oder allenfalls als PR-Instrument, wenn es um Fundraising geht, aber nicht mehr als konstitutiver Teil der Organisation selber. Wir müssen dafür sorgen, daß wir eine Aufbruchsstimmung innerhalb der Organisationen der Zivilgesellschaft bekommen. Engagierte wollen in ihrer eigenen Organisation ernst genommen werden und an Entscheidungen mitwirken. Auch das ist Anerkennung, die der Engagierte verlangen kann. Und angesichts der Tatsache, daß die meisten Engagierten etwas Konkretes tun wollen, muß die Gesellschaft als Zeichen der Anerkennung interessante Einsatzmöglichkeiten bereithalten. Der zivilgesellschaftliche Mehrwert baut auf der konkreten Tätigkeit auf. Soll dieser bewußt erzeugt bzw. soll dessen Erzeugung bewußt ermöglicht werden, muß es diese Tätigkeit geben, auch um den Preis geringerer Effizienz, der übrigens in der Regel nicht bezahlt werden muß. Anerkennung von Engagement besteht insofern zum einen aus der Anerkenntnis, daß Engagement keine nette Marginalie, auch kein Beitrag zur Senkung von Kosten, sondern wegen des dort erbrachten zivilgesellschaftlichen Mehrwerts ein entscheidender konstitutiver Baustein einer zeitgemäßen freiheitlichen Gesellschaft ist. Anerkennung besteht zum zweiten in der bewußten Bejahung von endogenen Motiven wie Sinnstiftung und Erfüllung, aber auch einfach Spaß und Gestaltung der freien Zeit. Anerkennung besteht dann zum dritten in der Zuerkennung von Reputation durch die Gemeinschaft. Und erst ganz am Schluß kommen formale Anerkennungsrituale wie Ordensverleihungen und Empfänge, so wichtig diese im Einzelfall auch sein mögen.

Netzwerke

Freiwillige Vereinigungen prägen das Leben der Bürger, vor allem in den Städten, nicht erst heute, sondern schon seit Jahrhunderten.[21] Sie rekrutierten sich meist über Partei-, Konfessions- und sonstige Grenzen hinweg aus Bürgern und Bürgerinnen mit hoher Reputation. In den italienischen Städten des Mittelalters lagen die sozialen Dienste fast ausschließlich in den Händen solcher Zusammenschlüsse, *confraternità* oder *misericordia* genannt. Wissenschaftliche Gesellschaften, Lesevereinigungen, Krankenhausvereine und andere begleiteten seit dem 18. Jahrhundert die Emanzipation des Bürgertums. Im 19. Jahrhundert schlossen sich in den Arbeitervereinen diejenigen zusammen, denen der Zutritt zu den bürgerlichen Vereinigungen verwehrt wurde. Minderheiten suchten in Vereinigungen Beistand im täglichen Kampf gegen die Mehrheit. Das heißt, sowohl für die Erledigung von Aufgaben als auch für den sozialen Frieden waren diese Zusammenschlüsse unverzichtbar. Die Mitglieder kannten sich untereinander, freundeten sich miteinander an und schufen dadurch gewollt oder ungewollt auch Verbindungen, die zu anderen Zielen genutzt werden konnten.

Alexis de Tocqueville hat die Bedeutung solcher Vereinigungen für das soziale und politische Leben der USA in den 1830er Jahren eindrucksvoll beschrieben.[22] Robert Putnam steht in dieser Tradition, wenn er das Vorhandensein solcher Netzwerke als unerläßliche Voraussetzung für eine funktionie-

[21] S. hierzu Rupert Graf Strachwitz, *Social Life and Politics in Voluntary Organizations: A Historical Perspective*; in: Matthias Freise / Thorsten Hallmann (eds.), *Modernizing Democracy. Associations and Associating in the 21st Century*. New York 2014, S. 19–30
[22] Alexis de Tocqueville, Über die Demokratie in Amerika [Bd.1: 1835/ Bd.2: 1840] Stuttgart 1985

rende Staatsverwaltung und einen funktionierenden Markt beschrieben hat. Dieser Qualifizierung eines zivilgesellschaftlichen Netzwerks steht eine andere diametral gegenüber. *„Networking is Not-working"*, so charakterisierte George Soros einst die Qualität von Netzwerken – und wurde in den 1990er Jahren zu einem der größten Förderer von Zivilgesellschaft und Netzwerkarbeit weltweit. Es wäre schwierig, sich vorzustellen, daß Soros dies getan hätte, um den, wie Wolfgang Seibel das 1994 in seinem berühmten Buchtitel nannte[23], funktionalen Dilettantismus der Zivilgesellschaft zu fördern und diese dadurch bewußt schwach zu halten. Solche Gedankengänge mögen Beamte und Politiker beflügeln, aber wohl kaum einen so rational und strategisch denkenden Menschen wie Soros.

Es scheint jedenfalls durchaus etwas Ambivalenz in dem Begriff des Netzwerks zu liegen, den wir in der zivilgesellschaftlichen Aktionsforschung gern als Merkmal von Zivilgesellschaft in Abgrenzung von Staat oder Markt herausstellen. Während aus der Kritik von Soros vor allem der Zweifel an der Effektivität von netzwerkorientiertem Handeln durchscheint, richtet sich eine andere, viel häufiger gehörte Kritik gegen die demokratietheoretische Legitimität von Netzwerken. Diese dienten nämlich, so heißt es, der Abkapselung von Eliten gegen partizipatorische Prozesse. Netzwerke von Absolventen elitärer Internate und ‚Alte Herren' von studentischen Korporationen, im englischen mit eindeutig negativer Assoziation *old boys networks* genannt, verhinderten ebenso wie Rotary-, Golf- oder Tennis-Clubs die Chancengleichheit von Bürgern und Bürgerinnen beim Durchsetzen von Ideen ebenso wie beim Erlangen von geschäftlichen Aufträgen oder gesellschaftlicher Reputation. Ganz besonders wird dieser Vorwurf fast

---

[23] Wolfgang Seibel, Funktionaler Dilettantismus: Erfolgreich scheiternde Organisationen im ‚Dritten Sektor' zwischen Markt und Staat. Baden-Baden 1994

100 Jahre nach Ausrufung der deutschen Republik gegen den historischen Adel erhoben, der nach Auffassung vieler nach wie vor eine Kaste bildet, in die man nicht eindringen kann, deren Mitglieder untereinander heiraten, sich gegenseitig zum Erfolg verhelfen und die einen natürlich ungerechtfertigten Einfluß auf die Gesellschaft insgesamt ausüben.

Ähnlichen Vorwürfen sahen und sehen sich übrigens auch andere als homogen und abgeschlossen angesehene Gruppierungen, etwa Freimaurer, oder religiöse oder ethnische Minderheiten ausgesetzt, gelegentlich mit einer gewissen Berechtigung, überwiegend aber ohne diese und zumal dann, wenn ihre Mitglieder im Leben als erfolgreich wahrgenommen wurden oder werden. Auch die meist wohlhabenden Unternehmer und Eigentümer großer Unternehmen werden von außen als abgeschlossenes Netzwerk gesehen, die Vorstände großer Publikumsgesellschaften ebenso. Die Liste ließe sich beliebig verlängern. Netzwerke werden in Parteien und Kirchen, Gewerkschaften und vielen anderen Zusammenhängen vermutet. Manche Menschen wünschen sich nichts sehnlicher, als in ein solches Netzwerk aufgenommen zu werden, sei es aus Eitelkeit oder Ehrgeiz. Andere haben stets den Vorwurf parat, Netzwerke verhinderten systematisch einen transparenten und leistungsbedingten Zugang zu einflußreichen Positionen.

Solche Vorwürfe mögen berechtigt sein oder nicht und nicht immer die Begrifflichkeit als *terminus technicus* widerspiegeln. In jedem Fall untermauern sie die Beobachtung, daß Netzwerk nicht unbedingt ein positiv konnotierter Begriff ist. Daß dies gerade auch im zivilgesellschaftlichen Kontext gilt, sei durch den Verweis auf das immer wieder formulierte Desiderat angedeutet, etwa die Netzwerkbildung im Stiftungswesen und zwischen diesem und wirtschaftlichen und politischen Eliten durch eine empirische Analyse der Verflechtungen unter ehrenamtlichen Führungskräften in den Blick zu nehmen. Beispielhaft ist dies in jüngster Zeit geschehen, und tatsächlich sind diese Verflechtungen eng[24]. Welche Folgen hat es also, wenn die Mitglieder von Organen großer Stiftungen zum einen in mehreren Stiftungen, zum anderen gleichzeitig oder zeitversetzt in Industrieunternehmen oder -verbänden oder in Politik und öffentlicher Verwaltung Führungspositionen innehaben? Beeinflußt dies ihre Meinungsbildung, oder wird die Mitgliedschaft gar nicht um der Sache willen, sondern um der Nutzung für andere Zwecke willen erstrebt? Sind solche Netzwerke letztlich, so der weitestgehende Vorwurf, das ebenso subtil angelegte wie effektive Instrument, um einem politisch-administrativ-wirtschaftlichen System die Macht zu sichern? Gefährden sie dadurch nicht aus theoretischer wie aus pragmatischer Perspektive das Überleben und schon gar die Entwicklung einer demokratisch bestimmten Gesellschaftsordnung? Sind sie also, auf einen kurzen Nenner gebracht, allzu einflußreich und gerade deswegen nicht zu tolerieren?

Diesem Generalverdacht tritt Putnam mit seiner These entgegen, informelle Netzwerke seien geradezu eine Gelingensbedingung einer modernen Demokratie. Nur dort, so Putnam[25], wo ein Geflecht informeller sozialer Netzwerke eine hierarchiearme Kommunikation und die freie Entwicklung von Vertrautheit und Vertrauen ermögliche, kann eine freiheitliche Gesellschaft überhaupt bestehen. Die Tocquevillesche Tradition, ein Eckpfeiler US-amerikanischen Selbstverständnisses, scheint hier unübersehbar durch. Auch von mir wird die Legitimation einer Zivilgesellschaft als dritter Arena kollektiven gemeinschaftsorientierten Gestaltens und Handelns nicht zuletzt mit dem sogenannten zivilgesellschaftlichen Mehrwert und unter dieser Überschrift mit der singulären Fähigkeit begründet, dieses soziale Kapital zu bilden. Der im Staat trotz

---

[24] Colin Beyer, Das philanthropische Netzwerk und sein Stellenwert für die Stadtentwicklung. Berlin 2012 (Opusculum Nr. 56)
[25] Robert Putnam (1993), loc. cit.

parlamentarischer Kontrolle extremen, aber auch in der Wirtschaft vorherrschenden Handlungslogik der Hierarchiebildung wird hier eine hierarchiefreie oder jedenfalls hierarchiearme Handlungslogik gegenübergestellt, die auf dem Prinzip der Instabilität und Volatilität aufbaut und diesem die primäre Voraussetzung von Kreativität zumißt. Insoweit gründet sich die Unabhängigkeit der Zivilgesellschaft als Arena autonomer Akteure darauf, daß sich diese zu Netzwerken verbinden (und wieder auseinandergehen), jedenfalls nicht wie der *citoyen* im ersten republikanischen Staatsmodell Frankreichs allein im Staat ihre Kollektivität finden.

Dabei wird freilich gerne übersehen, daß es auch in der Zivilgesellschaft durchaus die Notwendigkeit der Hierarchiebildung gibt. Ich habe beispielsweise lange haupt- und ehrenamtlich in einer mit Katastrophenschutz und Rettungswesen befaßten Organisation gearbeitet. Dort kann im Großeinsatz mit Hunderten von eingesetzten freiwilligen Helfern nur das geradezu militärische Prinzip von Befehl und Gehorsam zum Erfolg führen, unabhängig davon, daß es hier nur über Akzeptanz und Partizipation und nicht wie dort auch über hoheitliche Gewalt durchgesetzt werden kann. Etwas allgemeiner gesagt, jede assoziativ aufgebaute zivilgesellschaftliche Organisation, die im weitesten Sinn Dienstleistungen erbringt (das ist die Mehrheit), kennt das Problem, daß zwischen notwendigem Direktionsrecht, insbesondere aber nicht nur gegenüber hauptamtlichen Mitarbeitern, und ebenso unabdingbarer Partizipation schwere Konflikte entstehen können. Das in kirchlichen Wohlfahrtsverbänden als Lösungsansatz entwickelte Modell der Dienstgemeinschaft in Abgrenzung vom üblichen Arbeitsrecht scheint bei Lichte besehen nicht sonderlich wirkmächtig zu sein. Um noch eins draufzusetzen: nicht netzwerkmäßig aufgebaute zivilgesellschaftliche Organisationen, etwa ein Großteil der Stiftungen, sind legal – es gilt die verfassungsrechtliche Unterscheidung zwischen *forma externa* und *forma interna* – und legitim. Es gilt das Autonomieprinzip. Selbst in globalisierungskritischen Bewegungen stehen „die Anhänger informeller und dezentraler Strukturen den Befürwortern formeller straff geführter Organisationen gegenüber.“[26]

Wir befinden uns also, so scheint es, in einem außerordentlich komplexen Dilemma, das, wie so oft, dadurch noch akzentuiert wird, daß wir intuitiv den uns sympathischen Teil, also die Hierarchiearmut, das heißt einen jedenfalls angeblich herrschaftsfreien Raum, die Veränderungskomponente und natürlich die Kreativität für uns reklamieren, den weniger sympathischen, also die Verfestigung von Parallelstrukturen, dagegen ausblenden. Die Empirie des bürgerschaftlichen Engagements bestätigt dies als Trend. Die Lebenserfahrung lehrt aber, daß auch hier im Marxschen Sinne das Sein das Bewußtsein prägen kann. Wer ins Leben aufbricht und sich möglicherweise von bestehenden Netzwerken beeinträchtigt fühlt, jedenfalls ihnen nicht angehört, wird anders über sie urteilen als der, der in ein oder mehrere eingebunden ist – gleich ob es sich dabei um den Lyons-Club oder eine Attac-Initiative handelt. ‚Stuttgart 21‘ hat uns drastisch vor Augen geführt, daß auch ältere Menschen durchaus bereit und in der Lage sind, neue Netzwerke zu bilden und sich aus alten zu lösen – und zwar nicht deswegen, weil, wie unsinnigerweise und mit diffamierender Absicht behauptet wurde, diese in die Jahre gekommene Revoluzzer von 1968 oder Egoisten seien, die das Instrument mißbrauchen, sondern weil sie die Veränderungen dieser Welt und der in ihr virulenten Handlungslogiken bewußt miterlebt und daraus für sich zu gegebener Zeit die notwendigen Schlüsse gezogen haben. Mit Blick in die übrige Welt ist es daher nicht zu verstehen, daß die Diffamierung der sogenannten Wutbürger in den Medien breitesten Raum erhält, während das durchaus konstruktive bürgerschaftliche Gemeinschaftsgefühl, das sich bei-

---

[26] Rucht / Roth, loc. cit., S. 507

spielsweise in Stuttgart aus den Wutbürgernetzwerken entwikkelt hat, unterschlagen wird.

Dennoch bleibt die Frage, wie das Dilemma aufzulösen ist, das sich zwischen der demokratiefördernden Wirkung von Netzwerken (nach Putnam) und der schädigenden in der Form von Parallelkulturen, die in extremer Form in allen gängigen Verschwörungstheorien aufscheinen, abzuzeichnen scheint. Bevor ich darauf eingehe, will ich einen kleinen Exkurs machen, den ich dem von mir sehr verehrten Physiker und Gesellschaftstheoretiker Hans-Peter Dürr verdanke[27]: Wir sind daran gewöhnt, hierarchische Ordnungen als stabil, netzwerkartige dagegen als instabil zu sehen. Nicht zuletzt diese Instabilität ist, so auch Dürr, der Grund für das höhere Kreativitätspotential unhierarchischer Strukturen. Letzten Endes aber, so die naturwissenschaftliche Erkenntnis, die er vermittelt, führt Hierarchie gerade nicht zu langfristiger Stabilität. Vielmehr ist sie verwundbar und bei entsprechend geführtem Angriff auch rasch zerstörbar. Netzwerke dagegen sind bei aller Volatilität in den Einzelheiten insgesamt beständiger, weil Angriffe gegen sie vergleichsweise wirkungsarm bleiben. Der rasche Zusammenbruch der DDR und anderer sozialistischer Systeme um 1990 ist dafür ein gutes Beispiel. Daher ist die Heranbildung von Jugendlichen zu Einordnung in Hierarchien, wie sie bis heute als Effekt des deutschen Bildungssystems nachgewiesen werden kann, nicht nur normativ defizitär, sondern auch unvernünftig, weil sie die Fähigkeit zur flexiblen Anpassung an neue Lebensumstände massiv beeinträchtigt. Angesichts der Komplexität und Entwicklungsdynamik der Welt des 21. Jahrhunderts erscheint dies unverantwortlich.

---

[27] S. u. v. a.: Hans-Peter Dürr, Das Ziel der Zivilgesellschaft; in: Rupert Graf Strachwitz, Dritter Sektor – Dritte Kraft. Stuttgart 1998, S. 583–600 / ders., Warum es ums Ganze geht, Neues Denken für eine Welt im Umbruch. München 2009

Um das Dilemma zu lösen, könnte es hilfreich sein, zwischen persönlichen und institutionalen Netzwerken zu unterscheiden. Demokratieverträglich könnten also Netzwerke sein, die eine Struktur mit formalisierten Meinungsbildungsprozessen und öffentlicher Verantwortlichkeit aufweisen, nicht jedoch rein persönlich gebildete Netzwerke, die meist intransparent erscheinen. Diese Abschichtung klingt idealtypisch zunächst plausibel, scheitert aber an zwei entscheidenden Einwänden. Erstens wird dadurch einer korporativen Institutionalisierung zu Lasten spontaner kreativer Aktion das Wort geredet, da bei letzterer das personale Element überwiegt und kaum von dem institutionalen zu trennen ist. Zweitens blendet diese Unterscheidung die Erfahrung aus, daß besonders große institutionale Netzwerke regelmäßig erheblich größeren Einfluß, wenn nicht gar Druck auf allgemeine Meinungsbildungs- und Entscheidungsprozesse ausüben. Der inzwischen eher berüchtigte traditionelle deutsche Korporatismus wäre dadurch legitimiert, das unmittelbare bürgerschaftliche Engagement dagegen diskreditiert.

In Anlehnung an Putnam ließe sich zum zweiten eine Lösung anhand des durch die Netzwerke produzierten sozialen Kapitals suchen. Putnam unterscheidet zwischen *bonding* und *bridging social capital*, also zwischen dem Sozialkapital, das bestehende Gruppen immer enger zusammenführt und von anderen abhebt und dem, das durch aktive Öffnung gegenüber Fremden integrativ wirkt. Das Ethos der guten Zivilgesellschaft würde sich schnell für das letztere entscheiden können, doch wird dieses nicht immer der Realität gerecht und qualifiziert vorschnell Akteure ab. So kann es gut sein, daß eher traditionelle Netzwerke homogener Gruppierungen mehr zu dem sogenannten sozialen Kitt einer Gesellschaft beitragen als solche, die sich wohlmeinend auf Integration unterschiedlicher Teilnehmer konzentrieren, darüber hinaus aber wenig Einfluß haben.

Zum dritten könnte gerade im Hinblick auf deren Einfluß überlegt werden, ob zwischen institutionellen und funktionalen Netzwerken unterschieden werden sollte. Zu den ersteren gehören beispielsweise Brauchtumsverbände, die nicht primär dafür bestehen, daß sie bestimmte Ziele in die Gesellschaft hinein tragen, sondern eher Gleichgesinnte zusammenbringen wollen. In ihnen wird, das haben Untersuchungen gezeigt, zivilgesellschaftlicher Mehrwert in sehr viel höherem Maße produziert, ihre gesellschaftsbildende Bedeutung ist also größer als in solchen Netzwerken, die von vornherein ein in der Gesellschaft durchzusetzendes Ziel verfolgen. Sehr befriedigend ist allerdings auch diese Unterteilung nicht, denn die Grenzen sind schwer auszumachen; Binnensicht und Außensicht klaffen zum Teil erheblich auseinander.

Wir bleiben also auf eine Unterscheidung zurückgeworfen, die systematisch gesehen ebenso unbefriedigend ist. Letztlich beurteilen wir Netzwerke danach, ob sie uns im Einzelfall „in den Kram passen" oder nicht. Zumindest müssen wir allerdings festhalten, daß ein Netzwerk keine intrinsische normative Qualität zum Ausdruck bringt, sondern sich positiv oder problematisch darstellen kann. Allerdings haben die Stärken von Netzwerken, d. h. insbesondere ihre größere Flexibilität und ihre kreativitätsfördernde Wirkung, sie angesichts des Vetrauensverlusts in hierarchische Strukturen zu einem – mag sein gelegentlich überschätzten, aber jedenfalls ernsthaften – strukturellen Wettbewerber heranreifen lassen. Es ist kein Zufall, daß sie in den 1990er Jahren besondere Aufmerksamkeit erfahren haben. Ebensowenig kann es überraschen, daß heute Gegenbewegungen derer, die von den alten Hierarchien profitiert haben, gegen diese neuen Strukturen zu konstatieren sind. So hatte beispielsweise der jahrelange Kampf des Bundesfamilienministeriums gegen das Bundesnetzwerk Bürgerschaftliches Engagement seine Ursachen gewiß nicht in der angespannten Haushaltslage, sondern in dem Versuch, die Machtfrage zugunsten überkommener hierarchischer Gefüge zu klären.

Allerdings ist nicht zu übersehen, daß auch Versuche dieser Art an der Realität des 21. Jahrhunderts vorbeigehen. Vielmehr müssen Stärke und Einfluß von Netzwerken aus ihrer tatsächlichen Leistung und Wirkung erklärt werden, die sich in den letzten 20 Jahren grundlegend verändert haben. So merkt etwa der 1930 (!) geborene deutsche Kulturwissenschaftler und Soziologe Friedrich Fürstenberg in einer 2011 vorgelegten Untersuchung an: „Konzept und Realität der Bürgergesellschaft sind eng mit einem globalen Strukturwandel verbunden, der herkömmliche Vorstellungen von gesellschaftlichen Zusammenhängen fragwürdig erscheinen läßt."[28] Im Anschluß an Manuel Castells, der ganz generell von einer Netzwerkgesellschaft spricht[29], fordert Fürstenberg die „Einbindung von Netzwerken in einen umfassenden Institutionalisierungsprozeß global relevanten Handelns unterschiedlichster Akteure"[30] ein. Fürstenberg vertritt den Mainstream aktueller politischer Ordnungskonzepte. Selbst die Europäische Kommission hat schon 1996 die EU-Institutionen aufgefordert, „hochgradige Interaktion und Vernetzung zwischen den Institutionen …, Nichtregierungsorganisationen, der Wirtschaft und Unternehmen, Erziehungsorganisationen, Forschungsinstitutionen und einer Vielzahl von Benutzergruppen" herzustellen.[31] Jeremy Rifkin faßt dies in den Begriff der „polyzentrischen Regierungsform"[32] und führt dazu aus: „Für den polyzentrischen Regierungsstil sind der kontinuierliche Dialog und Verhand-

---

[28] Friedrich Fürstenberg, Die Bürgergesellschaft im Strukturwandel, Problemfelder und Entwicklungschancen. Berlin 2011, S. 148

[29] Manuel Castells, Bausteine einer Theorie der Netzwerkgesellschaft; in: Berliner Journal für Soziologie 2001/4

[30] Fürstenberg, loc. cit., S. 149

[31] Apud Jeremy Rifkin, (2004), loc. cit., S. 243

[32] Ibid., S. 244

lungen zwischen allen Mitwirkenden in den vielen, stets sich ändernden wirtschaftlichen, sozialen und politischen Netzwerken charakteristisch. Der neue Politikertyp ist eher ein Vermittler als ein Befehlshaber. An die Stelle von Kommandos tritt die Koordination."[33] Rifkin knüpft, daran sei erinnert, mit dem Begriff des Befehlshabers nicht etwa an militärische Terminologie, sondern an die Kants an, das heißt, an eine 200-jährige deutsche Tradition des politischen Denkens.

Diese scheint an ihr Ende gekommen zu sein. Wenn der politischer Romantik gewiß unverdächtige ,Economist' berichtet, der ebenso unverdächtige konservative britische Premierminister Cameron verfolge das Ziel, den „Leviathan des modernen britischen Staates in einen Mechanismus zu verwandeln, der eher die Verteilung als die Erhaltung von Macht betreibt"[34], dann verdeutlicht dies nicht nur den Trend der Entstaatlichung von Politik, sondern auch deren ,Vernetzwerkung'. Indem sich polyzentrische politische Gestaltungsformen herausbilden, kann nicht, wie noch vor wenigen Jahren üblich, die strukturelle Angleichung nicht-staatlicher Akteure an staatliche unterstellt oder verlangt werden. Wie so oft bei solchen Herausforderungen, hat Deutschland hier einiges nachzuholen. Alle Akteure werden sich auf die andersartige Handlungslogik der jeweils anderen und auf multiple Einflußnahmen einzustellen haben. „Die Globalisierung wird", so stellt der einflußreiche amerikanische Politikberater Parag Khanna nüchtern fest, „nicht von einer globalen Verfassung eingerahmt"[35] und folgert daraus: „Wir stehen am Anfang einer neuen Ära, in der jedes Individuum und jedes Kollektiv in der Lage sein wird, seine eigenen Ziele zu verfolgen. Die Revolution in der Informationstechnologie befähigt Menschen zu eigenmächtigem

---

[33] Ibid.
[34] The Economist, 15. Oktober 2011, S. 34 (Übers. d. Verf.)
[35] Parag Khanna, loc. cit., S. 41

Handeln, und dies wird uns in eine Welt wechselseitiger Beziehungen zwischen zahllosen Gemeinschaften unterschiedlicher Größe führen. [...] Unordnung beziehungsweise Komplexität ist das, was dauerhaft unseren Alltag bestimmt."[36]

Es geht angesichts der realen Welt, in der wir leben, nicht um abstrakte demokratietheoretische Überlegungen, sondern um die pragmatische Erörterung der Interaktion von Menschen, pragmatisch in diesem Zusammenhang als philosophischer Pragmatismus verstanden. „Die Dotgov-, Dotcom- und Dotorg-Welten", also in meiner Begrifflichkeit die drei Arenen kollektiven Handelns, „nähern sich", so Khanna, „diesem Pragmatismus immer weiter an. Woran werden wir ablesen können, ob wir erfolgreich gewesen sind? An der Zahl der Menschenleben, die gerettet wurden, der Zahl der Menschen, denen es besser geht, den abgewendeten Krisen und den Netzwerken, die aufgebaut wurden."[37] Die so beliebte Frage „Dürfen die denn das?" klingt da, so meine ich, sehr verstaubt.

---

[36] Ibid., S. 291
[37] Ibid., S. 293

VI. Eine neue Demokratie

Was ist anders?

Trotz aller Argumente, die dagegen sprechen, von denen nur einige hier erläutert werden konnten, wird noch immer vielfach so getan, als sei der Staat, als seien Europäische Union, Bund, Länder und Gemeinden die Inhaber der alleinigen und vollständigen Gestaltungsmacht, wenn es um die Gesellschaft geht, in der wir leben. Kein Zweifel, es gehört zum Kern unseres Demokratieverständnisses, daß Bürger und Bürgerinnen nur dann zu etwas gezwungen werden können, wenn ihre demokratisch legitimierten Vertreter dies vorher so beschlossen haben. Polizei, Justiz, Steuerverwaltung sind insofern zu Recht hoheitliche Aufgaben des Staates. Hier haben dessen Funktionsträger zu gestalten und zu exekutieren. Noch vor zwei Jahrzehnten hätte man freilich auch Bahn, Post oder Telephon ganz selbstverständlich auf diese Liste gesetzt. Die staatlichen Monopolbetriebe wurden nicht nur staatlich reguliert, sondern auch nur in staatlicher Regie betrieben. Davon ist man abgerückt. Daß hier Dienstleistungen erbracht und über den Markt angeboten werden, ist heute selbstverständlich. Auch die Produktion von Gütern und Dienstleistungen im Allgemeinen hat sich in den letzten Jahrzehnten von der Gängelung durch staatliche Aufsichtsbehörden immer mehr verabschiedet. Zwar stöhnt die Wirtschaft in Deutschland nach wie vor über das Unmaß staatlicher Eingriffe in den Wirtschaftskreislauf, doch haben gerade die international operierenden Konzerne längst Verfahren entwickelt, um sich diesen Eingriffen weitgehend zu entziehen.[1] Wenn eine deutsche Großbank mit einer italienischen fusioniert, kann ein Landtag zwar darüber eine Plenardebatte abhalten, ändern kann er es nicht.

Der Staat hat dies zur Kenntnis nehmen müssen, manchmal zu schnell resigniert, zunehmend den Markt selbst imitiert. In seinen Regulierungs-, Kontroll- und Gestaltungsansprüchen hat er sich zugleich verstärkt den Bereichen unserer Lebenswirklichkeit zugewandt, in denen weniger Widerstand und Umgehung zu befürchten ist und in denen die Akteure weniger mächtig erscheinen. Selbst die Kommunen werden, von kleinen Gemeinden einmal abgesehen, von ihren Bürgern kaum noch als Gemeinschaften wahrgenommen. Teure und medienträchtige Stadtfeste vermögen nichts daran zu ändern, daß selbst diese Ebene des Staates dem Bürger vor allem als fremde, kontrollierende, Gebühren eintreibende, Vorschriften erlassende Instanz gegenübertritt. Die als miserabel zu bezeichnende Teilnahme an Kommunalwahlen zeigt, wie gleichgültig die Teilhabe an den Entscheidungsprozessen vielen Bürgern und Bürgerinnen ist, obwohl die Gemeinde doch eigentlich die bürgernahe öffentliche Körperschaft darstellt. Abstrakte, durchaus nicht immer zu Recht zu Schicksalsfragen hochstilisierte, in Wirklichkeit aber nur mit sehr viel höherem Werbeaufwand propagierte Themen der Bundespolitik haben noch etwas mehr Anziehungskraft. Aber selbst hier wirken an den eigentlich entscheidenden Weichenstellungen, der Auswahl der Kandidaten, die dann auf den Wahllisten erscheinen, gerade mal 0,3 % der wahlberechtigten Bürger mit. Die anderen denken sich: „Man kann ja doch nichts ändern!"

Böckenfördes Analyse ist durch zahlreiche empirische Untersuchungen, nicht zuletzt von Putnam, eindrucksvoll untermauert worden. Die Voraussetzungen für ein funktionierendes Gemeinwesen zu schaffen, ist im Verlauf der letzten 30 Jahre

---

[1] Colin Crouch, loc. cit.

immer wichtiger geworden, und das Aktionsfeld, auf dem dies geschieht, erscheint heute klarer umrissen zu sein. Zwar ist den Traditionalisten darin recht zu geben, daß in erster Linie die in die Familie eingebettete Persönlichkeit eine solche Voraussetzung bildet. Es ist jedoch nachgewiesen, daß die Mehrheit der Bürger und Bürgerinnen die eigene Persönlichkeit nur zum Teil oder überhaupt nicht im Familienverbund herausbildet und dabei die rechte Balance zwischen individueller Verwirklichung und Teilhabe an der Gemeinschaft findet. Es mag sogar sein, daß, wer sich vergangenheitsbezogen auf ein solches Ideal stützt, einer romantisierenden Täuschung unterliegt. So heil war die Welt wohl nie!

Daher gibt es schon von jeher ein gesellschaftliches Aktionsfeld, auf dem sich Menschen nicht auf Grund ihrer Geburt, sondern freier persönlicher Entscheidung bewegen, artikulieren und, anders als im Staat oder gar im Markt, auch vielfach durch das Schenken von Zeit, Ideen, Empathie und Vermögenswerten engagieren. Die Tatsache, daß dieses Feld historisch oft ausschließlich mit einer Staatsgewalt korrespondierte und von dieser nicht selten instrumentalisiert wurde, darf über die grundsätzliche Verschiedenartigkeit nicht hinwegtäuschen.

Heute ist das Leben in einer Gemeinschaft in jedem Fall so ausdifferenziert, daß gerade das Feld, in dem selbstermächtigt, selbstverantwortlich und selbstorganisiert gehandelt wird, seit Jahren einem kontinuierlichen, stellenweise sogar rasanten Entwicklungsprozeß unterliegt. Die Zivilgesellschaft und ihre Organisationen, die privatrechtlich organisierten, aber zumindest subjektiv öffentlichen Aufgaben dienenden Zusammenschlüsse, wachsen. Dies ist eine langfristige Entwicklung, die mit leeren Staatskassen fundamental gesehen, nichts, mit Staats- und Marktversagen viel zu tun hat, vor allem aber mit der Entfremdung der Menschen von jenen immer anonymer werdenden Gebilden in Staat und Markt. Es will manchmal so scheinen, als seien die Zivilgesellschaft und das sich hier artikulierende, manchmal auch austobende bürgerschaftliche Engagement gerade deswegen allen Sonntagsreden zum Trotz den traditionellen Hütern der Staatsgewalt ein Dorn im Auge, weil sie den Bürgern so attraktiv erscheinen und zu einem gesellschaftlichen Faktor geworden sind, der ihnen die Macht über die Menschen noch weiter aus den Händen zu reißen droht. Ein nicht zu vernachlässigender Teil der mit viel Aufwand veröffentlichten Forderungen nach mehr Sicherheit – zu Lasten der Freiheit – hat wohl doch mit der Angst zu tun, mehr Freiheit bedeute eine breitere Verteilung von Macht. Den Mächtigen von heute bliebe weniger davon übrig.

Dies trifft gewiß nicht universell zu. Verantwortliche, demokratisch gewählte Funktionsträger haben zum Teil durchaus erkannt, daß es hier um Prozesse der gesellschaftlichen Entwicklung geht, die man nicht hemmen, aber mitgestalten kann – und die mitzugestalten auch zur Ehre gereicht.[2] Aber es sind noch zu wenige. Noch gelingt es nicht, im politischen Diskurs das bürgerschaftliche Engagement in der Zivilgesellschaft aus dem Bereich des niedlich-netten in den des unabdingbar wichtigen zu heben. Der damalige Bundesminister Müntefering konnte in Vertretung der Bundeskanzlerin, in völliger Verkennung der Sensibilität und des Rangs der Thematik, als Reaktion auf eine Schlagzeile verkünden: „An den Vereinen wird nicht geschnippelt!" und damit einen dringend notwendigen Diskurs populistisch beenden, bevor er überhaupt begonnen hatte. Noch stellt der Staat für diese Themen keine Forschungsmittel zur Verfügung. An adäquaten empirischen und theoretischen Grundlagen, an der Heranbildung spezialisierter Führungskräfte hat er kein Interesse. Und noch behandelt er die Thematik der rechtlichen und steuerlichen Rahmenbedingungen als eines von marginaler Bedeutung. Voraussetzungen,

---

[2] S. bspw. Alois Glück, Warum wir uns ändern müssen. Wege zu einer zukunftsfähigen Kultur. München 2010

auf die er angewiesen ist? Nicht in den Augen der Staatsverwaltung und leider auch der meisten Parlamentarier. Denen genügt es, zu gewährleisten, daß die Kontroll- und Regulierungsbedürfnisse des Staates gewahrt werden, sicherzustellen, daß der Sektor Zivilgesellschaft eben gerade nicht die gleiche Unabhängigkeit erlangt, wie sie der Markt schon erlangt hat. Ein besonderes Anliegen der Regulierung scheint darüber hinaus ein abstrakter Altruismus zu sein. Persönlichen Gewinn in Form von Erfahrung, Erfüllung oder gar Spaß darf es im bürgerschaftlichen Engagement offenbar nicht geben, und wenn es noch so schwer von dem Effekt für Dritte zu trennen ist. Mit welch anderem Maß wird da der Markt gemessen, in dem gerade die persönlichen Belange der Mitwirkenden Anlaß zu Interventionen von Politik und Verwaltung geben.

Traditionell hält der Staat große Teile der Zivilgesellschaft in beständiger, von den Funktionsträgern oft gänzlich verinnerlichter Abhängigkeit. Die Wohlfahrtsverbände sind auf die Vergütung ihrer Leistungen durch die parastaatlichen Sozialversicherungssysteme angewiesen, die Sportvereine auf die Investitions- und Betriebszuschüsse, fast alle auf die steuerliche „Privilegierung", die ihnen eine Gnaden spendende Obrigkeit einräumt. Aber, so muß man fragen, welches Gesellschaftsbild verbirgt sich eigentlich hinter Ausdrücken wie steuerliche Privilegierung, Steuerbe- oder -vergünstigung? Doch wohl des Bild des monarchischen Gnadenspenders, der sich im Glanze des *Fons Honorum* sonnen darf. Seltsame Reste von Feudalismus werden sichtbar, wenn sich Minister und Bürgermeister im Kreise adretter, möglichst telegener Helferinnen und Helfer präsentieren, die sie gönnerhaft belobigen. Was vor 100 Jahren die königlich privilegierte Schützengesellschaft war, soll heute die staatlich privilegierte Menschenrechtsgruppe sein. Gewiß kann die demokratische Repräsentanz im Rahmen der Verfassung und nach nachvollziehbaren Kriterien festlegen, welche Vorgänge der Steuer unterliegen und welche nicht, aber mit

Privileg hat das nichts zu tun. Wir haben es erlebt: Organisationen, die an Protesten gegen Castor-Transporte beteiligt waren, sollte nach Auffassung einiger Innenminister die steuerliche Gemeinnützigkeit aberkannt werden. Die nächste Regierung empfindet vielleicht die Oper als reaktionären Firlefanz, und schon soll sie die Förderung des klassischen Musiktheaters von der Liste streichen können? Und die nächste vielleicht den Naturschutz – oder alle anderen Einzelthemen, weil ihr nur noch das eine wichtig erscheint? Wo endet die Ermächtigung staatlicher Funktionsträger?

Es darf und muß schon auch „geschnippelt" werden. Es kann nicht darum gehen, die Besitzstände aller bestehenden Vereine, Stiftungen, Verbände und Dachverbände in vollem Umfang auf ewige Zeiten festzuschreiben. Denn auch die traditionelle Geheimniskrämerei der Organisationen selbst paßt nicht zur Bürgergesellschaft. Grundpfeiler einer offenen Gesellschaft sind vielmehr Transparenz und öffentlicher Diskurs. Manche Organisationen haben dies vor langem erkannt, heute tun es immer mehr. Sie empfinden sich als Teil eines unabhängigen gesellschaftlichen Aktionsfeldes, genannt Zivilgesellschaft, und beanspruchen zu Recht, mit den anderen Aktionsfeldern Markt und Staat auf gleicher Augenhöhe zu verkehren und gemeinsam auf das Ziel einer echten Bürgergesellschaft hinzuarbeiten.

Die geltenden Rahmenbedingungen für diese Zivilgesellschaft stammen aus einer anderen Zeit. 1941 konzipiert, sind sie im Grundsatz überholt. Sie bedürfen einer völligen Neugestaltung, die einer offenen und pluralistischen Bürgergesellschaft würdig ist. Darüber hinaus ist das geltende Recht voller Kuriositäten. Einiges ist mit dem europäischen Gemeinschaftsrecht nicht kompatibel. Wichtiger aber ist: die moderne Zivilgesellschaft hat neue Prioritäten. Sie hat der Desintegration unserer Gesellschaft entgegenzuwirken. Dies kann sie, denn nichts ist beispielsweise gemeinschaftsbildender als das aktive Mitmachen in einem Chor, einem Orchester, einem Trachtenverein, einer Amateursportmannschaft! Gerade diese Tätigkeiten allerdings stehen auf der Streichliste. Nicht-gemeinnützige Freizeitbeschäftigung nennt das die Finanzverwaltung. Engagement kann und soll zu demokratischem Bewußtsein heranbilden. Nichts erzieht zur Demokratie besser als deren engste Ausprägung: der Verein. Dieser aber steht dann auf der Streichliste, wenn seine Tätigkeit nicht einer breiten Allgemeinheit unmittelbar zugute kommt. Und wenn sich Eltern zu einer Initiative zusammenschließen und eine Kindertagesstätte betreiben wollen, befindet ein Amtsgericht, dies entspreche nicht dem im 19. Jahrhundert konzipierten ‚Idealverein‘. Bürgerschaftliches Engagement kann dort Besonderes leisten, wo menschliche, freiwillig gewährte Zuwendung für den Erfolg ausschlaggebend ist. Nirgendwo ist dies einprägsamer als in der Sorge um kranke, hilfsbedürftige, schwache Mitmenschen. Die Einrichtungen der Wohlfahrtspflege aber, in denen sich dies vollzieht, stehen auf der Streichliste. Sie sind angeblich zu Wettbewerbern gewerblicher Unternehmungen geworden.

Dies sind sie in Teilen tatsächlich. Daher wird an diesem Beispiel eine der großen Schwierigkeiten der Reform sichtbar. Wo es keinen Markt gibt, kann die Zivilgesellschaft relativ konkurrenzlos tätig werden. Wo es aber einen gibt, etwa und zunehmend im Krankenhauswesen, gilt es sehr sorgsam abzuwägen zwischen berechtigten Forderungen nach fairem und ungehindertem Wettbewerb – so das Prinzip der EU – und ebenso berechtigten besonderen Gesichtspunkten, die sich aus der Natur der Tätigkeit ergeben. Diese Abwägung ist schwierig und kann daher nur in die Hände einer kompetenten Fachgruppe gelegt werden. Das Beispiel der englischen *Charity Commission* ist von Interesse. Es geht nämlich bei der Festlegung von dem, was steuerfrei bleiben soll, nicht um einen abschließenden Katalog von Überschriften wie „Kultur“, „Wissenschaft" oder gar „Zwecke der Spitzenverbände der freien Wohlfahrtspflege". Es geht um eine laufende, fachkundige, sensible, von einem klaren Gesellschaftsbild getragene Erörterung und Fortschreibung dessen, was der Besteuerung nicht unterliegen soll. Dies ist von Sachbearbeitern in den Finanzämtern nicht leistbar, zumal diese keine Expertise zur Zivilgesellschaft erwerben, untereinander kaum einen Austausch pflegen können, nicht hinreichend fortgebildet werden und auch an externen Diskursen nur selten teilnehmen.

Diese Mängel zeigen sich auch im Vorfeld von Reformen, die in Koalitionsvereinbarungen angekündigt und zum Ende der vereinbarten Koalitionszeit hastig und im Sinne oberflächlichster Klientelpolitik umgesetzt wurden. Der wissenschaftliche Beirat beim Bundesfinanzminister legte hierzu 2005 ein Gutachten vor, das sich ausschließlich auf finanzwissenschaftliche Argumente stützte und jede gesellschaftspolitische Orientierung vermissen ließ. Mitarbeiter der zuständigen Referenten in den Finanzministerien von Bund und Ländern, überwiegend Sachbearbeiter aus dem gehobenen Dienst, haben immer wieder Vorschläge für Gesetzentwürfe erarbeitet, die naturgemäß nur steuertechnische Anpassungen des gegenwärtigen Rechts beinhalteten, nicht aber sich an den politisch anzustrebenden Zielen orientierten. Die Dachverbände der Zivilgesellschaft haben inzwischen in einem geradezu historischen Schulterschluß gemeinsam Vorschläge vorgelegt – naturgemäß von den Interessen dieser Verbände bestimmt, vielfach zu technisch und zu kleinteilig und dennoch wichtige Beiträge. Und von mehreren anderen Seiten, auch von mir, sind Überlegungen in die Diskussion eingebracht worden. Auch ich würde niemals behaupten wollen, ich hätte eine abschließende, schlüssige Gesamtlösung entwickelt. Was wir alle verdient haben, ist, daß diese Vorschläge ernsthaft erörtert werden, denn es gilt nach wie vor, was die Enquete Kommission des Bundestags ‚Zukunft des bürgerschaftlichen Engagements' schon 2002 festgestellt hat:

Einerseits ist der Reformbedarf überaus dringend, andererseits sind viele Details nicht geklärt und bedürfen einer eingehenden Diskussion. Diese aber kann angesichts der überragenden Bedeutung gerade dieser Reform nicht dem formalen Anhörungsprozeß überlassen bleiben, der im Rahmen des parlamentarischen Verfahrens vorgeschrieben ist. Dann ist es für vieles zu spät und es geht allenfalls um Kompromisse und kleine Korrekturen. Es muß ein gründlicher Diskurs stattfinden, an dem sich Experten wie Laien, Theoretiker wie Praktiker beteiligen. Großbritannien hat vorgemacht, wie ein solcher Diskurs im Internet geführt werden kann – mit breiter öffentlicher Beteiligung und einigen wichtigen Erkenntnissen.

Damit aber bin ich zu der Ausgangsfrage zurückgekehrt: wenn Böckenfördes Analyse stimmt, und davon bin ich überzeugt, müssen Aufgaben neu zugeordnet werden. Unbestritten ist das Machtmonopol des demokratischen Staates. Unbestritten ist der Markt als wesentlicher Ort der Produktion von Gütern und Dienstleistungen und des Handels damit. Wenn es aber um Gemeinschaftsgefühl, Integration aller, Partizipation an den Angelegenheiten des allgemeinen Wohls, sozialen Kitt, ein lebendiges Gemeinwesen geht, ist in allererster Linie die Zivilgesellschaft gefragt. Hier vor allem wird die Gemeinschaft durch ihre Mitglieder beschenkt. Und nur dadurch schafft sie die Voraussetzungen, von denen Böckenförde spricht. Gewiß gibt es Schnittmengen und Überlappungen. Auch in Staat und Zivilgesellschaft sind Dienstleistungen zu erbringen, nicht zuletzt dadurch, daß die vielen Millionen Menschen, die sich engagieren wollen, ihr Engagement überwiegend nur über Dienstleistungen realisieren können. Und natürlich gibt es im Markt nicht nur Teilnehmer, die gleichrangig zivilgesellschaftliche Ziele verfolgen, sondern auch in großer Zahl solche, die sich zumindest als verantwortungsvolle Mitglieder der Bürgergesellschaft bewähren wollen.

Schon vor fast einem halben Jahrhundert hat François Perroux in einem berühmten, die Handlungslogiken der drei Aktionsfelder knapp mit den Attributen „Zwang – Tausch – Geschenk" bezeichnenden Aufsatz das Ende des *homo oeconomicus* analysiert, nachdem das Bild des allein auf den Staat ausgerichteten Menschen bereits mit den Mythen von „Ein Volk, ein Reich, ein Führer" untergegangen war.[3] Der Komplexität der modernen Gesellschaft ist eine traditionelle Aufgabenverteilung auch gar nicht mehr gewachsen. Es bleibt nur die Option, freiwilliges Handeln in selbstorganisierten Gemeinschaften aufzuwerten. Eine Aufgabe bleibt aber dem Staat zugewiesen: Demokratie und Bürgergesellschaft zu entwickeln und dafür hinreichende Rahmenbedingungen zu schaffen.

Von der Forderung des *zakat* (2,5 % des Vermögens im Jahr) oder dem biblischen Zehnten (10 % des Einkommens) ist beispielsweise das Spendenverhalten der deutschen Durchschnittsbürger weit entfernt. Es liegt schätzungsweise bei 0,31 % des Einkommens unter Einschluß der Spenden an religiöse Organisationen.[4] Ob dies, wie oft behauptet wird, an der gegenüber biblischen Verhältnissen in der Tat hohen Steuerlast liegt, ist wenig erforscht. Internationale Vergleichszahlen stützen diese Argumentation nicht in vollem Umfang.[5]

Bei aller Widersprüchlichkeit der Zahlen scheint festzustehen, daß das Spendenaufkommen in Deutschland seit 1990 trotz einer um rd. 25 % gestiegenen Bevölkerung, trotz eines erheblich gewachsenen Volksvermögens, trotz Inflation, trotz eines erheblich professionalisierten Fundraising-Gewerbes und trotz drei seit 1998 in Kraft gesetzten gesetzlichen Anreiz-Maßnahmen nominal nicht wesentlich gestiegen ist. Von 2006 auf

---

[3] Francois Perroux, loc. cit.
[4] Sabine Reimer, Die Stärke der Zivilgesellschaft in Deutschland / The Strength of Civil Society in Germany. Berlin 2006, S. 44
[5] Ise Bosch, Ise, Besser spenden! Ein Leitfaden für nachhaltiges Engagement. München 2007, S. 37

2007 ist das Aufkommen gesunken. Ob also steuerliche An-
reizsysteme in diesem Bereich überhaupt die Wirkung entfalten, die ihnen zugemessen wird, ist daher als zweifelhaft anzusehen. Am ehesten haben sie vermutlich eine katalytische
Wirkung, die von der Höhe des eigentlichen Nachlasses relativ
unabhängig ist. Valide Untersuchungen hierzu fehlen. Insbesondere muß interessieren, ob sich die Wirkung von Anreiz-
systemen nach Sektoren, Organisationstypen oder anderen Kriterien differenzieren läßt, da nur so ein Feintuning solcher
Systeme möglich wäre. So ist beispielsweise nicht klar, ob die
Stiftern und Zustiftern seit 2000 eingeräumten, 2007 und
2013 erweiterten Absetzmöglichkeiten diese tatsächlich in
dem Maße zum Stiften motiviert haben wie dies die Entwicklung der Neugründungen vordergründig zu zeigen scheint.
Dagegen sprächen beispielsweise der erheblich gestiegene Be-
kanntheitsgrad des Spendeninstruments Stiftung, der Nach-
ahmungseffekt oder das bis 2008 stark angestiegene Vermögen
in der Hand einzelner Bürger und Bürgerinnen.

Die Vorstellung, der Staat sei die oberste Instanz der Lebensgestaltung, oder alles sei über die Mechanismen des Staates zu entwickeln, ist nicht erst seit kurzem umstritten. Insofern
ist die Entwicklung von drei Arenen gesellschaftlichen Handelns und des Verhältnisses zwischen ihnen primär keine Frage
des Rechts, schon gar nicht den Zwangs, sondern ein auf der
Aktion und Interaktion von Bürgern und Bürgerinnen aufbau-
ender Prozeß. Dies gilt nicht nur für die Arena des Geschenks,
aber gerade auch für diese.

Seit den 1960er Jahren sind Initiativen, die für eine Sache
eintreten, im politischen Leben immer präsenter geworden.
Das Umweltthema manifestierte sich zunächst ausschließlich
zivilgesellschaftlich, Kultur und vieles andere bekam zivilgesellschaftliche Konnotationen. Aus der öffentlichen Auseinandersetzung um Menschen- und Bürgerrechte oder nachhal-
tige Entwicklung sind die Nicht-Regierungsorganisationen als

freiwillige zivilgesellschaftliche Zusammenschlüsse nicht mehr wegzudenken. Sie sind längst zu akzeptierten, ob ihrer Sachkenntnis gesuchten Gesprächspartnern geworden.

In Mittel- und Osteuropa, auch in Ostdeutschland, ist der Beweis erbracht worden, daß auch unter widrigsten Umständen selbst-organisiertes Engagement für die Gesellschaft von durchschlagendem Erfolg gekrönt sein kann. Bis heute wird weithin unterschätzt, welche Bedeutung diese Entwicklung einer antistaatlichen Zivilgesellschaft für die historischen Veränderungen in Mittel- und Osteuropa einerseits und für die Entwicklung des Konzepts einer dritten Arena gehabt hat. Dennoch: Seit 1989 hat auch der öffentliche Diskurs über den Wert des Engagements, über die Bedeutung einer Zivilgesellschaft in ihrer allgemein politischen Dimension zugenommen.

Am Engagement wird besonders deutlich, daß materielles Entgelt keine entscheidende Bedeutung hat. Nicht zuletzt vor diesem Hintergrund hat die Enquete-Kommission Bürgerschaftliches Engagement den vielen Vorschlägen für materielle Engagement-Anreize, die von den Funktionären der Verbände vorgetragen wurden, übereinstimmend im Wesentlichen eine klare Absage erteilt. Das Geben folgt, wie man hier besonders klar, wie man aber auch an vielen ganz anders gelagerten Beispielen sehen kann, eben doch einer anderen intrinsischen Logik und bleibt eben deshalb für die Gesellschaft unverzichtbar. Freiwilligkeit einerseits, die Erwartung sozialen Lohns und zwar gerade nicht in Form von Anerkennungen staatlicher Amtsträger, sondern in der Form des Erlebnisses von Veränderung, andererseits, scheinen wichtige Anreize zum Schenken zu sein. Und neben der Suche nach Sinnerfüllung, nach persönlicher Entwicklung stehen Dabei-Sein und Mitmachen-Dürfen, also Inklusion und Partizipation, oben an. Schenken hat heute mit Gestalten zu tun. Daraus wird die partizipative Dimension des bürgerschaftlichen Engagements deutlich, ebenso, daß dieses weder in den traditionellen sogenannten Vorfeldorganisationen, vor allem den Parteien und Gewerkschaften befriedigen und sich nicht primär an den Staat heranziehen läßt; als Vorhof der Politik ist es nicht wesentlich zu aktivieren. Daß andererseits der *homo oeconomicus* tot ist, ist bekannt. Social Responsibility, sei es von Bürgern oder Unternehmen, ist dementsprechend nicht notwendigerweise ein sinnleerer Begriff aus dem Vokabular der Öffentlichkeitsarbeit oder politischen Rhetorik, sondern kann Ausdruck ganzheitlicher Überlegungen zur Ausstrahlung und zum Arbeiten des Menschen in den drei Arenen gesellschaftlichen Handelns sein.

Projizieren wir die Entwicklung der letzten Jahrzehnte in die Zukunft, so bedarf es kaum prophetischer Gaben, um ein weiteres Wachsen der Bedeutung dieser Dimension von Geben zu prognostizieren. Markt- und Staatsversagen werden angesichts immer komplexerer Herausforderungen nicht beseitigt werden, sondern voraussichtlich exponentiell zunehmen. Die modernen Kommunikationsinstrumente begünstigen das Entstehen von und Handeln in barrierefreien Netzwerken, die sich um althergebrachte Begrenzungen nicht kümmern. Kreativität, eine der wesentlichen Gaben bürgerschaftlichen Engagements, wird in fast unbegrenzter Menge benötigt, um die Herausforderungen zu meistern. Diese Kreativität entsteht primär bei Individuen, nicht bei Organisationen, während andererseits das Individuum zu seiner Verwirklichung selbst identifizierter anderer Individuen bedarf. Die Gabe der Empathie erscheint als wirksamste Methode, der über alle Maßen ausufernden Ausübung von Gewalt über Menschen – besonders im Sinne von administrativer Regulierung – Herr zu werden.

Der Welt des Gebens, des Schenkens steht daher durchaus eine Zukunft bevor – eine Zukunft mit Konflikten und Diskursen um das rechte Maß, die rechte Form, den rechten Geist, den rechten Ausdruck, aber in jedem Fall eine Zukunft mit großer Kraft und Wirkung.

Seit einigen Jahren schon wird in diesem Zusammenhang die Frage der Transparenz diskutiert. Allerdings ist die Diskussion über den Stand einer plakativen Forderung nach mehr Transparenz einerseits und deren dilatorische Behandlung andererseits bisher kaum hinausgekommen und hat insbesondere zu keinen politisch-regulativen Konsequenzen geführt. Dies ist eigentlich verwunderlich. Publikationsverpflichtungen für Wirtschaftsunternehmen sind heute auch hinsichtlich ihres Umfangs relativ genau definiert. Andere öffentliche Diskurse über Informationsrechte der Öffentlichkeit gehen heute regelmäßig zugunsten von erweiterten Offenlegungspflichten aus. Ein Urteil des Bundesverfassungsgerichts zur Offenlegungspflicht von Abgeordneten hinsichtlich ihrer Nebeneinnahmen ist dafür ein Beispiel, die andauernde Debatte um das Bekanntwerden von Gehältern angestellter Manager ein anderes. Wie kann es dann sein, daß Organisationen, die nach eigenem Selbstverständnis dem Gemeinwohl dienen, bisher von dieser Debatte weder betroffen noch in größerem Umfang ergriffen worden sind?

An der marginalen Relevanz der gesellschaftlichen Akteure der Zivilgesellschaft kann es wohl kaum liegen. Auch wenn diese Relevanz in der Öffentlichkeit weithin unterschätzt wird, kann der Aufwand im Verhältnis zu dem erwarteten Ertrag nicht ernsthaft als zu hoch angesehen werden. Ein Aktionsfeld, das in Deutschland immerhin knapp 2 Millionen Arbeitsplätze vorhält und rd. 23 Millionen Bürger und Bürgerinnen für freiwilliges unentgeltliches Handeln zugunsten der Allgemeinheit mobilisiert, ist nicht marginal. Dies wird noch deutlicher, wenn man bedenkt, daß hier rd. 5 % des Brutto-Inlandsprodukts erwirtschaftet werden, rd. doppelt so viel wie in der Landwirtschaft, deren Erzeugnisse, Arbeitsbedingungen und Wirtschaftsdaten akribisch erfaßt und veröffentlicht werden.

Um es auf eine kurze Formel zu bringen: jedes Ei, das in der EU gelegt wird, wird gezählt und gestempelt, aber wie viele Vereine und Stiftungen es gibt, schon gar, was diese tun und wie sie sich finanzieren, ist nur schätzungsweise bekannt; die Akteure selbst unterliegen nach wie vor keiner Verpflichtung, zu einer Verbesserung dieser Situation beizutragen, und viele von ihnen verteidigen diesen Ausnahmestatus nach wie vor.

Es scheint eine tief verwurzelte kulturelle Tradition zu sein, die den ethischen Wert des selbstlosen Handelns gerade damit in Verbindung bringt, daß der Handelnde nicht darüber spricht, will heißen, damit nicht öffentlich prahlt. Das biblische Postulat ‚Die Linke soll nicht wissen, was die Rechte tut‘ gilt unvermindert fort – und dies, so will es zunächst scheinen, aus guten Gründen. Denn in der Tat hängt die gute Tat ursächlich mit ihrem Geschenkcharakter zusammen, mit dem Fehlen der Erwartung einer konkreten Gegenleistung. Wird diese erwartet und gewährt, haben wir es eben nicht mit einem Geschenk, sondern mit einem Tausch zu tun, haben wir die Handlungslogik des bürgerschaftlichen Engagements verlassen und befinden uns in der – in sich ebenso schlüssigen wie legitimen – des Marktes.

Aber hier begegnen wir einigen weitverbreiteten Denkfehlern. Schenkt ein Bürger selbstlos, kann er zu seinem eigenen Vorteil zumindest das Privileg der Vertraulichkeit für sich in Anspruch nehmen. Wer wirklich schenkt, darf tatsächlich bestimmen, ob er damit bekannt wird. Dies sieht aber anders aus, wenn etwa ein Unternehmen etwas „schenkt“. Es hat im Grunde nichts zu verschenken, sondern muß für seine „Geschenke“ eine wie auch immer geartete Gegenleistung verlangen, und sei es nur die des immateriellen Ansehensgewinns. Anders ist eine Betriebsausgabe nicht vor dem Finanzamt, eine Spende nicht vor den Eigentümern zu rechtfertigen.

Dieser Denkfehler freilich ist auch dem privaten Schenker als Erwartungshaltung nicht fremd. Sie wird von vielen, die das

Schenken propagieren, ja auch ausdrücklich anempfohlen. Damit andere dies nachmachen, mögen doch, so heißt es, die Stifter und Spender öffentlich herausgestellt und gewürdigt werden. Dies aber führt zu einem Dilemma, denn ein Schenker kann nicht gleichzeitig das Vertraulichkeitsprivileg in Anspruch nehmen und sozialen Lohn erhalten, sei dieser nun als Orden und Ehrenzeichen, durch Stifterempfänge oder Entgegenkommen in einem Bauverfahren gewährt. Solche Erwartungen, und viele tatsächlich gewährten Gegenleistungen sind nicht illegitim; auch ist damit, schon wegen der mangelnden Begrenztheit des Kreises der Beschenkten, bei weitem nicht in allen Fällen die Grenze zum Tausch wirklich überschritten, von der Qualität des Geschenks und dem Nutzen für den Beschenkten ganz zu schweigen. Es geht hier nur um die Frage, ob man in einer solchen Konstellation dennoch auf seinem Vertraulichkeitsprivileg bestehen darf. Soweit ist dies der Mehrheit der Schenker durchaus bewußt. Niemand nimmt mehr für sich in Anspruch, für eine „große" Spende geehrt zu werden, wenn er nicht mitteilt, wie groß sie wirklich ist. Damit allerdings ist das Thema noch bei weitem nicht erschöpfend behandelt. Der großzügige Mäzen, der seit Jahren der Stadt Görlitz jedes Jahr 500.000 Euro spendet, ohne seine Identität zu offenbaren, handelt insofern völlig korrekt. Er verzichtet auf jedwede Form sozialen Lohns, ein ebenso typisches Schenkerprivileg.

Ein anderes Beispiel ist das des Kunstsammlers Heinz Berggruen. Sein persönliches Schicksal ist über jede Auseinandersetzung erhaben, ebenso sein Engagement für Berlin. Der Wert der Sammlung, die er 2000/2001 der Stiftung Preußischer Kulturbesitz übertrug, wurde auf 750 Millionen Euro geschätzt. Zu den Leistungen der Stiftung, die durch die Gemeinschaft der Bürger finanziert wurde, gehörte u. a. ein Wohnrecht in dem Haus, in dem die Sammlung untergebracht wurde, ein erhebliches Mitspracherecht bezüglich der Hängung und ein Geldbetrag von 126 Millionen Euro, was dem

Wert zwar bei weitem nicht entsprach, aber doch nicht unerheblich war. Dennoch wurden Berggruen bis zu seinem Tode und darüber hinaus alle erdenklichen Ehrungen zuteil, die klassischen, selbstlosen Mäzenen allenfalls angeboten werden. Im Lichte dieser Gegenleistungen darf darüber gesprochen werden, ob und inwiefern ihm alle Privilegien des Schenkers tatsächlich zustehen.

Das Privileg der Vertraulichkeit hat Berggruen nun nicht in Anspruch genommen, sehr wohl aber das des sozialen Lohns. Sehen wir uns das Profil vieler Spender von Zeit, Ideen, Vermögenswerten und Empathie an. Die meisten würden ohne weiteres zugeben, für sich persönlich großen Gewinn aus ihrem Tun gezogen zu haben – nicht materiellen Gewinn natürlich, sondern persönliche Erfüllung, wichtige Lernerfahrungen, soziale Kompetenz, Integrationserfolge und sehr persönliche Belohnungen, ein gutes Gefühl, neben klassischen Attributen des sozialen Lohns. Natürlich bleibt den unter diesen Bedingungen gewährten Spenden der Geschenkcharakter in vollem Umfang erhalten, denn in der Tat wird eine konkrete Gegenleistung materieller Art weder erwartet noch gewährt, und die oft etwas zynisch so genannte Umwegrentabilität solcher Prozesse ist viel zu vage und letztlich auch zu lebensfern. Spenden und anderes Engagement müssen und sollen Spaß machen, und den „echten" Spender und Schenker danach zu beurteilen, daß ihm das ausdrücklich keinen Spaß macht und er jede Leistung an ihn, die auch nur im entferntesten mit seiner Tat in Verbindung gebracht werden könnte, ausdrücklich zurückweist, würde jede soziale Kommunikation veröden lassen. Das kann nicht Ziel eines sozialen Prinzips sein. Nur: bei näherem Hinsehen zeigt sich, daß zwischen echtem Schenken und einem Tauschgeschäft – und ebenso zwischen einer dankenden Entgegennahme und einer Gegenleistung – eine unübersehbare Fülle von Abstufungen ausgemacht werden kann, sodaß es schwer wird, irgendwo eine Grenze zu ziehen.

Dies allerdings war auch biblisch nicht intendiert. Denn auch zwischen einem Angeben vor den Mitmenschen mit gewährten Geschenken („Siehe, sie haben ihren Lohn schon bekommen!") und der Erwartung himmlischen Lohns („Der Vater sieht, was im verborgenen ist"), der durchaus als legitim erscheint, wird ein großer Unterschied gemacht. Für den gläubigen Christen, vergleichbar übrigens auch für den Gläubigen in vielen anderen Religionsgemeinschaften, gibt es also die Erwartung des Lohns, der allerdings, und damit wird die Sache vollends schwierig, nur unter der Bedingung gewährt wird, daß ein irdischer nicht angestrebt worden ist. Dies ist insofern von Bedeutung, als der plakative Verweis auf das biblische Gebot im Grunde als Argument für eine in Anspruch genommene Verschwiegenheit nur sehr bedingt taugt. Das Geflecht von Geschenk, Erwartung, tatsächlicher Gegenleistung und persönlichem und sozialem Lohn ist dafür zu vielschichtig.

Einfacher scheint es, den organisierten Vollzug von Schenkungsimpulsen von der tatsächlichen Schenkung abzugrenzen. Ein Verein schenkt selbst niemandem etwas, sondern vollzieht satzungsgemäß den Willen der oft zahlreichen Mitglieder und Spender und ist diesen für den ordnungsgemäßen Vollzug verantwortlich. Gleiches gilt für die Stiftung, nur mit dem Unterschied, daß der Stifter, dem die Rechenschaft geschuldet ist, schon verstorben sein kann. Hier setzt denn auch ein wesentlicher Kritikpunkt an der Resistenz der organisierten Zivilgesellschaft gegen eine Veröffentlichung zentraler Informationen an. Es wird, so die Kritiker, das Schenkerprivileg zu Unrecht in Anspruch genommen. Dem kann freilich entgegengehalten werden, daß die vertrauliche, der Öffentlichkeit nicht anzuzeigende Schenkung die Intention des Schenkers gewesen sei; es sei daher unerheblich, ob sich dieser eines Agenten in Gestalt einer Organisation bediene. Besonders Stifter argumentieren häufig so, wenn sie gestiftet und damit die Ziele ihrer Tat abschließend bestimmt haben, im Einzelnen aber zu Lebzeiten weiter am Vollzug beteiligt sein, andererseits aber auch von unwillkommenen Gesuchstellern nicht behelligt werden wollen.

Ganz von der Hand zu weisen ist dieses Argument nicht, zumal eine Reihe von gesetzlichen Vorgaben die Einschaltung eines körperschaftlich organisierten Agenten in praktisch allen Fällen größerer Schenkungsakte unabdingbar erscheinen läßt. Die Wahrung einer gewissen Anonymität, zumal privater Schenker, kann daher durchaus als legitime Beschränkung der Transparenz gesehen werden. Dies ist freilich dann schwierig, wenn wesentliche Informationsbedürfnisse der Allgemeinheit dem entgegenstehen. Nehmen wir das Beispiel einer Initiative zur Förderung oder Verhinderung einer bestimmten Art der Energiegewinnung. Daß eine solche Initiative im Rahmen der zivilgesellschaftlichen Themenanwaltschaft legitim ist, steht außer Frage. Für die Beurteilung von deren Aussagen ist es allerdings von hoher Relevanz, ob die dafür notwendigen Ressourcen unmittelbar oder mittelbar von Personen oder Organisationen stammt, die an dieser Förderung oder Verhinderung ein besonderes Interesse haben. Jeder Versuch, eine Themenanwaltschaft dieser Art durch regulative hoheitliche Maßnahmen zu verhindern, ist letztlich wirklichkeitsfremd. Die Vertreter wirtschaftlicher Interessen werden stets Möglichkeiten der Umgehung suchen und finden. Abhilfe schafft nur der öffentliche Diskurs, der wiederum, um sachgerecht geführt zu werden, einer Informationsgrundlage bedarf. Tendenziell wird daher das öffentliche Informationsbedürfnis dem privaten Streben nach Anonymität vorgehen müssen.

Das lange Zeit vor allem vorgebrachte Argument für eine größere Transparenz, die öffentliche Verantwortlichkeit, die sich aus der Quasi-Inanspruchnahme öffentlicher Mittel ergibt, wird dadurch zwar nicht aufgehoben, scheint mir aber doch in den Hintergrund zu treten. Gewiß ist es richtig, daß auf Grund der Absetzbarkeit von Zuwendungen an fast jede zivilgesellschaftliche Organisation vom steuerpflichtigen Einkommen rechnerisch in einem Großteil der Einnahmen einer solchen Organisation ein nicht unerheblicher Anteil steckt, dem ein Einnahmeausfall der öffentlichen Kassen gegenübersteht. So gesehen, ist die Behauptung richtig, in jeder Spende stecke ein Anteil, für den der Empfänger der Gemeinschaft der Bürger verantwortlich ist und Rechenschaft ablegen muß. Diese Rechenschaftspflicht durch die Berichterstattung an die Finanzämter als erfüllt anzusehen, ist eine wenig tragfähige Schutzbehauptung, denn diese prüft – zu Recht – die Einhaltung der mit den Einnahmen und Ausgaben verbundenen Regularien, kaum dagegen beispielsweise die mit der Zuwendung einhergehende Interessenlage, die für die Beurteilung der transportierten Inhalte von ausschlaggebender Bedeutung ist. Auch müssen sich in einem modernen Gesellschaftsverständnis Initiativen des sozialen Wandels im öffentlichen Diskurs, nicht in einer obrigkeitlichen Zensierung bewähren.

Die Abwägung begegnet weiteren Schwierigkeiten, etwa der, ob die Inanspruchnahme von mit Zuwendungen verbundenen Vorteilen alleiniger Grund für einen notwendigen Verzicht auf das Vertraulichkeitsprivileg ist. Wäre es etwa gerechtfertigt, zwar den Organisationen, die solche Vorteile in Anspruch nehmen, Transparenz zur Auflage zu machen, Organisationen, die darauf verzichten, aber nicht? Dies hätte jedenfalls den wenig guten Nebeneffekt, daß Organisationen, die weder Spenden erhalten noch Überschüsse erzielen, auf den steuerlich privilegierten Status verzichten könnten. Dem Gebot des öffentlichen Diskurses in der und über die Zivilgesellschaft wäre dies nicht dienlich.

Bekanntermaßen erhalten Organisationen der Zivilgesellschaft in hohem Maße auch unmittelbare finanzielle Zuwendungen aus den Kassen der öffentlichen Körperschaften, und zwar sowohl als Entgelte für Dienstleistungen, die sie auf vertraglicher Grundlage im Auftrag dieser Körperschaften erbringen, als auch als Subventionen für ihre Arbeit im Allgemeinen.

Insgesamt wird der Anteil öffentlicher Mittel (einschl. solcher aus der gesetzlichen Sozialversicherung) an der Finanzierung der Zivilgesellschaft auf rd. 63 % geschätzt! Die Grenze zwischen beiden Zuwendungsarten ist oft schwer auszumachen und wird gerade von den Zuwendungsgebern gern vorsätzlich verwischt, da die Subvention stets als „freiwillige" Leistung hingestellt und dementsprechend ohne Einhaltung von vertraglichen Fristen bei knapper Haushaltslage, neuer Prioritätensetzung oder mangelnder Willfährigkeit eingestellt werden kann. Daß dies ein vorzügliches Gängelungsinstrument darstellt, braucht nicht weiter ausgeführt zu werden. Der Korporatismus als spezifisch deutsche Ausformung des Zusammenwirkens unterschiedlicher gesellschaftlicher Kräfte findet hier eines seiner Organisationsprinzipien. Insofern allerdings Organisationen des Bürgersektors dieser Verklammerung entkommen wollen, bietet der öffentliche, informationsgestützte Diskurs eine hervorragende Möglichkeit. Auf einen kurzen Nenner gebracht, ist die allgemeine Anerkennung der gesellschaftlichen Wünschbarkeit einer bürgerschaftlichen Tätigkeit der beste Ausweg aus dem ständigen Umschmeicheln einzelner Entscheidungsträger. Daß es in einem solchen Befreiungsprozeß auch Verlierer gibt, die in einer abgeschotteten Nische gut gelebt haben, liegt auf der Hand, ist aber unvermeidlich. Unter dem Gesichtspunkt der Gerechtigkeit ist jedenfalls die öffentliche Arena in der Regel vorzuziehen.

Die Scheu vor dieser Arena wird bei deren Gegnern bis heute regelmäßig mit dem Argument artikuliert, die Veröffentlichung von Jahresberichten sei ein übermäßiger, in keinem angemessenen Verhältnis zum Ertrag stehender, die Organisation überfordernder Aufwand. Eine kleine Organisation könne geradezu in böswilliger Absicht durch große Mengen von Anforderungen solcher Berichte lahmgelegt werden. In vielen Fällen beruht dieses Argument schlicht auf einem Mißverständnis. Transparenz heißt nicht, jede Organisation sei verpflichtet, ei-

nen gedruckten Jahresbericht herzustellen und gar noch in großer Auflage zum Versand an jedermann bereitzuhalten. Das in
der Tat wäre für die meisten eine sinnwidrige Überforderung.
Nicht für jede Tätigkeit interessieren sich andere Bürger in großer Zahl, und es ist nicht dieses quantitative Interesse, das einen Gradmesser der gesellschaftlichen Akzeptanz oder Dul-
dung einer bestimmten Tätigkeit abgeben könnte. Noch viel
weniger ausschlaggebend ist die äußere Form der Berichterstattung. So wird in den meisten Fällen eine schlichte, möglicherweise sogar gekürzte Kopie des jährlichen Berichts, den ein
Vorstand oder Geschäftsführer einer Mitglieder- oder Gesell-
schafterversammlung, einem Stiftungsrat oder Kuratorium ohnehin abzugeben hat, alles enthalten, was für den erstrebten
Diskurs vonnöten ist, nämlich Aussagen über Mittelherkunft
und Mittelverwendung sowie die damit verbundene Entscheidungsfindung. Die Beantwortung der drei zentralen Fragen
‚Woher kommen die Mittel?‘, ‚Was ist damit gemacht worden?‘ und ‚Wie ist darüber entschieden worden?‘ bedarf keiner
Hochglanzbroschüren und aufwendigen Gestaltung, um aussagefähig zu sein.

Seit fast zwei Jahrzehnten hat die Zivilgesellschaft hingegen ein Instrumentarium zur Verfügung, welches ihr die
Umsetzung einer Transparenzverpflichtung wesentlich erleichtert: das Internet. Zu Recht wird das Internet als beste Waffe
der Zivilgesellschaft in ihrem Kampf um Anerkennung, Stärkung und Durchsetzung gegen die hoheitliche Gewalt und die
Macht des Marktes gelobt und geliebt. Ohne Internet wäre,
global betrachtet, die positive Entwicklung der Zivilgesellschaft undenkbar gewesen. Dieses Instrumentarium wird zum
Spenden- und Anerkennungsmarketing, zur Publikation von
Projekten, Angeboten und Programmen gerade von den kleinen Organisationen fast durchweg genutzt. Es ist weit verbreitet, unvergleichlich billig und aufwandsarm zu handhaben.
Neben – legitimen – werblichen Ankündigungen und emotio-

nalen Berichten auch nüchterne Informationen ins Netz zu stellen, kann heute jeder Organisation zugemutet werden. Ältere Vorschläge, wie der Aufwand für die notwendige Transparenz begrenzt werden könnte, sind dadurch obsolet geworden.

Eine solche Informationspolitik ist freilich mehr als eine zumutbare Belastung. Sie ermöglicht es, öffentlich deutlich zu machen, für was die Organisation letztlich eintritt und wie sie daran geht, ihre Ziele umzusetzen. In einer Zeit, in der Ziele, die im weitesten Sinn einen Systemwandel bezwecken, längst gleichberechtigt neben solche der persönlichen Hilfeleistung getreten sind, liegt dies im ureigenen Interesse organisierter Zivilgesellschaft, um so mehr, als die öffentliche und veröffentlichte Meinung bürgerschaftliches Engagement allzugern auf ebenjene persönliche Hilfeleistung reduziert oder reduzieren will. Selbst die leidige und oft bar jeden Verständnisses geführte Diskussion um die sogenannten Verwaltungskosten kann nur mit Hilfe einer offenen Informationspolitik versachlicht werden, indem deutlich gemacht wird, daß das Organisieren von Hilfe ebenso wie von sozialem oder kulturellem Wandel eben nicht zum Null-Tarif zu haben ist.

Zur Stärkung der Zivilgesellschaft in den gesellschaftlichen Prozessen ist es schließlich unumgänglich, daß eine Systematik vorgegeben wird, damit die veröffentlichten Daten aggregierbar sind. Rd. 1 Million Vereine, Stiftungen und sonstige Organisationen können ihre Leistungskraft und ihren Beitrag zur Gesellschaft insgesamt nur dokumentieren, wenn dies empirisch unterlegt und belegt werden kann. Die Schätzungen und Hochrechnungen, mit denen heute gearbeitet wird, genügen den Anforderungen einer modernen Sozialwissenschaft über weite Strecken nicht. Es ist nicht verwunderlich, daß die vorgestellten Zahlen vielfach nicht ernst genommen, nicht geglaubt oder leicht widerlegt werden. Daß im vorliegenden Zusammenhang noch vielfach mit mehr als 15 Jahre alten Daten (aus dem Johns Hopkins Comparative Nonprofit Sector Project, Phase 2) argumentiert werden muß, spricht für sich.[6]

Empathie, Kreativität, Know-How und Reputation sind nicht zählbar, ebensowenig die Ergebnisse der Wächter-, Themenanwalts- und Gemeinschaftsbildungsfunktion der Zivilgesellschaft. Auch der zivilgesellschaftliche Mehrwert läßt sich nicht quantifizieren. Aber das Engagement in Zeit und Geld und viele Leistungen der Zivilgesellschaft sind zählbar, und das Unzählbare zu verteidigen, kann nur gelingen, wenn das Zählbare dokumentiert ist. Alles, was die Zivilgesellschaft tut, pauschal für unzählbar und unmeßbar zu erklären, erscheint nicht mehr akzeptabel, zumal aus quantitativen Ergebnissen vielfach auch qualitative abgeleitet werden können, letztere sich auf erstere stützen müssen. Daher muß die Berichterstattung aussagekräftig sein, sie muß ein tatsächliches Bild von der Struktur und Tätigkeit vermitteln. Dies wird dann schwierig, wenn große Organisationen ihre operative Tätigkeit weitgehend in Tochtergesellschaften auslagern. Sie tun dies aus guten Gründen und nicht überwiegend zur Verschleierung; dennoch kann die veröffentlichte Bilanz eines großen Verbandes dann nicht mehr aussagefähig sein, wenn ihre wichtigsten Arbeitsbereiche darin nur noch als Beteiligungen an Tochtergesellschaften zu relativ fiktiven Nominalwerten erscheinen.

---

[6] Diese Kritik gilt nicht universell. Mehrere Untersuchungen des Wissenschaftszentrums Berlin für Sozialforschung (WZB, namentlich von Eckhard Priller), die 1999, 2004 und 2009 durchgeführten Freiwilligensurveys und andere haben empirische Daten erfaßt und ausgewertet. S. hierzu vergleichend: Rainer Sprengel/Rupert Graf Strachwitz, Private Spenden für Kultur. Stuttgart 2008. Das Projekt ‚Zivilgesellschaft in Zahlen' (ZIVIZ) hat 2013 Ergebnisse einer großen Organisationsbefragung veröffentlicht. Das ZIVIZ-Projekt des Stifterverbandes für die Deutsche Wissenschaft bemüht sich darum, die empirische Basis der Zivilgesellschaftsforschung zu verbessern.

Ein ganz anders gelagertes, sehr reales Problem beschäftigt insbesondere die Teile der Zivilgesellschaft, die in hohem Maße Dienstleistungen erbringen, namentlich die Wohlfahrtsverbände. Die Honorierung ihrer Leistungen gründet sich auf Verträge, die sie mit überaus mächtigen, kartellartig zusammengeschlossenen, überwiegend staatlichen oder para-staatlichen „Kostenträgern", d. h. vor allem den Sozialversicherungsträgern abzuschließen haben. Naturgemäß wollen diese aus den veröffentlichten Angaben Argumente für ihre Verhandlungsposition herausfiltern. Hier bewegen sich die Organisationen unbeschadet ihres durch das Gewinnausschüttungsverbot bestimmten Status als Teile der Zivilgesellschaft im Marktgeschehen und haben ein berechtigtes Interesse daran, sensible Daten ihrer Innenkalkulation vor der Analyse durch ihre Verhandlungsgegner zu schützen.

In jüngster Zeit ist darüber hinaus ein altes Problem erneut virulent geworden. Mit Methoden, die bestenfalls am Rande der Legalität liegen, verschaffen sich in- und ausländische Geheimdienste einen umfassenden Einblick in das Innenleben von zivilgesellschaftlichen Organisationen. Nicht nur von Staaten, die als begrenzt rechtsstaatlich angesehen werden können, sondern auch in „westlichen Demokratien" werden so gewonnene Informationen dazu benutzt, mit hoheitlichen Maßnahmen zivilgesellschaftliches Handeln zu behindern oder ganz zu unterbinden.

In Verbindung mit dem schon diskutierten, in Teilen ebenfalls berechtigten Anonymitätsanspruch privater Wohltäter ergibt sich somit eine Reihe von legitimen Schutzbedürfnissen, die entscheidenden Einfluß auf Umfang und Systematik einer Offenlegungsverpflichtung haben. Stellt man dem die ebenfalls bereits erörterte Notwendigkeit einer einheitlichen Systematik gegenüber, so wird die Notwendigkeit einer verbindlichen Festlegung evident. Für diese allerdings sind zahlreiche Einzelheiten zwischen den Betroffenen und den sonstigen *stakeholders* noch zu diskutieren und Interessen abzuwägen. Mit der plakativen Forderung nach Transparenz ist es also nicht getan. Sie macht nur Sinn, wenn sie durch vernünftige Regularien abgestützt ist. Eines allerdings bleibt ebenso evident: die gesellschaftlichen Veränderungen der letzten Jahrzehnte, die unter anderem zur Stärkung der Zivilgesellschaft als gesellschaftliches Aktionsfeld geführt haben, lassen eine Neubestimmung des Transparenzgebots als unabdingbar erscheinen. Der Vorwurf, die Zivilgesellschaft oder deren Teile mischten sich in gesellschaftliche Prozesse ein, ohne hierzu demokratisch legitimiert zu sein, und dies sei in einer grundlegend auf Demokratie aufgebauten Gesellschaft inakzeptabel, wird immer wieder von Gegnern der Zivilgesellschaft, aber auch von nüchternen Beobachtern erhoben. Natürlich wird dieser Vorwurf als Totschlagargument benutzt, um die oft unbequeme, lästige Stimme des Bürgersektors zum Schweigen zu bringen und natürlich ist der Vorwurf in dieser Pauschalität unsinnig, denn auch die Stimme von Wissenschaftlern, Künstlern oder anderen Persönlichkeiten wird – überwiegend zu Recht – gehört, obwohl diese nur für sich sprechen können, während andererseits in demokratisch legitimierten Gremien zustande gekommene Positionen vielfach politischen Kompromissen geschuldet sind und im Rückblick nicht gerade als Ergebnis eines sachorientierten öffentlichen Diskurses erscheinen. Aber es bleibt die bohrende und in der Zukunft voraussehbar noch dringender werdende Frage, wie denn eine Organisation in der zivilgesellschaftlichen Arena, sei sie nun Wohlfahrtsverband, private Stiftung, Bürgerinitiative oder Geselligkeitsverein ihre Positionen, ihre Vorschläge, ihre Arbeitsgrundsätze, kurz ihren Beitrag zur Gesellschaft, den sie ja nach eigener Einschätzung leistet, erarbeitet hat und wen sie dabei tatsächlich vertritt. Auch in der Demokratie, ja gerade in ihr, ist es statthaft, daß Bürger, auch korporative Bürger sich mit ihren divergierenden Überzeugungen in die Gemeinschaft einbringen. Sie müssen dazu weder das große Ganze im Auge haben noch möglichst viele Mitstreiter mobilisieren. Auch eine kleine Stiftung, auch ein kleiner Verein kann dies wortmächtig und nachhaltig tun, aber stets mit offenem Visier.

Der in der Chaos-Forschung beschriebene sog. Schmetterlingseffekt drückt dies aus: In prinzipiell unvorhersehbarer Weise kann eine sehr kleine Ursache eine außerordentlich große Wirkung entfalten. Die Unvorhersehbarkeit setzt der Wirkungsmessung deutliche Grenzen und läßt andererseits auch kleinste Beiträge zu einer großen Entwicklung lohnend erscheinen.[7]

Zu den Normen der Zivilgesellschaft gehört, anders als bei den Trägern hoheitlicher Gewalt, insofern nicht die größtmögliche Repräsentativität, wohl aber, und dies durchaus auch im eigenem kollektiven Interesse, die größtmögliche Offenheit, zumindest dort, wo es um Mittelherkunft, Mittelverwendung und Entscheidungsprozesse geht. Darum stehen auch hier alte Privilegien auf dem Prüfstand, was nicht heißt, daß sie alle fallen müssen. Darum aber ist letztlich die Verbesserung der Transparenz eine so fundamentale Forderung.

Zivilgesellschaft als Bildungsaufgabe

Über 200 Jahre hinweg haben wir versucht, eine Gesellschaft vom Großen zum Kleinen hin zu bauen. Das ist gescheitert. Individualität ist heute der Ausgangspunkt. Aus der Individualität zum Engagement und zu einer starken und wirkmächtigen Zivilgesellschaft zu finden, ist jedoch angesichts der langen Tradition eines anderen Bildungsziels nicht einfach. Es kann nur gelingen, wenn die Bildungsziele selbst grundlegend überarbeitet werden.

---

[7] Uwe an der Heiden, Chaos und Ordnung, Zufall und Notwendigkeit; in: G. Küppers (Hrsg.), Chaos und Ordnung – Formen der Selbstorganisation in Natur und Gesellschaft. Stuttgart 1986, S. 97–121

In einem 2011 erschienen Buch mit dem Titel ‚Die Universität im 21. Jahrhundert' plädieren die Autoren dafür, die Universität müsse zum engagierten Bürger ausbilden.[8] Das ist richtig! Aber wir müssen früher ansetzen! Denn Eigenverantwortung ist nicht selbstverständlich. Nur 61 % der Befragten stimmten 2010 der Aussage zu, Eigenverantwortung sei für eine funktionierende Gesellschaft sehr wichtig. Alarmierend ist dabei, daß jüngere Menschen (bis 34 Jahre) dies weit unterdurchschnittlich so sehen und, noch schlimmer, mit abnehmender Tendenz. In nur zwei, noch dazu recht brisanten Jahren, hat der Anteil bei den 18- bis 24-Jährigen von 50 auf 46 %, bei den 25- bis 34-Jährigen von 61 auf 56 % abgenommen.[9] Hier stimmt, so die notwendige Schlußfolgerung, etwas mit unserem Bildungssystem nicht, für das vornehmlich der Staat verantwortlich ist. Dies wird noch durch eine andere Zahl unterstützt: 25 % der Hauptschulabgänger wollen in den Staatsdienst eintreten. Bei den Hochschulabgängern sind es 50 %. Das heißt: Je länger jemand unserem staatlichen Bildungssystem ausgesetzt ist, desto größer ist die Wahrscheinlichkeit, daß Eigeninitiative und damit auch Eigenverantwortung dem recht bequemen Einordnen in eine Hierarchie weichen, indem Verantwortung im großen Kollektiv verschwindet. Diese Folgerung klingt nicht nur plausibel, sie ist durch zahlreiche Indizien der deutschen Geschichte der letzten 150 Jahre belegbar. Wenn Bürger und Bürgerinnen trotzdem die primären Tugenden der Zivilgesellschaft kannten und anwenden konnten, dann geschah und geschieht dies nicht wegen, sondern trotz der Bildung, die sie genossen hatten.

Die Herausforderung heißt daher, ein Bildungssystem radikal zu verändern, das über 300 Jahre gewachsen ist. Ursprünglich als Anstalten zur Heranbildung von qualifizierten Staats-

---

[8] Yehuda Elkana / Hannes Klöpper, Die Universität im 21. Jahrhundert. Für eine neue Einheit von Lehre, Forschung und Gesellschaft. Hamburg 2011
[9] Deutscher Wertemonitor 2010, S. 13 f.

dienern eingerichtet und im modernen Verfassungsstaat zur Ausbildung für die stets wachsenden Ziele des Staates ausgebaut, müssen unsere Bildungseinrichtungen in der postmodernen Weltgesellschaft des 21. Jahrhunderts gänzlich andere Ziele verfolgen. Dieser Wechsel wird dadurch erleichtert, daß eine umfassende Wissensvermittlung ohnehin an ihre Grenzen gestoßen ist. Die Einübung von Methoden der selbständigen Wissensakquisition erscheint als Ausbildungsziel weiterführend und korreliert mit der Einübung von Selbstermächtigung im Allgemeinen. Um den Paradigmenwechsel zu vollziehen, müssen daher Bürgertugenden in den Mittelpunkt des Bildungssystems gerückt werden. Es sind höchst individuelle, aber für das Gemeinwesen entscheidende Tugenden. Mit Hilfe dieser Tugenden vermögen die Organisationen der Zivilgesellschaft, die ihnen übertragenen gesellschaftlichen Funktionen wahrzunehmen. In der Schule beginnt, was später in der Zivilgesellschaft ausgebildet wird. Inklusion, Integration, Partizipation, Herstellung von sozialem Kapital, Schule der Demokratie und schließlich Freiheit muß von Kindesbeinen an geübt werden. Werte wie Pluralität und Respekt müssen Kinder verinnerlichen. Dies ist zur Zeit allenfalls rudimentär der Fall.

Das demokratische Staatswesen und der Markt müßten ein hohes Interesse daran haben, der Zivilgesellschaft dies zu ermöglichen. Es ist für beide eine Überlebensfrage. Andererseits weckt die Ermutigung auch ein Bewußtsein für die Grenze des Eingreifens von Staat und Markt in zivilgesellschaftliche Prozesse. Aktivierung, Steuerung oder gar Gängelung höhlen die Selbstermächtigung und Freiwilligkeit, den Geschenkcharakter, aus und führen zu Resignation oder revolutionären Gegenbewegungen. Wer hierfür sensibilisiert ist, läßt sich weniger gefallen. Der Paradigmenwechsel in unserem Bildungssystem läßt sich daher über weite Strecken nicht mit den überkommenen Strukturen umsetzen, sondern nur gegen sie. Offenbar läßt er sich auch nicht durch strukturelle Veränderungen herbeiführen, sondern beinhaltet in sich einen tiefgreifenden Bildungsprozeß. Dem steht eine fest verankerte kulturelle Tradition entgegen, die sich beispielsweise in dem Primat staatlicher Bildungseinrichtungen, der staatlichen Regelungshoheit und der Zusammenarbeit zwischen Staat und Markt, aber nicht mit der Zivilgesellschaft, bei der Definition der Lehrinhalte äußert.

All dies gilt es zu verändern. Voraussetzungen dafür sind ein grundlegender Bewußtseinswandel mit entsprechenden politischen Konsequenzen, die konsequente Schaffung einer Engagement-Kultur in Bildungseinrichtungen aller Art, die systematische Identifizierung von Möglichkeiten, Veränderungsprozesse in Gang zu setzen und die konsequente Umsetzung eines neuen Bildungsziels, das da heißt: Wir wollen selbständig denkende, kreative, selbstermächtigt handelnde, geschenk- und kooperationsorientierte Bürger und Bürgerinnen – kurz moderne *citoyens* – heranbilden.

Wir und unsere Kinder müssen lernen, daß auch im Umgang miteinander die Achtung vor dem anderen, vor seiner Suche nach Lösungen, das Experiment, die Vielfalt die angesagten Leitlinien sind. Dies bedeutet auch:

- die Ausweitung der Mitsprachemöglichkeiten von gewählten Beiräten bei der Organisation des Schulbetriebs,
- die Durchforstung der Lehrinhalte im Hinblick auf nicht zielführende Themen,
- die bewußte Aufnahme von zielführenden Lehrinhalten (im Geschichts-, Deutsch- und Sozialkundeunterricht und wahrscheinlich in zahlreichen weiteren Fächern, wenn man nur einmal kreativ darüber nachdenkt)
- die Schaffung größerer Freiheitsräume bei der Definition von Lehrinhalten,
- die Schaffung größerer Freiheitsräume bei der Erprobung pädagogischer Modelle,
- die Vermittlung von Möglichkeiten der Bürgerbeteiligung an politischen Prozessen als Lehrinhalt,

- die Aufnahme von Beispielen zivilgesellschaftlichen Handelns an passenden Stellen des Lehrplans in allen Fächern (etwa Lesebeispiele in Deutsch und Fremdsprachen, Aufsatzthemen usw.),
- die Ermöglichung von aktivem bürgerschaftlichem Engagement von Schülern und Eltern in den Schulen,
- die Ermöglichung von aktivem bürgerschaftlichem Engagement von Schülern und Lehrern außerhalb der Schule.

Am 25. Juni 2001 führte die FDP-Fraktion im Deutschen Bundestag im Rahmen der Arbeit der Enquete-Kommission ‚Zukunft des bürgerschaftlichen Engagements‘ einen Dialog zum Thema ‚Zukunft des Ehrenamtes‘ mit ca. 30 Jugendlichen zwischen 16 und 25 Jahren durch. Als Moderator stellte ich den Teilnehmern unter anderem die Frage: „Würden Sie sagen, daß Schule ein wichtiger Ort ist, um bürgerschaftliches Engagement einzuüben?“ Bevor ich ihm überhaupt das Wort erteilen konnte, antwortete Oliver Kohmann, Mitgründer einer landesweiten Schülervertretung: „Wo denn sonst!“[10] Um dies bewältigen zu können, ist daher eine pädagogische Begleitung unerläßlich. Hierzu gehören beispielsweise

- die Aufnahme von „train the trainer“ Programmen,
- die Durchforstung von Methoden und Inhalten der Lehrerbildung,
- die Würdigung von positiven Beispielen der Neuausrichtung an bestehenden privaten und staatlichen Bildungseinrichtungen im In- und Ausland („best practice“),
- die Förderung der Entwicklung und Erprobung neuer pädagogischer Modelle,
- eine beispielgebende Politik im Hinblick auf außerschulische Bildung (Beispiel: Jugendfreiwilligendienste).

---

[10] FDP-Bundestagsfraktion (Hrsg.), Elke Becker (Bericht), Dialog „Zukunft des Ehrenamtes". Berlin, 25. Juni 2001

Nicht zuletzt läßt sich in diesem Bereich von den Schulen in privater Trägerschaft, die von 8,4 % der Schülerinnen und Schüler an allgemeinbildenden Schulen und 9,2 % derer an berufsbildenden Schulen besucht werden, möglicherweise etwas lernen. In den Niederlanden, wo das bürgerschaftliche Engagement einen ganz anderen Stellenwert hat als bei uns, besuchen 60 % der Kinder Schulen in privater Trägerschaft. Möglicherweise gibt es da einen Zusammenhang. Konzepte wie *service learning* und andere lassen sich dort jedenfalls offenbar leichter einführen. Es gibt allerdings auch wunderbare Beispiele für engagementorientierte Reformschulen in öffentlicher Trägerschaft. Das ohne Zweifel sehr dicke Brett der Neuausrichtung unserer Schulbildung wird, das ist die gute Nachricht, durchaus schon an- und stellenweise auch schon durchgebohrt.

Verantwortung als Gelingensbedingung der Freiheit

„Freiheit ist das Leben der Welt – und Zwang ist der Tod!" Mit diesem Ausspruch zierte ein deutscher Auswanderer in den USA in den 1820er Jahren ein Kunstwerk, das seinen neu gewonnenen amerikanischen Patriotismus unterstreichen sollte. In Deutschland war dies die Zeit der Restauration und politischen Stagnation nach den Napoleonischen Kriegen, der Karlsbader Beschlüsse, die selbst Wissenschaftlern einen Treu-Eid auf den Regenten abverlangten; Polizeispitzel und Zensur bedrängten das Leben aller Bürger. Nur, wie es das berühmte Lied sagt, „die Gedanken sind frei. Wer kann sie erraten?" Freiheit öffentlich einfordern konnte man in dieser Zeit nur in den USA, und auch dort, so muß man hinzufügen, nur, wenn man Mann, Christ und weißer Hautfarbe war.

Diese Zeit ist vergangen. Aber noch heute rührt uns die einfache, ja naive, aber doch deutliche Bekundung auf dem Bild; sie regt dazu an zu fragen, wie es bei uns mit der Freiheit bestellt ist. Gewiß, in Westdeutschland seit 60 Jahren, in Ostdeutschland seit über 25 Jahren herrscht der Zustand persönlicher Freiheit, für den unsere Vorfahren im 19. Jahrhundert gekämpft haben. Sie zu erreichen, mußten wir tiefe Täler durchschreiten; viele haben für diese Freiheit gelitten, sind dafür gestorben. Aber länger als anderswo haben viele den Wert der Freiheit nicht erkannt. Haben wir also nun einen Endzustand erreicht? Ist es falsch, wenn manche sagen, diese Freiheit sei bedroht oder sei am Ende noch gar nicht richtig verwirklicht? Ich glaube, nein! Ich denke, die Mahner und Warner haben recht. Auch wenn wir uns noch so sehr daran gewöhnt haben, unsere Freiheit ist kein Dauerzustand, auf den wir uns verlassen können, sondern ein fragiles Konstrukt, das es täglich neu zu erkämpfen gilt. Die Feinde der Freiheit lauern überall, und wenn wir frei sein wollen, müssen wir auf der Hut sein. Das ist unsere Verantwortung, die von jedem von uns. Wer sie nicht wahrnimmt, ist selber schuld, wenn ihm oder ihr die Freiheit genommen wird. Diese wird uns von niemandem geschenkt, sie will immer wieder neu erobert und verteidigt werden. Der überbordende Sicherheitsapparat aller Regierungen, überhaupt das grassierende Denken in Sicherheits- statt in Freiheitskategorien und nicht zuletzt das ständige Ausspionieren von Regierungen, Unternehmen, zivilgesellschaftlichen Organisationen und einzelnen Bürgern und Bürgerinnen zeigen uns jeden Tag, wie bedroht unsere Freiheit ist.

In dem 2010 erhobenen „Deutschen Wertemonitor"[11] wurden Umfrageergebnisse vorgestellt, nach denen Freiheit von 77 % der Befragten als zentrale Voraussetzung einer funktionierenden Gesellschaft bezeichnet wurde. Dennoch ist kaum ein Begriff so kontaminiert wie der der Freiheit – kontaminiert durch unterschiedliche Ausgangspunkte und Betrachtungswei-

---

[11] Friedrich-Naumann-Stiftung (Hrsg.), Deutscher Wertemonitor, Freiheit – Die schwierige Botschaft. Potsdam 2010

sen, aber auch durch Instrumentalisierung und letztlich auch durch schlichten Unsinn. Unsinnig ist sicher die Befürchtung, Freiheit verführe zu schrankenlosem Hedonismus, Zügellosigkeit, dem Verlust aller Bindungen, der Reduktion auf den *homo lupus*, der fern jeden Gemeinschaftsgefühls seinem eigenen Vergnügen, seinem wirtschaftlichen Vorteil, seiner Macht über andere hinterherjagt. Freiheit, so hieß es schon, sei der Feind jeglicher Gemeinschaft. Und in der Tat: eine Untersuchung von FORSA für die Zeitung Welt am Sonntag ergab, daß im Vergleich zwischen Gerechtigkeit und Freiheit 58 % der Bürger und Bürgerinnen Gerechtigkeit als wichtiger bezeichneten, nur 34 % die Freiheit.[12]

Die Schreckensbilder haben nicht nur politische und moralisch-fundamentalistische Diktatoren und Möchte-Gern-Diktatoren zur Begründung ihrer Herrschaft stets gern an die Wand gemalt. Weit verbreitet ist auch unter aufrechten Demokraten die Auffassung, der Staat sei unter anderem, vielleicht sogar vor allem dazu da, diese Freiheit durch Ordnung zu zügeln, zu beschränken und einzudämmen. Versage er bei dieser Aufgabe, habe das schreckliche Folgen für das Funktionieren der Gesellschaft. Wenn ich es richtig sehe, hat gerade Deutschland eine besonders große Phalanx von Warnern hervorgebracht, denen es wichtig war, die Freiheit am liebsten gar nicht erst auszuprobieren. Zu den Skeptikern gehörte etwa im 20. Jahrhundert Carl Schmitt, der noch nach 1945 trotz seiner Verstrickung in den Nationalsozialismus großen Einfluß auf das Denken konservativer Kreise in Westdeutschland hatte und beständig vor den Gefahren der Freiheit warnte. Dazu paßt auch, daß wir der Freiheit gern und oft die paternalistische Vokabel des „Gewährens" anhängen, als ob Freiheit kein originäres Menschen- oder Bürgerrecht, sondern ein gnadenhalber von einer Obrigkeit gewährtes Gut wäre. Gerade die gesellschaftlichen Eliten

---

[12] Welt am Sonntag, 3. Dezember 2006, S. 10

sind nicht immer gefeit gegen derartige Ordnungsvorstellungen, da sie damit die Hoffnung verbinden, sie selbst könnten dennoch sehr wohl ihr Leben frei gestalten, für die anderen sei es jedoch besser, wenn sie es nicht könnten, will heißen, für sie wäre es besser, wenn die anderen es nicht könnten. Diese Freiheit meine ich nicht, wenn ich von Freiheit spreche.

Freiheit kann vielmehr heute nur bestehen, wenn jedermann daran teilhaben kann. Die 1990 neu gefaßte Präambel zum deutschen Grundgesetz beschreibt das so: „Im Bewußtsein seiner Verantwortung vor Gott und den Menschen, von dem Willen beseelt, als gleichberechtigtes Glied in einem vereinten Europa dem Frieden der Welt zu dienen, hat sich das deutsche Volk, kraft seiner verfassungsgebenden Gewalt dieses Grundgesetz gegeben. Die Deutschen in den Ländern Baden-Württemberg, Bayern, Berlin, Brandenburg, Bremen, Hamburg, Hessen, Mecklenburg-Vorpommern, Niedersachsen, Nordrhein-Westfalen, Rheinland-Pfalz, Saarland, Sachsen, Sachsen-Anhalt, Schleswig-Holstein und Thüringen haben in freier Selbstbestimmung die Einheit und Freiheit Deutschlands vollendet. Damit gilt dieses Grundgesetz für das gesamte Deutsche Volk." Das heißt schon: Nicht nur die Gedanken sind frei, sondern auch das Handeln des Einzelnen und des Volkes.

Von der Freiheit ist in Art. 2 nochmals die Rede: „Jeder hat das Recht auf freie Entfaltung seiner Persönlichkeit." In Art. 4 heißt es dann: „Die Freiheit des Glaubens, des Gewissens und die Freiheit des religiösen und weltanschaulichen Bekenntnisses sind unverletzlich." In Art 5: „Jeder hat das Recht, seine Meinung in Wort, Schrift und Bild frei zu äußern. [...] Die Pressefreiheit und die Freiheit der Berichterstattung durch Rundfunk und Film werden gewährleistet. [...] Kunst und Wissenschaft, Forschung und Lehre sind frei." Allerdings folgen hier sogleich die Einschränkungen: „Die Freiheit der Lehre entbindet nicht von der Treue zur Verfassung." In Art. 7 folgt noch: „Das gesamte Schulwesen steht unter der Aufsicht des Staates."

Das Recht, das gemeinhin mit Versammlungsfreiheit über-
schrieben ist, taucht im Grundgesetz nicht auf. Dort heißt es
vielmehr in Art. 8: „Alle Deutschen haben das Recht, sich
ohne Anmeldung oder Erlaubnis friedlich und ohne Waffen zu
versammeln. Für Versammlungen unter freiem Himmel kann
dieses Recht durch Gesetz oder auf Grund eines Gesetzes beschränkt werden."

Und schließlich sei noch die Vereinigungsfreiheit in Art. 9
genannt, ein zentraler Inhalt der Freiheitskämpfe des 19. Jahrhunderts: „Alle Deutschen haben das Recht, Vereine und Gesellschaften zu bilden." Aber: „Vereinigungen, deren Zweck
oder deren Tätigkeit den Strafgesetzen zuwiderlaufen oder die
sich gegen die verfassungsmäßige Ordnung oder gegen den Gedanken der Völkerverständigung richten, sind verboten." In
den folgenden Artikeln des sog. Grundrechtekatalogs,
Art. 1–19, sind noch einige weitere typische Freiheitsrechte
enthalten. Fast allen sind Ausnahmeklauseln oder andere Beschränkungen angefügt.

Es geht letztlich im Grundgesetz also eher darum zu regeln, unter welchen Bedingungen diese Freiheit beschränkt
werden darf. Das ist schlüssig, dient dieses doch dazu, das Zusammenleben der Menschen jedenfalls in dem Bereich zu ordnen, in dem es um die Macht der hoheitlichen Gewalt geht. Es
beschreibt also nicht die Freiheit an sich, sondern regelt, welche Beschränkungen unerläßlich sind, bindet diese Beschränkungen allerdings an den berühmten Eröffnungssatz (Art. 1,
Abs. 1): „Die Würde des Menschen ist unantastbar." Es leuchtet unmittelbar ein, daß die Väter und Mütter des Grundgesetzes nach den Erfahrungen des Nationalsozialismus diese prin-
zipielle Aussage an den Anfang stellen wollten. Allerdings
geht es hier, anders als etwa in den Grunddokumenten der
amerikanischen Demokratie, nicht eigentlich um Freiheit, sondern um Würde; diese allerdings, schreibt der Verfassungsjurist
Christoph Goos, ist „zum bedeutungslosen Rechtsbegriff ge-

worden"[13] und bezieht sich letztlich nur auf die innere Freiheit, wenn sie so wollen, die der Gedanken, die der Regelung durch eine Staatsverfassung im Grunde nicht bedarf.

Hier wird das Problem deutlich. Mit Freiheit ist nicht immer dasselbe gemeint. Die innere Freiheit, die individuelle Freiheit des Bürgers und der Bürgerin und die kollektive Freiheit einer Gemeinschaft sind nicht dasselbe. Während innere Freiheit viel mit Menschenwürde zu tun hat und vor allem das Recht, frei zu denken beinhaltet, geht es bei der individuellen Freiheit wesentlich um die Freiheit, das Leben zu gestalten und am gesellschaftlichen Leben zu partizipieren. Kollektive Freiheit dagegen ist politische Freiheit. Innere Freiheit erwächst wesentlich aus der eigenen Persönlichkeit. Nur in Extremfällen können ihr äußere Einflüsse etwas anhaben. Individuelle Freiheit ist ein zweifellos empfindlich störbares Menschen-, auch Bürgerrecht, das gemeinschaftlicher Ordnung vorausgeht. Kollektive Freiheit dagegen bezieht sich nicht zuletzt, aber auch nicht nur auf die staatliche Gemeinschaft.

Innere Freiheit war und ist auch in staatlichen Systemen denkbar, die kollektive Freiheiten nicht kennen. Wäre dies nicht so, hätte es schwerlich die Entwicklungen geben können, die 1989/90 zu den Umwälzungen in Mittel- und Osteuropa geführt haben. Das System glaubte, das Handeln und Denken aller prägen zu können und konnte es trotz aller Repressionen nicht. Schon die Nazis hatten das geglaubt. „Der Einzelne ist nichts, die Volksgemeinschaft ist alles", postulierte Goebbels 1933. Er behielt letztlich nicht recht, auch wenn er damit durchaus deutsche Traditionen aufgriff und, zunächst jedenfalls, erstaunlich erfolgreich war. Weiße Rose und Kreisauer Kreis jedoch waren mutiger Ausdruck jener inneren Freiheit, die sich manche eben doch bewahrt hatten.

---

[13] Christoph Goos, Innere Freiheit, Eine Rekonstruktion des grundgesetzlichen Würdebegriffs. Göttingen 2011

Heute wollen wir mehr; dieses Wollen ist für uns als Demokraten handlungsleitend. Wir wollen nicht nur frei denken, sondern auch unser Leben frei gestalten, mag sein anders als unser Nachbar, und geraten schon dadurch in einen immanenten Konflikt mit einer, wie Ernst Wolfgang Böckenförde es ausdrückt, „in ihrer Zuständigkeit potentiell allumfassenden Staatsgewalt"[14], die sich seit dem 17. Jahrhundert immer stärker herausgebildet hat. „Menschliche Bindungen, in deren Zentrum traditionell die Familie, die Grafschaft und die Pfarrgemeinde gestanden hatten, traten gegenüber Treuepflichten gegenüber dem Land zurück."[15] Jeremy Rifkin nennt dies den Übergang von einer ‚Abstammungsgesellschaft' zu einer ‚Zivilgesellschaft'[16], und wenn wir auch heute den Begriff der Zivilgesellschaft anders gebrauchen, so ist Rifkin darin zuzustimmen, daß die Ursprünge der politischen Befreiung des modernen Menschen aus den Umständen seiner Geburt in der Zeit liegen, die er beschreibt, dem 17. Jahrhundert in England und namentlich auch Schottland.

Erst in den 1980er Jahren und nach großen Debatten gelang es, den Staat, wie man damals sagte, „aus den Schlafzimmern zu vertreiben". Seitdem sind viele weitere kleine individuelle Freiheitsrechte erkämpft worden. Vor 25 Jahren schien das Abendland bedroht, als Joschka Fischer zu seiner ersten Vereidigung als Landesminister in Turnschuhen erschien. Heute würde sich niemand mehr darüber ernsthaft aufregen. Die Liste ließe sich schier endlos fortsetzen. Jedenfalls ist es diese äußere Freiheit, die man mit den Grundrechten des Grundgesetzes assoziiert. Sie erscheint heute durch das geradezu pathologische Kontroll- und Sicherheitsbedürfnis des Staates gefährdet.

---

[14] Ernst Wolfgang Böckenförde, Der säkularisierte Staat. München 2006, S. 44
[15] Jeremy Rifkin, (2010), S. 209 f.
[16] Ibid., S. 209

Dies hat Konsequenzen für die dritte Form der Freiheit, die kollektive. Vor 500 Jahren war Kollektivität im Wesentlichen eine religiöse, vor 200 Jahren im wesentlichen eine staatliche. „Der Staat ist politische Herrschaftsorganisation zur Sicherung der natürlichen und vorstaatlichen Rechte und Freiheiten des einzelnen"[17], sagt Böckenförde. Schon im Deutschland des 19. Jahrhunderts konnte Hegel vom alles überwölbenden Staat sprechen, in dem der einzelne erst seine Erfüllung findet und zu dem die bürgerliche Gesellschaft nicht mehr als eine Vorstufe darstellt. Wem diese Kollektivität zuwider war, mußte, konnte aber auch auswandern. Ging er nach Amerika, später auch nach Australien, erlebte er eine völlig andere Gesellschaft. Dies ist vorbei. Der Zugriff des Staates auf seine Bürger ist in den Ländern, in denen es erstrebenswert erscheint zu leben, kaum noch unterschiedlich. Kollektive Freiheiten, etwa demokratische Rechte, gleichen sich immer mehr an. Zugleich aber verliert der Staat seine Attraktivität, während die lokaler, regionaler und transnationaler Gemeinschaften zunimmt. „Inzwischen hat die Idee der Nation, nicht allein in vielen Staaten Europas, diese Formkraft verloren."[18] Wahrgenommen wird der Staat als Regulierungs- und Machtinstanz, allenfalls noch als Dienstleister. Das von Behörden einige Jahre lang unseligerweise gebrauchte Wort vom Bürger als Kunden hat diesen Eindruck verstärkt. Es hat dazu beigetragen, daß wir – das zeigen viele Untersuchungen – das Vertrauen in Politik, Verwaltung und Staat weitgehend verloren haben. Dies geschehen zu lassen, war unverantwortlich.

Ist Verantwortung eine Gelingensbedingung von Freiheit, so ist die Antwort nicht ohne weiteres ‚Ja'. Innere Freiheit ist auch die Freiheit zum Denken von Gedanken, die niemand anderem gefallen werden. Auch bedarf manch individuelle Frei-

---

[17] Böckenförde (2006), S. 64
[18] Ibid., S. 70

heit zu ihrer Verwirklichung keiner Übernahme einer besonderen Verantwortung. Von jemandem, der Bäcker werden will, zu verlangen, er müsse das im Lichte seiner persönlichen Verantwortung für die Ernährung der Menschheit tun, ist gewiß zu viel verlangt. Wir haben von vielen Berufen, die sich selber ein besonderes Maß an Verantwortung zumaßen, gelernt, daß nicht alle, die ihn ergreifen, davon erfüllt sind. Verantwortung beginnt dann, wenn der Mensch durch sein Handeln oder auch schon durch sein bloßes Sein andere Menschen tangiert. Wer zu laut singt, trägt die Verantwortung dafür, daß dies andere nicht stört. Wer ein Atomkraftwerk betreibt, trägt die Verantwortung dafür, daß es zu keinem Gau kommt. Dieser Verantwortung ist auch nicht dadurch Genüge getan, daß alle Vorschriften beachtet werden.

„Wir alle sind frei. Aber keiner von uns ist frei von Verantwortung!" Mit diesen Worten schloß Bundespräsident Gauck eine bemerkenswerte Rede vor einem Führungstreffen der Wirtschaft.[19] Diese Rede ist voller wichtiger Anmerkungen zu der Gelingensbedingung von Freiheit, von der nun die Rede sein soll, auch dieser: „Wenn das Augenmaß verloren geht, schwinden Basiswerte – Verläßlichkeit, Berechenbarkeit, Vernunft und immer wieder Vertrauen."[20] Viele Politiker machen es sich da einfacher. Sie beklagen, daß sie aus finanziellen oder anderen Gründen nicht mehr all das leisten können, was sie bis vor kurzem noch selber angekündigt haben und schieben nun den Bürgern und Bürgerinnen die Verantwortung zu. All jene, die bis vor kurzem nicht mehr waren als Objekte einer paternalistischen Politik und Verwaltung – man denke nur an die weit-

---

[19] Joachim Gauck, Rede vor dem Führungstreffen Wirtschaft der Süddeutschen Zeitung. Berlin 15. November 2012. www.bundespräsident.de/Reden/"Führungstreffen Wirtschaft 2012" der Süddeutschen Zeitung. Zugriff am 4. XII. 2012, S. 7
[20] Ibid. S. 2

verbreitete, der Bienen- und Ameisenkunde entlehnte Sammelbezeichnung Bevölkerung – und die es im Grunde auch bleiben sollen, sollen dennoch nunmehr Verantwortung übernehmen. Für was eigentlich? Für das, was eine inkompetente Verwaltung oder Politik ihnen eingebrockt hat? Für das, was sie, wenn man denn das Konstrukt aufrechterhalten will, dem Staat ausdrücklich übertragen haben und das sie üppig finanzieren? Da drängt sich der Verdacht auf, jemand wolle sich hier aus der Verantwortung stehlen. Als Gelingensbedingung der Freiheit jedenfalls taugt dieser Ansatz nicht.

Gauck durchschaut dieses Spiel. „Wir haben den Preis unseres Handelns vom Augenblick der Entscheidung entkoppelt und damit zwei Dinge getrennt, die zusammengehören: die Freiheit, etwas zu tun und die Verantwortung, für etwas gerade zu stehen", sagt er in der schon zitierten Rede. Das heißt, wer etwas tut, trägt dafür auch die Verantwortung, sei er nun gewählter Mandatsträger, Verwaltungsbeamter, Unternehmer, Vereinsvorsitzender, Arbeiter, Student oder was auch immer. Diese Eigenverantwortung wird freilich nicht von allen erkannt.

Höchst persönliche und selbstbezogene Verantwortung entspricht einem liberalen Menschenbild. Aber auch die Kirche hat in einem weithin unbeachtet gebliebenen Papier der Deutschen Bischofskonferenz 2011 hierzu eindeutig Stellung bezogen: „Zum liberalen wie zum christlichen Menschenbild gehört […] die Überzeugung, daß der Mensch grundsätzlich in der Lage ist, sein Leben selbst zu meistern. Jeder muß seine Begabungen und Potentiale zur Geltung bringen und sich immer wieder einer Verantwortung für das eigene Leben stellen. Er steht in der Pflicht, die ihm gegebenen Möglichkeiten zu nutzen, bevor er Hilfe durch die Solidargemeinschaft in Anspruch nimmt."[21] Verknüp-

---

[21] Die deutschen Bischöfe (Hrsg.), Chancengerechte Gesellschaft, Leitbild für eine freiheitliche Ordnung. Kommission für gesellschaftliche und soziale Fragen Nr. 34. Bonn 2011, S. 20

fen wir diese Aussage mit dem ausgeführten Freiheitsanspruch, wird deutlich, daß damit eine zentrale Gelingensbedingung angesprochen ist: „Freiheit und Personalität gehören zusammen. Freiheit ist konstitutiv für die Grundbestimmung des Menschen."[22] Bei Joachim Gauck liest sich das so: „Der erste Schritt, mit dem solche Verantwortung wahrgenommen wird, ist das Bekenntnis zum verantwortlichen Subjekt."[23]

Dies heißt, so folgere ich nun, die Bedingung dafür, daß Verantwortung und Freiheit miteinander verkoppelt werden und bleiben, ist zuallererst die Anerkennung des Menschen als Subjekt, anders ausgedrückt der Respekt vor dem einzelnen Menschen. Dies heißt für Deutschland auch: Abschied von der Mentalität, die Tucholsky in die Worte gefaßt hat: „Deutschland ist zweigeteilt – in die Menschen vor und die hinter dem Schalter." Wer hinter dem Schalter sitzt, ist Subjekt, Obrigkeit, hat Macht, und wenn sie noch so klein ist. Wer davor steht, ist Objekt und verdient Herablassung, jedenfalls keinen Respekt. Dazu ein kleines Beispiel: In Kapstadt kam ich an einen Zebrastreifen, wo ein (schwarzer) Polizist den Verkehr regelte. Er bedeutete mir zu warten, weil gerade die Autos freie Fahrt hätten. Nach kurzem wandte er sich wieder mir zu und sagte: *„Thank you for waiting! –* Danke, daß Sie gewartet haben!" Haben Sie je einen deutschen Polizeibeamten so sprechen hören?

Respekt gehört zu den Vokabeln, die wir in der Tat neu einüben müssen, Respekt vor dem Menschen mit anderen Gewohnheiten, anderem Bildungsstand, anderer Religion, anderem Alter, anderer Kultur, kurz, Respekt vor dem Bürger – natürlich auch vor der Bürgerin. Respekt ist mehr als Toleranz. Diese ist sehr passiv, jene dagegen beinhaltet und fordert aktives Denken, also die Ausübung jener inneren Freiheit, und Handeln, Ausübung jener individuellen Freiheit in der Gesell-

[22] Ibid., S. 18
[23] Gauck, loc. cit., S. 3

schaft, von der schon die Rede war. Wenn das Papier der Bischöfe negative von positiver Freiheit unterscheidet, die Freiheit von Einschränkungen und Zwang von der zur Bestimmung und Verwirklichung eigener Ziele[24], so ist diese nur über den Respekt vor der Freiheit des anderen und damit über das Bekenntnis zum verantwortlichen Subjekt zu verwirklichen. Zum Respekt gehört die Achtung – und zwar im doppelten Sinn: Kontinuierliche Mißachtung ist der Nährboden, auf dem sozialer Unfrieden, Protest und letztlich auch Revolution gedeihen.

Damit ist eine weitere Stufe der Verantwortung angerissen: die kollektive Verantwortung. „Das heißt dann etwa so: ‚Der Markt hat versagt‘. ‚Die Regulierung hat gefehlt.‘ ‚Die Sanktion hat nicht gegriffen.‘ Schuld war ‚das System‘, ‚die Politik‘ oder am besten gleich ‚die Globalisierung‘ oder noch simpler ‚der Kapitalismus‘.“[25] Dies ist, so nennt das Gauck, das „Verschieben von Verantwortlichkeit ins Abstrakte“.[26] Seltsamerweise spricht der Bundespräsident davon in der Vergangenheitsform. Diesen Optimismus teile ich nicht. Dieses Verschieben ist heute so beliebt wie eh und je. Schuldzuweisung, um sich selbst aus der Verantwortung herauszuziehen, ist ein Phänomen, dessen Niedergang ich nicht beobachten kann. Richtig ist, so wieder Gauck: „Wirtschaft und Gesellschaft, das sind nicht immer nur die anderen.“[27]

Im 21. Jahrhundert drücken sich kollektive Freiheiten ganz anders aus. Die Tatsache, daß zwar fast alle US-Amerikaner einer kirchlichen Gemeinschaft angehören, aber mehr als 1/3 nicht der, in die sie hineingeboren wurden, ist ein Indikator für die Veränderungen in der Ausübung von individueller und

---

[24] Die deutschen Bischöfe, loc. cit., S. 16
[25] Gauck, loc. cit., S. 2
[26] Ibid.
[27] Ibid., S. 6

kollektiver Freiheit. Vor allem aber hat die kommunikative Revolution der letzten 20 Jahre die *voluntary communities*, die Gemeinschaften, in die man freiwillig eintritt, und aus denen man in voller Freiheit ebenso wieder austritt, in ihrer Bedeutung in einer Weise gestärkt, die noch kaum erkannt ist. Nur ein Beispiel: 1990 wurde die erste Website ins Netz gestellt. Heute nutzen 52 % der über 65-jährigen das Internet mindestens 1 Stunde am Tag[28], von den jüngeren gar nicht zu reden. Noch wichtiger in dieser Hinsicht ist Facebook. Es startete 2004. Heute nutzen es über 1 Milliarde Menschen.[29] Für den Facebook-User, gewiß eher den 20-jährigen, ist der Facebook Freund in Neuseeland genausoweit weg wie der im Nachbarhaus. Eintritt ist ebenso leicht zu bewerkstelligen wie Austritt. Kein Zweifel, hier werden individuelle, aber auch kollektive Freiheiten ausgeschöpft, die erstmals in der Geschichte das Leben der Menschen in dieser Weise prägen. Lebensentwürfe wechseln und unterscheiden sich in einem noch nie gekannten Maß. Typische Milieus sind verschwunden, nationale Grenzen vielfach niedrig geworden, klassische Karrieren die Ausnahme. Reichtum und Bildung klaffen weit auseinander, Herkommen und Perspektiven sind, allen Unkenrufen zum Trotz, deutlich weniger kongruent als noch vor zwei Generationen. Wir sind eine andere Gesellschaft.

Im 21. Jahrhundert geht es nicht mehr darum, als Staatsvolk gemeinschaftlich etwas zu tun. Wer das nicht zur Kenntnis nehmen will, nimmt die Realität nicht zur Kenntnis. Gerhard Schröder, damals amtierender Bundeskanzler, gestand dies in seinem berühmt gewordenen, am 24. März 2000 in der Süddeutschen Zeitung zuerst erschienenen Beitrag über die zivile Bürgergesellschaft ein: „Unter diesen Bedingungen" – gemeint sind die, die er zuvor als „klassische Wirtschaftsmuster" cha-

---

[28] + 3, Dezember 2012, S. 7
[29] Ibid.

rakterisiert hatte – „wird die Zivilgesellschaft zum wichtigsten Ort der sozialen Teilhabe. Hier muß die Identifikation geschaffen werden, die den Einzelnen an die Werte und Ziele der Gesellschaft bindet. Den Bürgern wird in dieser Zivilgesellschaft ein Stück Subsidiarität und Selbstbestimmung zurückgegeben. Das verlangt die Bereitschaft zur Eigenverantwortung, es verlangt auch einen Staat, der sich darauf konzentriert, die Bedingungen für Gerechtigkeit zu schaffen und die Infrastruktur gesellschaftlicher Solidarität zu garantieren."[30] Im Grunde knüpft Schröder damit an John Stuart Mill an, der schon 1859 in seinem Essay ‚On Liberty' formuliert hatte: „Dies Prinzip lautet: daß der einzige Grund, aus dem die Menschheit einzeln oder vereint, sich in die Handlungsfähigkeit eines ihrer Mitglieder einzumischen befugt ist, der ist: sich selbst zu schützen. Daß der einzige Zweck, um dessentwillen man Zwang gegen den Willen eines Mitglieds einer zivilisierten Gemeinschaft rechtmäßig ausüben darf, der ist: die Schädigung anderer zu verhüten."[31]

Prognostiker wie Parag Khanna sprechen heute davon, daß wir auf ein neues Mittelalter zusteuern, in dem grundlegend anders als in den letzten 200–300 Jahren der Staat eben nicht mehr eine allein (mag sein demokratisch) legitimierte Macht-Instanz darstellt, sondern in dem zahlreiche, unterschiedlich strukturierte und nur durch ihre Akzeptanz legitimierte Organisationen miteinander kooperieren müssen.[32] Zumindest können wir feststellen, daß kollektive Freiheit heute im Staat, dem Markt und der Zivilgesellschaft ausgeübt wird. Diese Entwicklung birgt eine ungeheure Chance. Indem der Mensch in freier Wahl in jeder dieser Arenen als Akteur oder

---

[30] Gerhard Schröder, Die zivile Bürgergesellschaft; in: Süddeutsche Zeitung, 24. März 2000, S. 19
[31] John Stuart Mill, On Liberty [1859], dt. Stuttgart 2008
[32] Parag Khanna, loc. cit.

auch nur als passiv Beteiligter auftreten kann, jede Arena betreten und wieder verlassen kann, gewinnt der Eröffnungssatz des Grundgesetzes implizit eine neue Bedeutung. „Wir müssen lernen, daß wir immer eine Wahl haben – vielleicht nicht immer jede Wahl", so hat Joachim Gauck diese Kollektivität der Freiheit auf einen kurzen Nenner gebracht, zugleich aber auch den Entwicklungsprozeß benannt, der dazu erforderlich ist. Er hat dabei wohl auch auf Helmut Plessner, den Anthropologen der Freiheit, Bezug genommen. Der Mensch rückt also noch deutlicher in den Mittelpunkt der Betrachtung, wird gewissermaßen resubjektiviert. „Denn der Mensch ist Dreh- und Angelpunkt und der zentrale sozialethische Maßstab für alles wirtschaftliche und politische Handeln."[33]

Dies mag uns manchmal anders vorkommen, denn der Staat behält das Monopol auf die Ausübung von Gewalt. Doch angesichts der immensen Bedeutung des Tauschs einerseits und der deliberativen Gemeinschaftsbildung andererseits nimmt gerade die Bedeutung dieses Gewaltmonopols unmerklich aber deutlich ab. Insoweit sind wir tatsächlich freier als wir je oder zumindest lange Zeit waren. Doch täuschen wir uns nicht! Der Staat bleibt mächtig, übermächtig. Über 600 Milliarden Euro im Jahr fließen Bund, Ländern und Gemeinden allein durch Steuern zu, Gebühren, Zölle, wirtschaftliche Erträge usw. noch gar nicht mitgerechnet. Der immer wieder gehörte Satz, der Staat sei arm, stimmt einfach nicht. Er ist geradezu unsinnig. Er ist der reichste im Land. Aus diesem Reichtum, aus seinem Gewaltmonopol und aus dem Auftrag, den wir Bürger und Bürgerinnen ihm erteilt haben, folgt für mich, daß in ihm die Verantwortung dafür liegt, daß die Freiheit nicht eingeschränkt wird, sondern daß sie ausgeübt werden kann, individuell und kollektiv. Diese Verantwortung wahrzunehmen, ist die Gelingensbedingung der kollektiven Freiheit.

---

[33] Die deutschen Bischöfe, loc. cit., S. 17

Dies, nicht Sicherheit, erzeugt Vertrauen in politische Führung und Akzeptanz politischen Handelns.

Worin besteht diese Verantwortung? Wer politische Macht ausübt, der ist verantwortlich dafür, daß Menschen in ihrer Freiheit so wenig wie möglich beeinträchtigt werden. Gerade hier erkenne ich eine der wichtigsten Aufgaben der Politik und der von dieser kontrollierten Verwaltung. Wir bezahlen diese heute nicht dafür, daß sie uns ein starres Normengerüst aufzwingt, sondern daß sie einen Normenkonsens – so nennt das Jürgen Habermas – bewahrt und fortentwickelt, innerhalb dessen die Menschen die Freiheit ausleben können, die sie ausleben wollen.

Um diesen Normenkonsens zu definieren und an seiner Gestaltung mitzuarbeiten, müssen wir vielleicht ein paar neue Vokabeln lernen oder sie uns, da altbekannt, wieder in Erinnerung rufen. Pluralität und Respekt sind zwei solcher Vokabeln. Anstand ist eine, das rechte Maß ist eine weitere. Sinnstiftung, Erfüllung und Selbstverwirklichung gehören durchaus dazu. Immer mehr in den Vordergrund tritt die Akzeptanz. Eine vor kurzem vorgelegte Untersuchung der RWE hat gezeigt, daß Großprojekte nur noch dann realisierbar und finanzierbar sind, wenn durch Einbeziehung aller denkbaren Betroffenen – neudeutsch *stakeholder* – im Vorfeld Akzeptanz hergestellt worden ist, herstellbar nur durch Respekt vor deren konträren oder abweichenden Meinungen.[34] Wir müssen lernen, daß Legitimität oft nicht dasselbe ist wie Legalität. Nicht das Vorhandensein einer Gesetzesnorm, sondern ein Normenkonsens begründen solche Legitimität und schließlich – wenn auch gewiß nicht abschließend – Empathie, also nicht abstrakte, gruppen- oder gemeinschaftsbezogene Solidarität, sondern Hinwendung zum konkreten Menschen „aus dem tiefen menschlichen Leid, das die Geburtswehen der Zivilisation mit

---

[34] RWE AG, Akzeptanz für Großprojekte. Essen 2012

sich brachten"[35] erwachsen. „Globale Kommunikationsnetz-
werke", sagt Rifkin, „legen die Vorstellung eines empathischen
Multiplikatoreneffekts nahe, wobei jeder neue Vorstoß über
traditionelle Grenzen weiterwirkt und das Leben unzähliger
anderer beeinflußt."[36]

Dies alles sind Normen, die besonders in der Zivilgesellschaft gepflegt und eingeübt werden können. Diese in politische Prozesse einzubeziehen, mehr noch, auf sie zu hören,
wenn sie solche selbstermächtigt anstößt, ist daher das Gebot
der Stunde. Auch das ist Ausdruck von Verantwortung. Und
noch eins: Die bildungsbürgerliche Entgeisterung über die
„Spaßgesellschaft" darf nicht den Blick dafür verstellen, daß
unzählige Menschen auf der ganzen Welt mit richtig viel Spaß
jeden Tag aufs neue versuchen, unsere Welt zum Positiven zu
verändern. Sie handeln in Verantwortung für sich und andere,
auch die nach ihnen geborenen, sehen sich aber keineswegs als
Opfernde oder Verzichtende. Sie wollen vielmehr ihr Leben mit
Sinn erfüllen und sagen auch, daß sie das, was sie tun, für sich
tun. Das ist die Verantwortung, die ich meine. Sie ist die Gelingensbedingung der Freiheit.

Eine kurze Reflexion zum Schluß: Ist denn Freiheit tatsächlich so wichtig? Übertreiben wir es nicht, wenn wir sie in
den Mittelpunkt gesellschaftlicher Ordnungskonzepte stellen.
Wenn, wie es oft geschieht, die vielbeschworene freiheitlich-demokratische Grundordnung als dahingenuschelte abgedro-
schene Phrase erscheint oder gar im Jargon zur FDGO verkürzt
wird, ist jedenfalls zu vermuten, daß dies von manchen so gesehen wird. Ordnung, Sicherheit, Wohlstand erscheinen tatsächlich immer wieder als zentralere Begriffe. Aber nein: Freiheit ist
das Leben der Welt, und Zwang ist der Tod! Über diese Norm,
denke ich, kann es keinen Dissens geben.

---

[35] Rifkin (2010), loc. cit., S. 153 f.
[36] Ibid., S. 34

VII. Anhang

Zivilgesellschaft: Elemente einer Definition

Abgrenzung
- Mindestmaß an Kohärenz
- Mindestmaß an Nachhaltigkeit
- nicht in erster Linie auf die Erzielung von Gewinnen ausgerichtet
- Keine Ausschüttung von Überschüssen aus der Tätigkeit an Eigentümer oder Mitglieder
- keine hoheitlichen Funktionen
- freiwillig zustande gekommen
- Gewinnung von Mitgliedern und Funktionsträgern auf freiwilliger Basis
- Entscheidungshoheit über innere Angelegenheiten

Selbstverständnis
- Subjektives Gemeinwohlinteresse
- Verwirklichung von Subsidiarität
- Offentlichkeit
- im weiteren Sinn politische Dimension
- Arena des Diskurses
- pluralistisch
- Ausdruck von Weltgesellschaft = transnational, aber nicht „enträumlicht"

Handlungslogik
- selbstermächtigt
- selbstorganisiert

- selbstverantwortlich
- bottom-up
- wettbewerbs- und kooperationsorientiert

Funktionen
- Wächterfunktion
- Themenanwaltsfunktion
- Gemeinschaftsbildungsfunktion
- Funktion der deliberativen Demokratie
- Dienstleistungsfunktion
- Selbsthilfefunktion
- Mittlerfunktion

Zehn Regeln für eine gute Zivilgesellschaft

Zivilgesellschaft ist Ausdruck von Freiheit, bürgerschaftliches Engagement ist Ausdruck von Verantwortung. Legitimität ist Ausdruck von Akzeptanz. Wer sich in der Zivilgesellschaft engagiert, sollte daher folgende Regeln beherzigen:

1. Respektiere und akzeptiere jeden Menschen so wie er ist.
2. Erwirb Dir durch Dein Handeln Vertrauen.
3. Handle in Verantwortung für Deine Mitbürger.
4. Handle mit Leidenschaft, Vernunft und Augenmaß.
5. Gib, was Du geben kannst: Empathie, Zeit, Ideen, Wissen, Reputation oder Vermögen.
6. Übe keinen Zwang aus.
7. Vermische nicht Deine Interessen mit denen aller.
8. Suche Verbündete, aber bewahre stets Deine Freiheit.
9. Sage öffentlich, was Du tust und woher Deine Ressourcen kommen.
10. Akzeptiere keinen materiellen Gewinn und erwarte keinen sozialen Lohn.

Literatur

Adloff, Frank / Mau, Steffen (Hg.) (2005). Vom Geben und Nehmen: Zur Soziologie der Reziprozität. Frankfurt am Main / New York: Campus.

Adloff, Frank (2005). Zivilgesellschaft. Theorie und politische Praxis. Frankfurt am Main / New York: Campus.

Adloff, Frank / Priller, Eckhard / Strachwitz, Rupert Graf (2010). Prosoziale Motivation – Spenden in interdisziplinärer Perspektive. Stuttgart: Lucius & Lucius.

Alscher, Mareike / Dathe, Dietmar / Priller, Eckhard / Speth, Rudolf (2009). Bericht zur Lage und zu den Perspektiven des bürgerschaftlichen Engagements in Deutschland. Berlin: Bundesministerium für Familie, Senioren, Frauen und Jugend.

Anheier, Helmut K. (2004). Civil Society. Measurement an Policy Dialogue. London: Earthscan.

Anheier, Helmut K. / List, Regina A. (2005). A Dictionary of Civil Society, Philanthropy and the Non-Profit Sector. London/New York: Routledge.

Anheier, Helmut K. (2005). Nonprofit Organizations, Theory, Management, Policy. Abingdon / New York: Routledge.

Armstrong, Karen (2006). The Great Transformation. The World in the Time of Buddha, Socrates, Confucius, and Jeremiah. New York: Atlantic Books.

Beales, Derek (2003). Prosperity and Plunder; European Catholic Monasteries in the Age of Revolution, 1650–1815. Cambridge: Cambridge University Press.

Beck, Ulrich (1986). Risikogesellschaft – Auf dem Weg in eine andere Moderne. Frankfurt am Main: Suhrkamp.

Becker, Elke /Gualini, Enrico /Runkel, Caroline / Strachwitz, Rupert Graf (Hrsg.), (2010) Stadtentwicklung, Zivilgesellschaft und bürgerschaftliches Engagement, Stuttgart: Lucius & Lucius

Becker, Jens/ Eckert, Julia / Kohli, Martin / Streck, Wolfgang, (Hg.) (2004). Transnationale Solidarität; Chancen und Grenzen. Frankfurt a.M: Campus.

Bielefeldt, Heiner (2011). Auslaufmodell Menschenwürde? Warum sie in Frage steht und warum wir sie verteidigen müssen. Freiburg: Herder.

227

Bilgri, Anselm (1999). Das benediktinische Prinzip; in: Maecenata Actuell Nr. 15. Berlin.

Borstel, Dierk (2010). Zivilgesellschaft in dörflichen Kontexten; in: Elke Becker / Enrico Gualini / Carolin Runkel / Rupert Graf Strachwitz, (Hg.). Zivilgesellschaft und Stadtentwicklung. Stuttgart: Lucius & Lucius.

Bosch, Ise (2007). Besser spenden! Ein Leitfaden für nachhaltiges Engagement. München: Beck.

Braun, Sebastian (2009). Sozialkapital und Integration – Überforderte Zivilgesellschaft?; in: Forschungsjournal Neue Soziale Bewegungen 3/2009.

Breuer, Christoph / Wickler, Pamela (2008). Sportvereine in Deutschland. Sportentwicklungsbericht 2007/2008 – Analyse zur Situation der Sportvereine in Deutschland. Köln: Deutsche Sporthochschule Köln.

Brix, Emil / Nautz, Jürgen / Trattnig, Rita / Wutscher, Werner (2008). State and Civil Society. Wien: Passagen.

Broadie, Alexander (2007). The Scottish Enlightenment, The Historical Age of the Historical Nation. Edinburgh: Birlinn.

Bundesministerium für Familie, Senioren, Frauen und Jugend (2009). Bericht zur Lage und zu den Perspektiven des bürgerschaftlichen Engagements in Deutschland, erstellt vom Wissenschaftszentrum Berlin für Sozialforschung. Berlin.

Bundesrat, Entschließung des Bundesrates zur Stärkung der Jugendfreiwlligendienste FSJ und FÖJ in Verbindung mit der Stärkung eines freiwilligen Erwachsenenengagements (2010). Drucksache 576/10 (Beschluß), S. 3 f.

Buschle, Nicole (2009). Neue Entwicklungen im Spendenbereich; in: Deutsches Zentralinstitut für soziale Fragen (Hg.), Soziale Arbeit Spezial: Helfersyndrom, Prestigeverlangen oder Gemeinsinn?, Untersuchungen zum Spendenverhalten. Berlin: DZI.

Clinton, Bill (2008). Giving, How each of Us Can Change the World. London: Arrow

Cohen, Jean L. / Arato, Andrew (1994). Civil Society ans Political theory. Boston: MIT Press.

Crouch, Colin (2011). Das befremdliche Überleben des Neoliberalismus. Berlin: Suhrkamp.

Dahrendorf, Ralf (1968). Gesellschaft und Demokratie in Deutschland. München: Piper & Co.

Dürr, Hans Peter (2004). Vernetzung der Zivilgesellschaft als Chance für Zukunftsfähigkeit; in: Maecenata Actuell Nr. 44, Berlin: Maecenata.

Dürr, Hans-Peter (2009). Warum es ums Ganze geht. Neues Denken für eine welt im Umbruch. München: Oekom.

Edelman (2010). Edelman Trust Barometer 2010; Annual Global Opinion Leaders Survey. (http://edelmaneditions.com/2010/01/trust-barometer-2010/ – Zugriff am 28. März 2013)

Ermioni, Amitai (1997). Die Verantwortungsgesellschaft. Individualismus und Moral in der heutigen Demokratie. Frankfurt am Main: Campus.

Endress, Martin (2002). Vertrauen. Bielefeld: Transcript.

Enquete-Kommission Zukunft des bürgerschaftlichen Engagements, Deutscher Bundestag (2002). Bericht, Bürgerschaftliches Engagement: Auf dem Weg in eine zukunftsfähige Bürgergesellschaft. Opladen: Leske + Budrich.

Europäische Kommission (1997). Mitteilung der Kommission über die Förderung der Rolle der Vereine und Stiftungen in Europa. Luxemburg.

Gerhardt, Volker (2007). Partizipation. Das Prinzip der Politik. München: Beck.

Gerhardt, Volker (2012). Öffentlichkeit. Die politische Form des Bewußtseins. München: Beck.

Giddens, Anthony [1990] (dt.:1995). Konsequenzen der Moderne. Frankfurt am Main: Suhrkamp.

Giddens, Anthony (1991). Modernity and Self-Identity. Self and Society in the Late Modern Age. Cambridge: Polity Press.

Godelier, Maurice (1999). Das Rätsel der Gabe: Geld, Geschenke, heilige Objekte, dt. München: Beck.

Gramsci, Antonio [1927–1935: 1948] 1991. Lettere dal carcere; dt. Gefängnishefte. Hamburg: Argument.

Granovetter, Mark S. (1973). The Strength of Weak Ties. American Journal of Sociology, Volume 78, Issue 6 (May, 1973).

Gründinger, Wolfgang (2009). Aufstand der Jungen. Wie wir den Krieg der Generationen vermeiden können. München: Beck.

Habermas, Jürgen [1962] (1990). Strukturwandel der Öffentlichkeit, Untersuchungen zu einer Kategorie der bürgerlichen Gesellschaft. Frankfurt/Main: Suhrkamp.

Häußermann, Hartmut/ Läpple, Dieter / Siebel, Walter (Hg.) (2008). Stadtpolitik. Frankfurt am Main: Suhrkamp.

Hentig, Hartmut von (2006). Bewährung. Von der nützlichen Erfahrung, nützlich zu sein. München/Wien: Hanser.

Hegel, Georg Wilhelm Friedrich [1809/1811: 1841] (1961). Philosophische Propädeutik. Stuttgart: Frommann Holzboog.

Hessel, Stéphane (2011). Empört Euch! Berlin: Ullstein.

Hinterhuber, Eva Maria (2009). Abrahamischer Trialog und Zivilgesellschaft. Eine Untersuchung zum sozialintegrativen Potenzial des Dialogs zwischen Juden, Christen und Muslimen. Stuttgart: Lucius & Lucius.

Hintze, Katja (2013). Kooperationen und die intention zum Wir. Ansätze einer kooperativ-intentionalen Handlungstheorie. (Opusculum Nr. 62). Berlin: Maecenata.

Holtkamp, Lars / Bogumil, Jörg (2007): Verbände auf kommunaler Ebene. In: Winter, Thomas von / Willems, Ulrich (Hg.): Interessenverbände in Deutschland, Wiesbaden: VS Verlag für Sozialwissenschaften, S. 539–561.

Horgan, John (2010). What possesses people like the Good Samaritan to help strangers?; in: BBC Knowledge, May/June 2010.

Horstmann, Rolf-Peter (2005). Theorien der bürgerlichen Gesellschaft; in: Siep, Ludwig (Hg.), G. W. F. Hegel, Grundlinien der Philosophie des Rechts. Berlin: Akademie-Verlag.

Jansen, Stephan / Schröter, Eckhard / Stehr, Niko (Hg.) (2010). Transparenz. Multidisziplinäre Durchsichten durch Phänomene und Theorien des undurchsichtigen. Wiesbaden: VS-Verlag für Sozialwissenschaften.

Khanna, Parag (2011), Wie man die Welt regiert. Berlin: Berlin Verlag

Klein, Stefan (2019). Der Sinn des Gebens. Warum Selbstlosigkeit in der Evolution siegt und wir mit Egoismus nicht weiterkommen. Frankfurt am Main: Fischer.

Klie, Thomas / Stemmer, Philipp / Wegner, Martina (2009). Untersuchung zur Monetarisierung von Ehrenamt und Bürgerschaftlichem Engagement in Baden-Württemberg. Stuttgart: Ministerium für Arbeit und Sozialordnung, Familien und Senioren Baden Württemberg.

Kotzebue, Alexander v. / Wigger, Berthold U. (2006). Private Finanzierung kollektiver Aufgaben: theoretische Grundlagen und empirische Befunde; in: Helmut Neuhaus (Hg.), Stiftungen gestern und heute – Entlastung für öffentliche Kassen?. Erlanger Forschungen Reihe A (Geisteswissenschaften) Bd. 110, Erlangen, S. 23.

Luhmann, Niklas [1975] (2008). Interaktion, Organisation, Gesellschaft; in: ders. Die Moral der Gesellschaft. Frankfurt am Main: Suhrkamp.

Luhmann, Niklas [1992] (2008). Arbeitsteilung und Moral: Durkheims Theorie; in: ders.: Die Moral der Gesellschaft. Frankfurt am Main: Suhrkamp.

Luhmann, Niklas [1968] (2009). Vertrauen. Ein Mechanismus der Reduktion sozialer Komplexität. Stuttgart: Lucius & Lucius.

Maecenata Institut, (Hg.) (2005). Organisationen der Zivilgesellschaft und ihre Besteuerung; Vorschlag für eine grundlegende Reform des Gemeinnützigkeits- und Spendenrechts. (Opusculum Nr. 19). Berlin: Maecenata.

Maier, Hans (1988). Vertrauen als politische Kategorie. Augsburger Universitätsreden 12. Augsburg: Universität.

Montagu, Caroline (2010). Civil Society and the Voluntary Sector in Saudi Arabia; in: Middle East Journal, vol. 64, No. 1, Winter 2010.

Muschter, Gabriele / Strachwitz, Rupert Graf (Hg.) (2009). Keine besonderen Vorkommnisse? Zeitzeugen berichten vom Mauerfall. Berlin: Stapp.

Nell-Breuning, Oswald von (1932). Die soziale Enzyklika. Köln: Katholische Tat Verlag.

Neubert, Ehrhart (2008). Unsere Revolution, Die Geschichte der Jahre 1989/90. München: Piper.

Offe, Claus / Fuchs, Susanne (2001). Schwund des Sozialkapitals? Der Fall Deutschland; in: Putnam, Robert (Hg.), Gesellschaft und Gemeinsinn. Gütersloh: Verlag Bertelsmann Stiftung.

Offe, Claus (2002). Reproduktionsbedingungen des Sozialvermögens; in: Enquete-Kommission Zukunft des bürgerschaftlichen Engagements, Deutscher Bundestag (Hg.), Bürgerschaftliches Engagement und Zivilgesellschaft, Opladen: Leske + Budrich.

Opaschewski, Horst W. (2010). Wir! Warum Ichlinge keine Zukunft mehr haben. Hamburg: Murmann.

Parsons, Talcott [1951] (dt. 1965). Struktur und Funktion der modernen Medizin. Eine soziologische Analyse; in: Kölner Zeitschrift für Soziologie und Sozialpsychologie, Sonderheft 3.

Parsons, Talcott (1980). Research with Human Subjects and the ‚Professional Complex'; in: ders., Sociological Theory and the Human Condition. New York/London: The Free Press.

Perroux, Francois (1961). Zwang, Tausch, Geschenk – Zur Kritik der Händlergesellschaft. Deutsch: Stuttgart: Schwab.

Popper, Karl [1945; dt. 1957] (1992). Die offene Gesellschaft und ihre Feinde. Tübingen: Mohr.

Powell, Walter / DiMaggio, Paul(1991). The New Institutionalism in Organizational Analysis. Chicago: Chicago University Press.

Prantl, Heribert (2011). Wir sind viele – Eine Anklage gegen den Finanzkapitalismus. München: Süddeutsche Zeitung Edition.

Putnam, Robert (1993). Making Democracy Work: Civic Traditions in Modern Italy. Princeton: Princeton University Press.

Putnam, Robert (Hg.) (2001). Gesellschaft und Gemeinsinn. Sozialkapital im internationalen Vergleich. Gütersloh: Bertelsmann.

Putnam, Robert (2001). Schlußfolgerungen; in: ders. (Hg.), Gesellschaft und Gemeinsinn. Sozialkapital im internationalen Vergleich Gütersloh: Verlag Bertelsmann Stiftung.

Putnam, Robert D./Goss, Kristin A. (2001): Einleitung, in: Putnam/ Robert D. (Hrsg.): Gesellschaft und Gemeinsinn. Gütersloh: Verlag Bertelsmann Stiftung.

Ramge, Thomas (2006). Nach der Ego-Gesellschaft. Wer gibt, gewinnt – Die neue Kultur der Großzügigkeit. München/Zürich: Pendo.

Reimer, Sabine (2006). Die Stärke der Zivilgesellschaft in Deutschland / The Strength of Civil Society in Germany. Berlin: Maecenata.

Reemtsma, Jan Philipp (2009). Vertrauen und Gewalt. Versuch über eine besondere Konstellation der Moderne. München: Pantheon.

Rifkin, Jeremy (2004). Der Europäische Traum: Die Vision einer leisen Supermacht. Frankfurt am Main: Campus.

Rifkin, Jeremy (2012). Die empathische Zivilisation. Wege zu einem globalen Bewußtsein. Frankfurt am Main: Fischer.

Roth, Roland (2011). Bürgermacht – Eine Streitschrift für mehr Partizipation. Hamburg: edition Körber-Stiftung.

Roth, Roland / Rucht, Dieter (2008), Die sozialen Bewegungen in Deutschland seit 1945. Ein Handbuch. Frankfurt am Main: Campus

Salamon, Lester M. / Anheier, Helmut K. / List, Regina / Toepler, Stefan / Sokolowski, S. Wojciech / and Associates (1999). Global Civil Society, Dimensions of the Nonprofit Sector. Baltimore: The Johns Hopkins Center for Civil Society Studies.

Schumacher, Ernst Fritz [1973] (1980). Small is Beautiful. Economics as if People Mattered. London: Haper Collins.

Simmel, Georg [1900] (1989). Philosophie des Geldes; in: ders., Gesamtausgabe (hg. v. David Frisby / Klaus Christian Köhnke), Bd. 6. Frankfurt am Main: Suhrkamp.

Skocpol, Theda (2002). From Membership to Advocacy; in: Robert Putnam (ed.), Democracies in Flux. Oxford: Oxford University Press.

Sloterdijk, Peter (2010). Wider die Verteufelung der Leistungsträger. Interview mit Marc Beise in: Süddeutsche Zeitung, 6. Januar 2010 (http://www.sueddeutsche.de/wirtschaft/peter-sloterdijk-wider-die-verteufelung-der-leistungstraeger-1.71479 – Zugriff am 28. März 2013).

Sprengel, Rainer (Hg.) (2007). Philanthropie und Zivilgesellschaft. Ringvorlesung des Maecenata-Instituts für Philanthropie und Zivilgesellschaft an der Humboldt-Universität zu Berlin. Frankfurt am Main u. a.: Peter Lang.

Sprengel, Rainer / Strachwitz, Rupert Graf (2008). Private Spenden für Kultur. Bestandsaufnahme, Analyse, Perspektiven. Stuttgart: Lucius & Lucius.

Steinbrück, Peer (2008). Reform des Gemeinnützigkeitsrechts – Eine Einführung; in: Rolf Berndt u. a., Zivilgesellschaftspolitik. (Opusculum Nr. 27). Berlin: Maecenata.

Strachwitz, Rupert Graf (Hg.) (1998). Dritter Sektor – Dritte Kraft. Versuch einer Standortbestimmung. Stuttgart: Raabe.

Strachwitz, Rupert Graf / Ebermann, Thomas / Mercker, Florian / Rotenhan, Götz Freiherr v. / Stehr, Yannick (2005). Organisationen der Zivilgesellschaft und ihre Besteuerung; Vorschlag für eine grundlegende Reform des Gemeinnützigkeits- und Spendenrechts. (Opusculum Nr. 19) Berlin: Maecenata.

Strachwitz, Rupert Graf (2005). Zivilgesellschaft als politisches Konzept – Gefahr für die Parteien; in: Dettling, Daniel (Hg.), Parteien in der Bürgergesellschaft – Zum Verhältnis von Macht und Beteiligung. Wiesbaden: VS Verlag für Sozialwissenschaften.

Strachwitz, Rupert Graf (2009). Der zivilgesellschaftliche Mehrwert – Eine Einführung; in: Groschke, Amanda / Gründinger, Wolfgang /

Holewa, Denis / Schreier, Christian / Strachwitz, Rupert Graf, Der zivilgesellschaftliche Mehrwert – Beiträge unterschiedlicher Organisationen. (Opusculum Nr. 39). Berlin: Maecenata.

Strachwitz, Rupert Graf (2009). Plädoyer für eine Zivilgesellschaftspolitik; in: Dirk Niebel, (Hg.), Horizonte – Geschichte(n) der Zukunft. Berlin: edition Sigma.

Strachwitz, Rupert Graf (2010). Die Stiftung – ein Paradox? Zur Legitimität von Stiftungen in einer politischen Ordnung. Stuttgart: Lucius & Lucius

Strachwitz, Rupert Graf (2010), Policy Initiatives Towards Civil Society in Germany: A Story of Missed Opportunities?, in: Benjamin Gidron/Michael Bar (Eds.), Policy Initiatives Towards the Third Sector in International Perspective, New York/Dordrecht/Heidelberg/London: Springer, S. 67–85

Strachwitz, Rupert Graf (2010), Vertrauen in gesellschaftliche(n) Arenen, in: Annette Kehnel (Hrsg.), Kredit und Vertrauen, Frankfurt, FAZ-Verlag S. 37–49

Strachwitz, Rupert Graf (2012), Stiftungen und bürgerschaftliches Engagement in Deutschland; in: Deutscher Bundestag: Unterrichtung durch die Bundesregierung: Erster Engagementbericht – Für eine Kultur der Mitverantwortung (BT-Drucksache 17/10580) Berlin 2012, S. 569–574. Identisch auch: Bundesministerium für Familie, Senioren, Frauen und Jugend, Für eine Kultur der Mitverantwortung, Erster Engagementbericht – Bürgerschaftliches Engagement in Deutschland – Schwerpunkt: Engagement von Unternehmen Berlin

Strachwitz, Rupert Graf (2013), Luther und der Staat – Kann sich die Kirche der Reformation zur Zivilgesellschaft bekennen?; in: Olaf Zimmermann / Theo Geißler (Hrsg.), Disputationen I: Reflexionen zum Reformationsjubiläum 2017. Berlin, S. 99–101

Strachwitz, Rupert Graf (2013), Ehrenamt und bürgerschaftliches Engagement: Kultur- und ideengeschichtliche Anmerkungen zu zwei Seiten einer Medaille; in: Johannes Goldenstein (Hrsg.), Kompetenz und Konkurrenz. Haupt- und Ehrenamtliche in kirchlicher Verantwortung. Evangelische Akademie Loccum: Loccumer Protokolle Bd. 07/12, S. 69–82

Strachwitz, Rupert Graf (2013), Civic Traditions and Civil Society in Germany; in: Annette Zimmer (ed.), Civil Societies Compared: Germany and the Netherlands. Baden-Baden, Nomos p. 81–103

Strachwitz, Rupert Graf, Vorwort; in: Klaus-Dieter Müller, Erfolgreich Denken und Arbeiten in Netzwerken – Networking als Kulturtechnik. Wiesbaden: Springer VS 2013, S. XI – XVII

Strachwitz, Rupert Graf (2014), Auf der Höhe der Zeit? Anmerkungen zum Gesetz zur Stärkung des Ehrenamts 2013; in: Ansgar Klein/Rainer Sprengel/Johanna Neuling (Hrsg.), Jahrbuch Engagementpolitik 2014. Schwalbach: Wochenschau Verlag 2014, S. 25–30

Strachwitz, Rupert Graf (2014), Social Life and Politics in Voluntary Organizations: An Historical Perspective; in: Matthias Freise / Thorsten Hallmann (eds.), Modernizing Democracy. Associations and Associating in the 21st Century. New York: Springer, S. 19–30

Süddeutsche Zeitung (2009). Sparen statt Spenden / Kleine bevorzugt; in: Süddeutsche Zeitung, 23. Dezember 2009.

Swoboda, Karl-Heinz (1997). Über ein halbes Jahrhundert Volkssolidarität – Mosaik einer humanistischen Bewegung. Lüneburg: Jansen Verlag.

Tocqueville, Alexis de (1985). Über die Demokratie in Amerika [Bd.1: 1835/ Bd.2: 1840]. Hrsg. von Jacob P. Mayer, Stuttgart: Reclam.

Todd, Emmanuel (2011). Frei! Der arabische Frühling und was er für die Welt bedeutet. München: Piper.

Vortkamp, Wolfgang (2008). Integration durch Teilhabe – Das zivilgesellschaftliche Potential von Vereinen. Frankfurt am Main / New York: Campus.

Voß, Andreas (1993). Betteln und Spenden; Eine soziologische Studie über Rituale freiwilliger Armenunterstützung, ihre historischen und aktuellen Formen sowie ihre sozialen Leistungen. Berlin/New York: Walter de Gruyter.

Walter, Franz (2013), Die Macht der Bürger – die BP Gesellschaftsstudie. Hamburg: Rowohlt

Walterskirchen, Helene (2001). Benefiz-Ladies, Im Dienst der guten Sache. Düsseldorf: Droste.

Zimmer, Annette (1998). Der Verein in der Gesellschaft und Politik; in: Strachwitz, Rupert Graf (Hg.). Dritter Sektor – Dritte Kraft. Versuch einer Standortbeschreibung. Düsseldorf: Raabe, S. 93–125.

Zimmer, Annette / Priller, Eckhard (Hg.) (2000). Der deutsche Nonprofit-Sektor im gesellschaftlichen Wandel; Zu ausgewählten Er-

gebnissen der deutschen Teilstudie des international vergleichen-
den Johns-Hopkins-Projekts. Münsteraner Diskussionspapiere
zum Nonprofit-Sektor – Nr. 3: Münster.

Zimmer, Annette (2007). Vereine – Zivilgesellschaft konkret. Wiesbaden: VS Verlag für Sozialwissenschaften.